U0438440

清代的道教

［意］莫尼卡 Monica Esposito ／著　　田茂泉 ／译

Facets of Qing Daoism

国家社会科学基金项目成果
意大利学者莫尼卡有关清代道教著述的翻译与研究
（17BZJ039）

莫尼卡

Monica Esposito

1962—2011

英文版编者序

2011年3月10日,在可怕的东京大地震前一天,我的妻子莫尼卡·埃斯波西托(Monica Esposito)因肺栓塞溘然长逝。在过世之前数年,她曾计划出版一本名为 Facets of Qing Daoism 的书,并为此开始修订她发表过的几篇文章,其主题包括:清代道教的通史,龙门派的制度与教义,以及道教的内丹。

她对这些话题的兴趣始于20世纪80年代中期。当时,作为中国学学生,她曾数次长期旅居中国,并开始着迷于与"气"有关的实践——如太极拳和气功——这构成了她硕士论文(威尼斯大学,1987)和第一本专著的主题。她对气功和太极拳的热情促使她进行了高强度的练习——正如她学生时代的朋友所描述的以及我们在Youtube视频中所能见到的那样。此外,她还购买并运回了几十箱中文书籍和期刊,它们是上世纪80年代至90年代初中国"气功热"的丰富资料。这些资料将和她的大量藏书一起在她的母校威尼斯大学供人们阅览。

她的一些中国老师和大多数中国道士都自称属于道教龙门派——这使她萌发了对道教谱系的好奇心,并渴望更广泛地了解明清道教。这在她后来的研究和著述中得到了体现。她徙居巴黎后,于1988年在巴黎第七大学获得了应用研究文凭,其论文主要讨论了《道藏续编》中的部分文本。此后,她在贺碧来(Isabelle Robinet)教授的指导下继续从事道教研究,其博士论文包含了对道教龙门派教义的开拓性论述以及对近现代道教史的解构。凭借这部题为《金盖山龙门派和〈道藏续编〉中的内丹法》的论文,她于1993年以最高荣誉获得了巴黎第七大学博士学位。

在她频繁造访中国期间,莫尼卡走访了许多道教圣地,收集了很多资料,抄录了很多碑文。在南天目山一个古老的道教洞天附近,她发现了一个由法海喇嘛创建的佛教密宗尼姑庵。1988年到1991年,1994年到1996年间,莫尼卡都曾在那里居住数月——她不仅参与了尼姑们所有的宗教活动,记录了法海喇嘛这位兼修汉藏佛法的大师的日常教学内容,拍摄了尼姑庵日常的科仪活动场景,还收集了一些文献。这些文献被运用到她后来发表的有关佛教密宗、大圆满(rDzogs-chen)和道教的文章中。20世纪90年代初,莫尼卡还在欧洲参与了有关大圆满的研究和实践。所有这些努力都在1997—2011年间她居于京都时结出了丰硕成果:其一是她在一次学术会议上提交的一篇比较汉、藏光法的论文,题为《南天目山的中国汉-藏传统:大圆满与道教光法之初比较》;其二是她发表的一篇题为《中国的太阳崇拜——上清派光法的根源》的长文;其三是她构想并编辑的两卷本巨著《19—20世纪西藏的形象》;其四是她过世后出版的《密宗之禅》,这是一本有关中国大圆满法研究的开创性著作,其中既介绍了法海喇嘛尼庵里的宗教实践,也呈现了这位高僧的日常生活和教义理论。

经过几年在中国和日本的实地考察,莫尼卡制作了几部关于萨满教实践和神谕的纪录片,发表了数篇文章,其中既有对清代道教的概述,也有对龙门派的专门研究。2003年,她被提名为京都大学人文科学研究所副教授。她对当代宗教现象(如扶乩)的田野调查,自然而然地开启了她对那些来自道坛降示的道教文本的研究,其中最吸引她的就是清代的《道藏辑要》。这是一部由约300篇经文构成的大型丛书,其序言声称这部丛书是按照神仙吕洞宾的指示编纂而成的。2005年,她成功地向中国台湾地区的蒋经国基金会申请了研究资金。次年,她招募了60名国际合作者来参与她设计、指导的"国际《道藏辑要》项目",同时第一批道教文本的电脑录入工作正式开始。该项目旨在为《道藏辑要》建立一个全面的目录系统,由该领域最好的专家详细描述每一文本的历史和内容,并出版中、英文两个版本的综合性解题著作。2007年,莫尼卡又获得了日本学术振兴会的一笔为期四年的经费,以资助其带领的专家团队(其中包括日本京都大学和中国大陆及台湾地区的学者)的研究工作。从2007年开始,她用英、中、日三种语言发表了一系列具有开拓意义的文章,探讨了《道藏辑要》这部清代道教文献集成的版本、历史及其与佛、道教不同传统的联系。

随着项目合作者陆续开始提交成果,莫尼卡与香港中文大学道教文化研究中心建立了合作关系,拟出版《道藏辑要·提要》中、英文版各三卷。莫尼卡去世后,该中心主任黎志添教授继任项目主任。目前,由来自不同国家的学者组成的编辑委员会正在审查59名撰稿人提交的文章,以便为出版作准备。如果能够看到她所珍爱的项目被托付于这样能干的人,莫尼卡一定会很开心的。

我在这里的任务是充当莫尼卡的文案编辑。因为她对 Facets of Qing Daoism 的电子文档已做了颇多修改,对打印稿也做了修订,所以我尽我所能地把这些修订合并在一起。考虑到书中各章原本皆独立成篇,我保留了它们各自的参考文献。不过,为读者的方便考虑,我在本书之末补充了一份综合性的参考文献。以下是本书五个章节的原始出版信息和本书出版时的改动情况。

1. 《清代的道教(1644—1911)》(*Daoism in the Qing [1644—1911]*)

首次发表于孔丽维(Livia Kohn)编《道教手册》(*Daoism Handbook*),莱顿:博睿学术出版社(Brill),2000年,第623—658页。

2. 《清代龙门派及其有争议的历史》(*The Longmen School and its Controversial History during the Qing Dynasty*)

首次发表于劳格文(John Lagerwey)编《宗教与中国社会:领域的转变》(*Religion and Chinese Society: The Transformation of a Field*),巴黎:远东学院(EFEO)/香港:香港中文大学,2004年,第2卷,第621—698页。

3. 《清代中国的龙门派:教义理想与地方实践》(*Longmen Daoism in Qing China: Doctrinal Ideal and Local Reality*),

首次发表于《中国宗教研究集刊》(*Journal of Chinese Religions*)第29期,高万桑(Vincent Goossaert)、康豹(Paul Katz)编"全真教特刊",2001年,第199—203页。

此次修订过程中,作者将其《清代全真教之重构:闵一得及其建立龙门正统的意愿》(提交于2010年1月6日至8日在香港召开的国际全真道学术研讨会)一文中的一部分纳入该文之中。附录部分则是将《内丹是如何发展的:中华帝国晚期的内丹术》(提交于2003年5月30日至31日在斯坦福大学召开的"道教内丹的渊源"学术研讨会,未出版)一文中分散的《道藏续编》文本清单加以修订和增补而成。

4.《斩赤龙:女丹的关键》(*Beheading the Red Dragon: The Heart of Feminine Inner Alchemy*)

该文的日文译本,题为《逆转的镜像:女丹的身体观》,梅川纯代译,载坂出祥伸先生退休纪念论集刊行会编《中国思想中的身体、自然、信仰:坂出祥伸先生荣休纪念论集》,东京:东方书店,2004年,第113—129页。

5.《清代道教与密教互动之一例:"龙门西竺心宗"》(*An Example of Daoist and Tantric Interaction during the Qing Dynasty: The Longmen Xizhu Xinzong*)

该文的日文译本发表在麦谷邦夫编:《三教交涉论丛》,京都:京都大学人文科学研究所,2005年,第287—338页。

在本书出版之际,我谨代表莫尼卡,向她的家人,向贺碧来、坂出祥伸和麦谷邦夫三位教授,向其研究团队的所有成员和合作者,向她在东方和西方的诸位朋友和同事,表示深切的感恩之情!

编者吴露世(Urs App)谨识

序 一

一

意大利汉学家、杰出的道教研究学者莫尼卡博士的 Facets of Qing Daoism 一书中文版就要出版了,使我不禁又回忆起这位具有犀利的学术风格与超凡人格魅力的学者。

尽管生于万里之外的异国,莫尼卡在青少年时代就对中国文化产生了浓厚的兴趣。进入学术界伊始,她的硕士、博士、博士后论文均以清代道教为题,奠定了她一生学术研究的方向。在短暂的一生中,她沿此方向坚定前行,取得了丰硕的成果。

在收入本书的《清代龙门派及其有争议的历史》一文中,莫尼卡说:

> 尽管龙门派是清代道教的主流派系,但迄今鲜有学者注目于它。与之前的大多数研究不同,我不打算探讨龙门派历史大厦的表面,而是要深入其内里,揭示其具体的建构方式。[1]

这段话生动地反映了莫尼卡的学术风格。正因为秉持着"打破砂锅问到底"的钻研精神和研究方法,莫尼卡深入到了清代道教的内里,提出了不少颠覆性的新观点。比如,她细致考察了《道藏辑要》的成书史,提出《道藏辑要》是清人蒋予蒲及其同修通过扶乩方式写就的。再如,她全面检讨了全真教龙门派的传承谱系,认为这一谱系实际上肇始于《金盖心灯》,出自道士闵一得的手笔。她还进一步揭示了这一谱系背后龙门

---

[1] 见本书第二章。

派追求道教正统的深层动机。她还特别从女性视角出发,关注到清代初期出现了一类新的内丹文献即"女丹"典籍。

莫尼卡的这些研究颠覆了不少道教研究界长久以来不加置疑的成说,给中国学者带来了很大的启发。正如赵卫东教授所说:

> 在莫尼卡提出以上问题之前,几乎所有的研究者都没有怀疑过全真道作为一个道派存在的真实性与整体性,也没有人怀疑过自元至清全真道在传承上的延续性与一贯性,对于研究全真道的学者来说,莫尼卡的以上质疑无疑具有振聋发聩的作用……直到莫尼卡、森由利亚等对有关龙门派起源与传承的传统观点提出了质疑,国内外学者才开始关注该问题,并试图通过对金元全真道宗系传承的考察来解决七真道派的形成问题。[1]

莫尼卡研究的范围不限于清代道教,但年轻的她大大地推动了这一薄弱课题的研究。

二

2005年之后,莫尼卡的研究进一步聚焦于《道藏辑要》。她扩展并深化了之前对这部清代道教文献集成的研究,发表了多篇论文。

例如,2007年,她发表了论文《"清代道藏"——江南蒋元庭本〈道藏辑要〉之研究》。文中指出,蒋元庭所编《道藏辑要》"表现的是所谓'天仙派'成员的信仰和志向……这些在家信徒渴望将吕祖崇拜及相关的内而养性、外而度世的经忏与修炼方法传播到全世界"[2]。她认为1906年重刊本《道藏辑要》臆造了编者,但成就了"天仙派"成员的信仰和志向。可

---

[1] 赵卫东:《全真道宗派问题研究回顾与展望》,盖建民主编:《回顾与展望:青城山道教学术研究前沿问题国际论坛文集》,成都:巴蜀书社,2016年9月,第102—103页。
[2] 莫尼卡撰,万钧译,莫尼卡校:《"清代道藏"——江南蒋元庭本〈道藏辑要〉之研究》,《宗教学研究》2010年第3期,第22—23页。

贵的是,莫尼卡不仅撰写论文,还策划并主持了"国际《道藏辑要》项目",受到中外道教学者的重视和欢迎。

关于《道藏辑要》的初编者,学术界长期以来存在分歧。丁福保、吉冈义丰、柳存仁、丁培仁、莫尼卡、森由利亚等认为,《道藏辑要》的初编者是清嘉庆时人蒋予蒲(字元庭)。莫尼卡和森由利亚教授对此说的论证,尤为坚实有力。但国内外还有不少学者认为,初编者是清康熙时人彭定求。因此,2009年我在《道藏说略》中提到《道藏辑要》的初编者时,同时介绍了两说,自己则不置可否。[1]

2009年6月之后,莫尼卡又接连详尽论述《道藏辑要》的初编者是蒋予蒲。也有学者开始接受她的观点。2021年,黎志添教授主编的《道藏辑要·提要》出版。他在《〈道藏辑要〉与〈重刊道藏辑要〉考证》一文中说:"蒋予蒲及觉源坛同门弟子在嘉庆十年刊行《吕祖全书正宗》之后,仍继续维持和发展该坛的吕祖降鸾活动,例如在十年之后,即在嘉庆二十年前,觉源坛弟子奉孚佑帝君之命完成了刊刻《道藏辑要》。"[2]我相信此说会成为学界的共识。因此,2022年,我在《道藏说略(增订本)》中做了修正,引用黎志添教授的综述之要点,指出《道藏辑要》的初编者是蒋予蒲。[3]

三

莫尼卡在论文中阐述论点非常直率,有的论文还以设问句开篇,甚至插入好似面对面辩难式的提问。略举一二,如:"龙门派是如何建立'复兴的全真正宗的形象'及其臆造的延续性的呢?""《道藏辑要》的编者们宣称存在一个全真认同,他们是否在自说自话?""就因为《道藏辑

---

[1] 朱越利:《〈道藏〉总说》,朱越利主编:《道藏说略》上册,北京燕山出版社,2009年6月,第17页。
[2] 黎志添:《〈道藏辑要〉与〈重刊道藏辑要〉考证》,黎志添主编:《道藏辑要·提要》上册,香港中文大学出版社,2021年,第82页。
[3] 朱越利:《〈道藏〉总说》,朱越利主编:《道藏说略(增订本)》上册,北京联合出版公司,2022年5月,第24页。

要》的编者尊吕洞宾为祖师而称他们为'全真信徒',这样做是否合理?"[1]

法国高万桑教授说:"莫尼卡的研究,以一种激进(并且有时在中国引起争议)的方式敞开了这种研究思路。"[2]我也曾在两次学术会议中,目睹莫尼卡的发言引起争议。其中一次,莫尼卡发言后,会场上高高举手争相提问的中国学者有十位左右。受会议时间的限制,实际只有三四位学者获得了提问的机会,而且给予每人提问的时间很短,只够提问或亮出自己的观点而已,没有时间深入展开讨论。

学术争论是正常现象。有质量的学术争论,对学术进步的推动作用不可小觑。与莫尼卡形成学术争论的我国道教学者,不仅在学术会议中实际上人数不多,我感到在论著中与莫尼卡深入对话的也不多。这与我们的学术翻译及出版的滞后有很大关系。这次田茂泉博士翻译 *Facets of Qing Daoism*,可谓雪中送炭。

四

莫尼卡以激进的方式投入学术研究,但她日常待人接物却是开朗、热情、彬彬有礼的。莫尼卡的丈夫、瑞士著名学者吴露世(Urs App)先生回忆说,莫尼卡的大学同窗 Tiziana Lippiello 这样描述她:"莫尼卡是一个自由的精灵:她慷慨开朗,愿意倾听,乐于分享——分享她的烦恼、快乐、激情、脆弱。"

我认识的莫尼卡也是这样。我请她审改我的学生的译稿,她认真校译。校译期间,她给我和我的学生发电邮,都开朗、热情、彬彬有礼。

还有两件往事也给我留下了同样的印象。

---

[1] 莫尼卡:《一部全真道藏的发明:〈道藏辑要〉及清代全真特征》,赵卫东主编:《问道昆嵛山——齐鲁文化与昆嵛山道教国际学术研讨会论文集》,济南:齐鲁书社,2009年6月,第304—306页。

[2] 高万桑:《中国近代道教史研究展望》,《社会科学研究》2018年第2期,第162页。

序　一

　　2008年10月9日至12日,"齐鲁文化与昆嵛山道教国际学术研讨会"在山东省烟台市牟平区养马岛召开。会前两天,我收到莫尼卡的电邮。她提前告诉我,她不能出席研讨会了,感到遗憾。电邮说,她正在办新护照,至少需要一个月的时间,所以无法赶来参加,但她已经把论文发给研讨会了。论文题目是《一部全真道藏的发明:〈道藏辑要〉及清代全真特征》。

　　2009年4月27日,莫尼卡在北京访问我。我和内子在一家饭店宴请她。她的论文《"清代道藏"——江南蒋元庭本〈道藏辑要〉之研究》的中译者万钧博士,也专程从天津赶到北京,同我们一起欢迎她。在宴席上,莫尼卡介绍"国际《道藏辑要》项目"的进展情况,快人快语,表情生动,和她在研讨会上发表论文时的神态一模一样。我表示会尽力支持她,愿意动员更多的学者加入项目团队。她听到我的表态,居然高举双手欢笑起来。我再次感到,她对这一项目是多么投入啊!同时,我也再次感受到她的开朗、热情、彬彬有礼。

五

　　莫尼卡获得博士学位后,辛勤耕耘18年,正值醉心于道教研究的花样年纪,却不幸于2011年3月10日病逝。由于她率真的为人与突出的学术贡献,许多学者得知噩耗后,悲痛万分。3月10日,美国学者刘迅教授转来讣告,他在电邮中表示"非常痛心"。3月11日,我发唁电说:"惊闻莫尼卡博士昨日不幸病逝的噩耗,十分悲痛,泪流不止……我失去了一位好友,道教研究失去了一位一流学者。对她的仙逝表示沉痛哀悼,愿莫尼卡教授一路走好。请向她的家属转达我诚挚的慰问。"3月12日,森由利亚教授发来电邮说,看到很多国家学者的悼词,他再度感受到莫尼卡受到这么多朋友的尊敬和友爱,非常感动,不禁流泪,但他仍不能相信莫尼卡已经离开我们飞到仙界了。

　　希望年轻的道教学者们,既能全身心地投入道教研究,做出杰出贡献,又注重身体健康;既开拓进取,敢为人先,又不断积累经验。今后,让我们在论著中,对莫尼卡的学术观点展开讨论。这对深入研究清代道教大有裨益,也是对莫尼卡博士最好的纪念。

朱越利

四川大学道教与宗教文化研究所教授

2024 年 2 月 19 日

序 二

我与莫尼卡博士相识,是在2006年11月于高雄召开的第一届"道教仙道文化国际学术研讨会"上。记得当时她宣读的论文是《〈道藏辑要〉及其编纂的历史——试解清代〈道藏〉所收道经书目问题》,而我宣读的论文则是《隋唐"孝道"散论》。莫尼卡宣读的这篇论文,是她研究清代《道藏辑要》的初步成果,通过对现藏中、日、法等地的《道藏辑要》进行细致考察,而对该书的编者、版本及所收书目等问题进行了深入探讨,得出了与通行说法不同的结论,给我留下了深刻印象。会议期间,莫尼卡告诉我,她刚获得中国台湾"蒋经国国际学术交流基金会"的资助,计划对《道藏辑要》展开全面研究,并邀请我加入"国际《道藏辑要》项目"的学术团队,负责其中净明忠孝道典籍的研究,我欣然应允。后来,莫尼卡又组织了"《道藏辑要》与明清时代的宗教文化",以及"明清道教经典:《道藏辑要》与居家信徒、宫观道士之角色"等研究项目,也都将我列为团队成员。之后几年,莫尼卡经常来我任教的四川大学,邀我一起去考察收藏于成都青羊宫的《道藏辑要》经板,我至今仍然记得与她在望江公园品茗论道的愉快场景,也记得与她一同骑车从川大去青羊宫考察的情形。2010年3—9月,我在英国牛津大学访问期间,莫尼卡曾多次来信询问我负责撰写的《〈道藏辑要〉提要》相关部分之进展情况。孰料在我回国后不久的2011年3月,竟传来了她英年早逝的噩耗,令人扼腕叹息!

作为一位对中国文化充满热情的意大利学者,莫尼卡早期的研究焦点是清代的金盖山龙门派及其衍生出的《道藏续编》和相关的内丹修炼方法。不过,当她攻读博士学位时,即已对《道藏辑要》产生兴趣。她在法兰西学院汉学研究所图书馆发现了伯希和(Paul Pelliot)于1933年从中国购回的蒋元庭编印本《道藏辑要》,又发现学界对这部书众说纷纭、莫衷一是。后来她访问日本时，又在京都大学、东京大学等处看到多种版本的《道藏辑要》，且发现它们与法藏本不尽相同，这更激起了她系统研究《道藏辑要》的兴趣。之后，她利用在京都大学人文科学研究所工作的机会，开始对各种版本《道藏辑要》进行细致考察，有力地推动了相关研究。不仅如此，她还努力申请各种有关《道藏辑要》的研究项目，组织国际性的研究团队，力图系统地梳理清代道教的文献资料。遗憾的是，"国际《道藏辑要》项目"尚未完成，莫尼卡便离我们而去！值得欣慰的是，这一项目工程后来由香港中文大学黎志添教授继续主持进行，相关成果也于2021年正式出版，终可告慰莫尼卡的在天之灵！

事实上，莫尼卡的研究领域并不局限于《道藏辑要》，还广涉明清道教、藏传佛教、佛道关系等。她的学术贡献，首先是提出了许多问题，启发了学界思考。例如：龙门派为何要将所谓"龙门正宗"的谱系回溯到一个显然不符合事实的丘处机弟子（病故于西行途中的赵道坚）那里？龙门派何以将东华帝君追认为"初祖"？闵一得是如何调和王常月理想的"三坛大戒"与自身南方内丹修炼传统的？"龙门西竺心宗"的传奇人物鸡足道者（野怛婆阇）是如何通过私密传戒获得道教之"天仙大戒"的？不仅如此，莫尼卡的卓越洞见也为后来的研究奠定了基础。如她指出所谓"龙门正宗"谱系可能是清代龙门派道士闵一得等人建构出来的，而托名王常月的《钵鉴》一书可能根本就不存在，等等。莫尼卡之所以能够取得这些成就，不仅因为她熟读道教文献，也得益于她在中国各地进行的田野调查。据我所知，她曾于1986年、2001年两次考察闵一得曾经的修道之所——天台山桐柏宫，并跟从住观道士叶高行跋山涉水，走访宫观庙宇，且随叶道长一起行医疗疾，目睹过叶氏擅长的中医技法"灵飞针"。窃以为这种与道教信徒的密切接触，是莫尼卡能够理解道教，进而发现问题、解释谜团的重要条件。

莫尼卡这部文集的中文译者田茂泉，是我在四川大学道教与宗教文化研究所任职时指导的博士研究生。鉴于当时学界有关清代道教的研究非常薄弱，我建议茂泉以清代道教作为研究对象，并介绍了莫尼卡的一些

序 二

文章让他阅读,作为他入门的知识基础。因此之故,茂泉开始接触、阅读、学习莫尼卡的文章,并完成了博士论文《清代道教"龙门中兴"研究——以秦陇鄂蜀鲁及东北为个案的考察》。后来,茂泉曾将莫尼卡的几篇论文翻译出来,发表在我任主编的香港道教学院《弘道》等刊物上;与此同时,茂泉还申请到了国家社科基金一般项目"意大利学者莫尼卡有关清代道教著述的翻译与研究",现在的这本译著就是该项目的最终成果。

综观茂泉博士的译作,颇有其自身的特点。他不追求佶屈聱牙式的硬译,而是尝试"入乎其内,出乎其外",在充分理解原文意蕴的基础上,用流畅的中文告诉读者他从原著那里感受到了什么。在这个意义上,茂泉博士的翻译与其说是一种自外语至中文的语言转换,倒不如说是一种从西方到东方的"文化转场"。未来,我期望茂泉博士能够以译介为基础,向莫尼卡等前辈学者看齐,开辟出新的研究领域,创造出属于自己的学术天地。

是为序。

郭武
山东大学犹太教与跨宗教研究中心二级教授
山东大学饶宗颐宗教与中国文化研究所执行所长
2024 年 7 月 25 日

译者说明

一、本译著为 2017 年度国家社会科学基金一般项目"意大利学者莫尼卡有关清代道教著述的翻译与研究"(项目号：17BZJ039)的最终成果。

二、本译著的翻译底本为：*Facets of Qing Daoism*, Wil/Paris: UniversityMedia, 2016. 其书名直译为"清代道教的多个面向"，本译著径以"清代的道教"为名。

三、本译著与英文原著保持一致。所例外者，原著仅各章有标题，各章内的小节则无标题，为便于读者阅读，译者增补了小节标题。此外，原著第一、二、三、五章后有参考文献，书末又有总参考文献。为免繁琐，本译著仅保留书末参考文献。

四、为方便读者了解莫尼卡的生平及学术，译者撰写附录若干。附录一"莫尼卡的生平"、附录二"莫尼卡的著述"，脱胎于原项目结题报告第七部分"莫尼卡的生平与著述"。附录三"莫尼卡的学术贡献与影响：以《清代的道教》为焦点"、附录四"本书各章内容概要"，则脱胎于结题报告第八部分"对所译莫尼卡著述的研究"。

五、译者对原著纠谬、存疑或补阙的内容，皆以"译者按"形式补入脚注中。

六、原著征引繁多。为免繁琐，凡外国学者著述，本译著脚注中仅列举作者中文名(或中文音译名)、中译书名。作者姓名及书名的外文原文、出版单位等详细信息请参见书末参考文献。

七、本译著中汉学家的中文名，以德国汉诺威大学李可(Assandri Friederike)博士整理的《汉学家中文/英文姓名对照表》为据。

八、各章译文原发表情况：第一章《清代的道教》曾分两部分发表于《弘道》2019 年第 1、2 期，第二章《清代龙门派及其有争议的历史》曾分两部分发表于《弘道》2016年第3、4期,第五章《清代道教与密教互动之一例:龙门西竺心宗》曾分两部分发表于《道学研究》2017年第4期、2018年第1期。本次出版前均作了修订。

九、本译著第三章《清代中国的龙门派:教义理想与地方实践》,另有宋学立先生的译文,载于张广保编:《多重视野下的西方全真道研究》,济南:齐鲁书社,2012年,第458—520页。其翻译底本为:"Longmen Taoism in Qing China: Doctrinal Idea and Local Reality", in *Journal of Chinese Religions* 29(2001), pp.191-231。本译著之底本则为吴露世先生校订、增补后的新版本。本章在翻译时,得到了宋学立先生的帮助,谨致谢忱。

目　录

英文版编者序　/ 1
序一　/ 1
序二　/ 1
译者说明　/ 1

第一章　清代的道教(1644—1911)　/ 1
　　一、历史　/ 6
　　二、文本　/ 16
　　三、世界观　/ 26
　　四、实践　/ 31

第二章　清代龙门派及其有争议的历史　/ 37
　　前言　/ 39
　　一、导论：《金盖心灯》所载龙门正宗之起源　/ 40
　　二、龙门正宗谱系的基石：白云观在龙门正宗中的作用——金石资料的简要分析　/ 45
　　三、龙门正宗谱系的支柱：祖师及其谱系　/ 48
　　四、龙门派的"道祖"　/ 77
　　五、结论　/ 91

第三章　清代中国的龙门派：教义理想与地方实践　/ 95
　　一、王常月：龙门派的改革家　/ 99
　　二、王常月之后龙门派系的创建　/ 106
　　三、金盖山地方传统及其创派祖师　/ 107
　　四、龙门派典籍的主要编纂人——闵一得　/ 110

五、闵一得在龙门云巢支派圣地金盖山的著述 / 111

　　六、闵一得之龙门教义的新载体——《金华宗旨》 / 114

　　七、结论 / 130

　　附录：《道藏续编》所收典籍内容一览 / 134

第四章　斩赤龙：女丹的关键 / 151

　　一、女性、月亮与经血 / 154

　　二、"初经"：女丹修炼"最初时刻"的觉察与"天癸"的作用 / 157

　　三、作为男性镜像之逆转的女性 / 161

　　四、结论 / 162

第五章　清代道教与密教互动之一例："龙门西竺心宗" / 165

　　一、清代的密教 / 168

　　二、清代的道教：作为道教传戒门庭的龙门派 / 169

　　三、龙门派历史和教义的基本来源：闵一得的《金盖心灯》和《古书隐楼藏书》/ 174

　　四、三种闵一得传记 / 181

　　五、鸡足道者的传记 / 190

　　六、鸡足道者的形象和作用 / 195

　　七、结论 / 206

参考文献 / 207

附录 / 239

　　附录一　莫尼卡的生平 / 241

　　附录二　莫尼卡的著述 / 247

　　附录三　莫尼卡的学术贡献及影响：以《清代的道教》为焦点 / 257

　　附录四　本书各章内容概要 / 267

译后记 / 271

图表目录

插图：

图1　早期龙门派系谱图　/ 44

图2　早期龙门派地理分布图　/ 47

图3　龙门派宗师及律师系谱图　/ 100

图4　三头六臂金刚亥母　/ 156

图5　道胎图　/ 163

图6　三级戒坛　/ 172

图7　金盖山鸟瞰图　/ 175

图8　金盖山古梅花观图　/ 175

图9　金盖山住持及道长　/ 176

图10　吕洞宾　/ 176

图11　龙门正宗流传支派图　/ 178

图12　闵一得像　/ 180

图13　浙江天台山桐柏宫　/ 182

图14　桐柏宫住持叶高行与莫尼卡，在谢崇根道长之碑附近　/ 183

图15　导引动作图　/ 184

图16　三圣图　/ 191

图17　成都青羊宫八卦亭　/ 193

图18　鸡足山太子阁　/ 194

图19　作为曼殊室利菩萨的乾隆皇帝　/ 198

图20　龙门分派西竺心宗流传图　/ 205

表格：

表1　清朝帝系表（1644—1911）　/ 5

第一章 清代的道教（1644—1911）

清代道教呈现出三大特点：一是受到强有力的国家控制，二是居士活动兴盛，三是教内的统一化和标准化趋势明显。

沿袭明代的政策，清代统治者试图将所有的宗教组织置于严密的控制之下。为此，他们通过法律对神职人员的规模和宫观寺庙的批准数额作了限定，并对所有宗教活动的范围加以管控。因此，"道观住持、道士和道姑总是受到国家的间接管控，随时要听从皇帝及其代理人的使唤"。[1] 跟明代一样，在清代，宗教事务由中央六部之一的礼部负责管理，道教则由礼部所辖的道录司管理。道录司是"一个负责认证和管理帝国内所有道教从业者的中央政府机构"。[2] 它在各省、府、州、县都有下属机构和人员。[3] 事实上，地方上的道教管理机构往往更关心律令和规则的持守，而不是引领民众精神生活，或开展宗教活动。[4]

清朝统治者自身尊崇藏传佛教——乾隆帝在位期间（1736—1795），藏传佛教的格鲁派成为国教。至于官方的正统思想，清廷则采用新儒学即程朱理学，作为国家祀典和科举取士的准则。[5] 由于缺乏道德上的权威，以及道士数量的减少，道教逐渐被边缘化。道士们往往居住在与世隔绝的宫观中，只有在为个人或群体提供宗教服务时才与世俗社会发生联系。即便是在提供宗教服务方面，他们也常常被行会、地方精英或其他团体取代。跟佛教徒一样，道士们也有自己的地方组织，但并未形成一个强

---

[1] 司马富：《清代文化中的仪式》，载刘广京编：《中华帝国晚期的正统》，第298页。
[2] 贺凯：《中国古代官名辞典》，第489页。
[3] （康熙）《大清会典》卷161。
[4] 参见杨庆堃：《中国社会中的宗教》。
[5] 刘精诚：《中国道教史》，第298页。

大的宗教体系。他们既没有足够的资金支持,也无力控制社会资源,或参与慈善工作。

因此,道士在社会上并不怎么受重视,他们的社会地位也较低——因其有免除赋役之特权,人们还常常讥讽他们不事生产却空耗钱粮。这种情况"障蔽了知识分子的入道之门,从而导致了道教这一制度化宗教缺乏接受过良好教育的后备人才"。[1] 它也削弱了道教的结构化功能,进而促进了体系化宗教之外的民间信仰的滋长。许多原本由道士承担的职能,现在被与士绅和商贾合作的地方官取而代之,这一点尤可见于地方志书。[2] 事实上,许多人有宗教生活的需求,但他们最终却成了世俗信徒,抑或选择加入新的民间宗教团体。[3]

这将我们引向清代道教的第二个特征,即居士组织和实践的发展。居士运动的出现,除与道士地位低下、人们不愿入道有关外,还与清朝皇帝将儒学确立为国家的主流意识形态有关。一如明朝,清朝将程朱理学确立为国家的正统思想,同时甄选极少数特定教派的道士,使之成为公务员。[4] 有趣的是,清代的雍正皇帝恰恰是一个十分有名的大居士,他本人就是既践履儒家学说又信仰佛道二教的绝佳范例。他支持"三教合一",从而推动了居士实践的发展,促进了居士生活方式的传播。总体而言,清代居士的增加与专职宗教人员的减少在数量上恰好成正比。[5]

与此同时,受到兴起中的居士活动的刺激,新的受大众欢迎的道教形态开始流行,善书、宝卷和扶乩迷信日趋盛行。这些新样态都以居士为主导,并迎合了广大民众世俗信仰的现实需求,也受到了道教信仰及其修行实践的有力激发。于是,许多地方道派、扶乩群体和宗派团体纷纷出现,它们遵循道教教义,却脱离国家控制,突破了官方对道士的诸多限制。它们采用的很多实践形式,至今还流行于一些地方道派中。

---

[1] 参见杨庆堃:《中国社会中的宗教》。
[2] 参见戴乐:《明清时期官方宗教的变化与连续性:以方志为考察焦点》。
[3] 参见杨庆堃:《中国社会中的宗教》。
[4] 白居惕:《林兆恩的"三一教"》,第47—48页。
[5] 白幻德:《清代佛教禅宗:〈心灯录〉时期》。

第一章 清代的道教(1644—1911)

尽管如此,清朝皇帝还是打造了一个受国家控制并接受其指导的道士群体,为道教的统一化提供了典范,并试图以此克服道教派系的多样性和道教发展的自发性。因此,走向统一化,是清代道教的第三个特征。这对于"标准化派系"特征显著的当代道教的形塑,具有极为重要的意义。据官方文献记载,跟明代一样,清王朝只承认"正一"和"全真"两个派系。[1] 清代全真道在龙门派的引领下,整合了南方与北方的内丹道派;在这一过程中,正一道的很多因素也厕入了全真道,以至于很难将二者截然厘分。[2] 然而,要了解中国宗教的真正特质,就必须明确官方叙事与事实真相之区别所在。事实上,在所谓"龙门标准化"的大势下,很多地方道派为了生存,也宣称自己是龙门派支系。某些较小的内丹派系,如伍柳派,虽有龙门派之名,实为兼容并包之道派——它是一个将内丹道、佛教华严思想和净明道教义(据说清代净明道跟神仙吕洞宾有关,其思想吸收了大量儒家伦常思想)糅合在一起的道派。

下面,我首先钩稽清代道教发展的历史脉络,并介绍清代主流道派的代表人物。继而以"世界观"为题探讨清代道教教义的新样态,以及国家控制对它的影响。最后以"实践"为题,讨论清代道教的内丹实践和扶乩活动。

表1　清朝帝系表(1644—1911)

年　号	庙　号	谥　号	在位时间
顺治	世祖	章帝	1644—1661
康熙	圣祖	仁帝	1661—1722
雍正	世宗	宪帝	1722—1735
乾隆	高宗	纯帝	1735—1796

[1] (康熙)《大清会典》卷161。
[2] 参见莫尼卡:《金盖山龙门派和〈道藏续编〉中的内丹法》。

续　表

年　号	庙　号	谥　号	在位时间
嘉庆	仁宗	睿帝	1796—1820
道光	宣宗	成帝	1820—1850
咸丰	文宗	显帝	1850—1861
同治	穆宗	毅帝	1861—1875
光绪	德宗	景帝	1875—1908
宣统	恭宗	逊帝	1908—1911

一、历史

（一）正一道

在清代，最受政府认可的道派是正一天师道。通过其领袖张天师（天师府位于江西龙虎山），正一道在礼部的道录司持续发挥着重要影响。礼部准许张天师拥有由27位道士组成的行政班底，以便他履行管理道教事务的职能。[1]

顺治朝（1644—1661）颇为重视正一道。1651年，顺治帝授予第五十二代天师张应京"正一嗣教大真人"号，秩一品，命他掌管道教。[2] 同时，还让他协助朝廷严防异端宗教的滋长。1655年，第五十三代天师张洪任受召入觐，驻节于灵佑宫，朝廷派了最高级别的官员陪同。[3]

康熙帝（1661—1722在位）对道教的态度更为积极。1675年，他召第五十四代天师张继宗（1666—1715）赴阙，赐御书"碧城"二字作为其道

---

[1]（清）赵尔巽等撰：《清史稿》卷115，第3331页。
[2]（清）赵尔巽等撰：《清史稿》卷115，第3331页；《补汉天师世家》，《白云观志》第349页。
[3]《补汉天师世家》，《白云观志》第350页。

第一章 清代的道教（1644—1911）

号。因张多次祷雨、禳灾有验，1703年康熙帝授他"光禄大夫"品秩。1713年，张继宗又得皇帝赐官帑修葺龙虎山道观。[1] 他去世后，其子张锡麟（号"龙虎主人"）继任为第五十五代天师。

清世宗雍正帝（1722—1735在位）提倡"三教合一"，并通过多场文字狱运动大力清除国内异端思想。但他坚信驱邪术和符箓科仪之功效，在赐土地给其他宗教的同时，特别尊崇正一天师，授张锡麟"光禄大夫"品秩，并在1731年赐银修复龙虎山上清宫。

龙虎山道观的修复工程是在著名道士娄近垣（1689—1776）[2]的主持下完成的。娄出生在一个道士家庭，后入龙虎山，跟随周大经学习雷法和符箓。1727年，他随张锡麟入京觐见雍正帝，行至杭州时张锡麟去世，张氏去世前叮嘱娄近垣尽忠报皇恩。[3] 1731年，娄入宫为雍正帝治病有验，得雍正褒奖，受赐龙虎山四品提点，并被任命为内廷钦安殿住持。作为大臣，他还负责龙虎山道观的重修事宜。[4]

后来娄近垣进入了一个特殊的小圈子，这个小圈子的成员有机会听雍正帝讲解佛经。[5] 1733年，他正式入驻皇家道观大光明殿，并受赐"妙正真人"之号。即便在雍正帝死后，娄近垣仍然在朝堂上保有高位。1736年，乾隆帝赐其"通议大夫"号，还让他管理道录司，并任东岳庙住持。[6]

娄近垣的主要事迹是修复了龙虎山的道教宫观，并撰有《重修龙虎山志》。此外，他还著有《南华经注》和《妙正真人语录》——后者是唯一入选雍正帝之《御选语录》的道教作品。在《妙正真人语录》中，娄近垣"三教合一"的思想主张跃然纸上，其中也融入了他跟雍正帝研习佛学之所得。除此之外，娄还删定了道教科仪汇编《黄箓科仪》。

---

[1]《补汉天师世家》，《白云观志》第350页。
[2] 娄近垣，字朗斋，法号三臣，又号上清外史，松江娄县人。
[3]《补汉天师世家》，《白云观志》第351页；《重修龙虎山志》卷6，第42a页。
[4]《重修龙虎山志》卷1，第6b—7a页；卷6，第42b页。
[5] 参见陈雯宜：《谈妙正真人娄近垣：由清世宗的知遇至高宗的优礼》，《道教学探索》，1993年第7期，第295—313页。
[6] 陈雯宜：《谈妙正真人娄近垣：由清世宗的知遇至高宗的优礼》。

清高宗乾隆皇帝(1735—1796在位)推崇理学,鼓励纂修百科全书式的大型丛书,发起编纂《四库全书》。他对汉传佛教和道教都不提倡,反而宣布格鲁教为国教。他对道教尤其缺乏兴趣,这一点也反映在《四库全书》的编修上——《四库全书》仅收录道教著作430卷。[1]

乾隆帝甫一继位,就流放了修习内丹的两个道士张太虚、王定乾,[2]且禁止天师前来朝觐。1752年,"正一真人"的品秩由三品降至五品,并被禁止邀求封典。[3] 此后,天师的权威仅囿于龙虎山一带,不再是统管道教的领袖,也不再拥有在江南地区的超然性权威。另外,1742年,乾隆帝下令废除多年来由道士任太常寺乐官的制度,改由儒生充任。[4]

在此后的清代诸帝治下,尽管仍有天师获准朝觐并得封号,如第五十八代天师张起隆和第五十九代天师张钰,[5]但就总体而言,道教的影响力在逐步降低,至道光时期(1821—1850),朝廷基本不再封赐"正一真人"之号,天师与宫廷的关系史走到了终点。[6]

(二)全真道

在清代,全真道经历了一次复兴,尽管这次复兴也随着清王朝的灭亡而结束。复兴运动的首次高潮出现于明朝灭亡之时,当时许多儒生和文人加入了全真道,以示对明王朝的忠诚和对异族征服者的不满。尽管清朝统治者将官方的科仪和符箓特权交给了正一道,但他们其实更喜欢严守清规戒律并遵守道德规范的全真道。因为全真道士往往居于宫观中,过着恬淡无争的清修生活。由于这一特征,全真道倾向于遵守朝廷的法令,金元时期全真道在官员和文人中拥有的崇高声望也得到了一定程度的恢复。在这次复兴运动中,龙门派崭露头角,成为全真道的领导

---

[1] 刘精诚:《中国道教史》,第301页。
[2] 刘精诚:《中国道教史》,第301页。
[3] (清)赵尔巽等撰:《清史稿》卷115,第3332页。
[4] (清)赵尔巽等撰:《清史稿》卷115,第3285页。
[5] 《补汉天师世家》,《白云观志》第352—353页。
[6] 刘精诚:《中国道教史》,第302页。

第一章 清代的道教（1644—1911）

力量。[1]

龙门派将自己溯源到陕西陇州一个叫"龙门"的地方——那里曾是丘处机(1148—1227)隐居修炼之处。尽管《金盖心灯》说龙门派源自丘处机，但实际上它的出现可能要晚得多，很可能是在明朝。[2] 事实上，龙门派是一个后起的内丹道派，它不仅与全真北宗有关，还与中国南方的多个道教运动和道派传统有关。尽管其历史渊源和谱系矛盾重重，[3]但龙门派毫无疑问是十分重要的，因为它是中国道教内丹理论最具影响力的承载者和传播者。即使在今天，无论在中国南方还是北方，多数的道教宫观仍声称自己属于龙门派。

龙门派的确立可以追溯到王常月(？—1680)，他自1656年开始担任北京白云观住持。我们知道，纵然在明代，也常有皇帝来白云观参加丘处机的诞辰庆典，[4]百姓更是常来这一丘处机的埋骨之地祭奠他。清代的白云观则有双重身份，它既是一个可以公开传戒的丛林道观，又是龙门派首脑所在地。

先看第一重身份。有清一代，一个丛林道观的住持，同时也是传戒大权在握的"律师"。在王常月的指导下，亦即在龙门派的指导下，白云观成为当时各种道派培训道士的中心，培训内容是与主流儒家伦理相契的"标准化"的宗教轨则。通过《诸真宗派总簿》[5]可知，白云观认可的诸道派通过各自不同的"派诗"相区分。"派诗"是一种"字谱"，某一道派的道士皆用该派系"派诗"中的某一个字起派名。[6] 白云观得到官方批准，可对所有受戒道士进行统一的宗教培训——不论其原先属于哪个道

---

[1] 陈兵：《清代全真龙门派的中兴》，《世界宗教研究》，1988年第2期，第84—96页。
[2] 莫尼卡：《金盖山龙门派和〈道藏续编〉中的内丹法》，巴黎第七大学博士论文(1993)。
[3] 莫尼卡：《金盖山龙门派和〈道藏续编〉中的内丹法》；森由利亚：《全真教龙门派系谱考》。
[4] 参见胡濙的碑文，《白云观志》第124—128页。译者按：据胡濙《白云观重修记》，洪武二十八年及次年，朱棣及其子朱高炽分别至白云观降香、瞻礼。但其时朱棣尚为燕王，朱高炽则为世子。终明一代，未见有在位皇帝临幸白云观的记载。
[5] 小柳司气太：《白云观志》，第91页。
[6] 参见吉冈义丰：《道观的生活》。

教派别——这对清代龙门派的迅速发展有决定性意义。

白云观的第二重角色是龙门派首脑所在地。龙门派先是声称其在北方道教中具有尊崇地位(犹如天师道在南方的地位),然后借由白云观传戒丛林的官方身份,将影响扩展至全中国,创造出了道教事实上的"龙门标准化"形态。许多道派虽然继续保有其自身特色,但它们(至少在官方场合)被迫将自己归入龙门派名下,以确保自己能够生存下去。

入清之后白云观的第一任住持是王常月。[1] 他早年遍访名山,于1628年在河南王屋山邂逅赵复阳真人。赵复阳是龙门派第六代弟子,他传戒律给王常月,为他起戒名"常月",是为龙门派第七代。此后的九年间,王常月深研三教典籍,参访诸多大德。之后他在湖北九宫山再次遇到赵复阳,赵预言王常月将在北京白云观中兴龙门派。1655年,王常月挂单于北京灵佑宫,一年后果真成了白云观住持。这些内容载于闵一得编著的《金盖心灯》中,[2] 它是记述龙门派历史的主要史料。

作为白云观住持,王常月遵照清政府倡导的理学伦理重整了道教戒律,将道教戒律分为初真戒、中极戒和天仙戒三个层级。王常月认为,三级戒律是悟道不可或缺的手段,也是道士培训的重要内容。它们代表着出世、入世之间的一种调和——道士既要进行全真苦修,又须恪守儒家的伦理规范。一如王常月在《碧苑坛经》中所言,这一调和构成了龙门派教义的核心。《碧苑坛经》是一部受到禅宗《六祖坛经》影响的著作,它是王常月在南京碧苑说戒的记录,后来被袁选入闵一得纂辑的《古书隐楼藏书》(详见下文)。今人编修的《藏外道书》也收入这一文本,[3] 并冠以"龙门心法"之名。清廷对这一理念表示赞赏,因为它既强调遵守儒家的伦常道德,又吸收了为清初数位帝王[4] 及诸多官员和文人所信慕[5] 的佛教教义。

---

[1] 王常月,本名王平,号昆阳,山西潞安人。
[2] 《金盖心灯》卷1,第15a—17b页。
[3] 《藏外道书》第6册,第729—785页。
[4] 白幻德:《清代佛教禅宗:〈心灯录〉时期》。
[5] 莫尼卡:《金盖山龙门派和〈道藏续编〉中的内丹法》。

第一章　清代的道教（1644—1911）

王常月还撰有与全真道传承历史有关的《钵鉴》一书,[1]以及《初真戒律》。[2]后者包含《女真九戒》。王常月去世后,康熙帝赠他"抱一高士"之号,下令在其墓上建享堂、塑像,并派官员致祭。

在王常月的努力下,龙门派的地位得以确立,其教义开始向大江南北传播。他在北京、南京、杭州和其他地方为成千上万的弟子授戒,[3]使龙门派一跃成为清代道教的主要道派。直到今天,这一道派仍然十分活跃。

龙门派的另一位关键人物是闵一得（1748/1758—1836）。[4] 闵一得是金盖山龙门派的第十一代弟子,也是上海所谓"方便派"的创始人。他出身世家望族,其父闵艮甫曾在家乡中举,得授河南息县县令之职。

闵一得早年体弱多病,父亲不得不将他送至天台山桐柏宫,依止龙门派第十代弟子高东篱。高东篱授闵一得导引术,将其病症治愈。之后,闵一得师从高氏的弟子沈一柄（1708—1786）,[5]学习龙门派根本教义。身体完全康复后,闵一得即回乡就学,探究性命之理。成年后,遵父命出仕,曾任云南府经历,署曲靖府同知。1790年,闵一得自称在云南遇到了鸡足道者——后者在闵一得的宗教成长历程中扮演了重要角色。鸡足道者是一位颇具传奇色彩的人物,他曾获授龙门戒律,还被尊为在佛教密宗和道教交互作用下形成的龙门派支派——云南"西竺心宗"的开创者。[6] 闵一得声称,他从鸡足道者处得到了《吕祖师三尼医世说述》和《佛说持世陀罗尼经》两种典籍。二者都被编入闵一得的《古书隐楼藏书》。据载,闵一得还获授冥思北斗咒术,它包含以梵文发音的咒语。

在成为龙门派第十一代弟子和西竺心宗一系的弟子之后,闵一得即归隐金盖山,致力于撰述龙门祖师和龙门派的历史,他尤其重视记述地方

---

[1] 此书已佚失,也有可能它根本不存在。参见莫尼卡:《金盖山龙门派和〈道藏续编〉中的内丹法》;森由利亚:《全真教龙门派系谱考》。

[2] 《重刊道藏辑要》张集7;《藏外道书》第12册。

[3] 《金盖心灯》卷1,第15a—17b页;莫尼卡:《金盖山龙门派和〈道藏续编〉中的内丹法》。

[4] 闵一得,本名苕旉,号补之,又号小艮,道号懒云子,浙江吴兴（今浙江湖州）人。

[5] 沈一柄,号轻云,又号太虚翁。

[6] 有关龙门西竺心宗,参见本书第5章。

11

性传统。其成果就是《金盖心灯》这部有关龙门派历史的重要文献。此外，闵一得还在《古书隐楼藏书》中收录了多种龙门派的内丹典籍，这对于我们了解清代内丹理论与修行实践有极其重要的意义。

在甘肃栖云山一带，活跃着另一位龙门派高道刘一明（1734—1821）。[1]他与闵一得是同时代人，也是龙门派第十一代弟子。透过散落在刘一明多种著述中的传记信息，我们可知其生平大概。刘氏虽然出身殷富之家，青年时代也学习过儒家经典，但一如他在《无根树解》序言中所说，[2]他很早就对内丹诗词尤其是张三丰的丹道诗词感兴趣，并决心致力于内丹的研究、完善和阐扬。在《会心外集》中，刘一明回忆说，他在十八岁时离开了家人和妻子，四处访道。在《悟道录》的序言中，他说自己在不满二十岁时罹患大病，无药可医。之后在去甘肃南安的路上，遇一蓬头老翁赠予疗疾良方，服用后竟全然康复。这个故事颇为有趣，因为它遵循了传统叙事的固定模式——长期患病，得遇高人，受赐奇药，诸病顿脱，然后成仙的渴望萌发于心。刘一明说，通过患病，他得以领悟大道。

1760年，在甘肃榆中，刘一明遇到了龛谷老人。龛谷老人虽着儒家衣冠，但却出人意料地教授刘一明道教丹诀。虽然得到了龛谷老人的丹诀，刘一明觉得自己还需要再访高人，以加深对大道奥秘之了解。于是他四方云游，参访南北方的佛、道大德。在此期间，刘一明深研三教教义，对三教典籍有了透辟而深入的了解。1767年，刘一明三十三岁时，终于遇到了仙留丈人。[3]丈人的指点使其他心中的疑团涣然冰释。

刘一明晚年主要在甘肃榆中的栖云山一带活动。他居于朝元洞二十多年，在一个他称为"自在窝"的地方著述、修炼，并教授弟子。刘一明的声名广布中国西北地区（现在的陕西、山西、甘肃和宁夏）。他著作等身，

---

[1] 刘一明，号悟元子，又号素朴散人、被褐散人，山西平阳人。
[2] 《无根树》相传为张三丰所作。
[3] 译者按：此处有误。《会心外集》卷下有"庚辰年间造龛谷，壬辰中秋谒仙留。前后一十三年久，方得今日逍遥游"之语，可知刘一明遇到仙留丈人是在乾隆三十七年（1772）其三十九岁时。参见刘一明：《会心外集》卷下，《藏外道书》第8册，第691页；卿希泰主编：《中国道教史》第4卷，第157页。

第一章 清代的道教(1644—1911)

其中大部分被结集为《道书十二种》。

另外,还有一位活动时间更早的道士伍守阳(约 1563—1644),[1]他自称是龙门派徒裔,然而他更为人所知的是他与"伍柳派"的关系。据申兆定(活跃于 1764 年前后)说,伍守阳七十岁时母亲过世,之后他方才归隐山林,并超凡入圣。虽然他自称龙门派的弟子,但这一说法不无争议。在其著作中,伍守阳提到了他这一派的传承谱系:伍守阳师从曹常化(1562—1622),曹氏师从李真元(1525—1579),李氏师从与武当山大有渊源的龙门派大师张静虚(1432—?)。[2]

在闵一得所作的伍守阳传记中,[3]伍守阳是通过赵复阳与龙门派第八代产生联系的——赵复阳劝导他去河南王屋山向王常月求教。这一官方的、公式化的说法遮蔽了伍守阳本来与地方上的龙门派的关联。[4]而且,尽管闵一得在这篇传记中提到了伍守阳的师傅曹常化,他却把伍、曹二人的相遇推前了几十年,放在伍守阳隐居江西省北部的庐山之时。闵一得说,当时,伍守阳从老师曹常化和据称活动在金盖山且精通五雷法的大师李泥丸处学到了大丹秘术。[5] 后来,伍守阳将曹师所授内容写入了著作《天仙正理》,[6]之后又完成了《伍真人丹道九篇》。[7] 后者包含他在做吉王的师傅时给予吉王的一些教导,这里的"吉王"可能指朱由棪(?—1635)[8]、朱常淳或朱慈煃[9]。

伍守阳之名后来跟禅僧、《慧命经》[10]的作者柳华阳(1735—1799)

---

[1] 伍守阳,字端阳,号冲虚子,江西南昌县人。
[2] 曹常化,号还阳。李真元,号虚庵。张静虚,号虎皮。参见《仙佛合宗语录》,《重刊道藏辑要》毕集 1,第 85a—86a 页;柳存仁:《和风堂新文集》,第 186 页;森由利亚:《全真教龙门派系谱考》,第 193—195、211 页。
[3] 《金盖心灯》卷 2,第 1a—2b 页。
[4] 莫尼卡:《金盖山龙门派和〈道藏续编〉中的内丹法》;森由利亚:《全真教龙门派系谱考》。
[5] 莫尼卡:《金盖山龙门派和〈道藏续编〉中的内丹法》。
[6] 《重刊道藏辑要》毕集 4—5。
[7] 《重刊道藏辑要》毕集 6。
[8] 鲍菊隐:《十至十七世纪道教文献通论》,第 200 页。
[9] 森由利亚:《全真教龙门派系谱考》,第 191、201 页。
[10] 《慧命经》撰于 1794 年,有卫礼贤(1929 年)、黄伊娃(1998 年)两个译本。

13

关联在了一起。二人的一些著作以《伍柳仙宗》为名合并刊行,于是产生了所谓"伍柳派"。《伍柳仙宗》以兼收并蓄为特征,它吸收了宋元以来的内丹传统,并将其与佛教禅宗、华严宗的思想糅合为一,语言通俗易懂。它明显受到了儒、道、释三教思想和中医理论的启发。

(三)西派

清代还有一个内丹道派,即所谓"西派",又称"隐仙派"或"犹龙派"。[1] 这一道派在19世纪兴起于四川乐山,主要代表人物是李西月(活跃时间:1796—1850)。[2] 李自称曾在峨眉山遇到吕洞宾和张三丰,他的"西月"之名就是彼时吕洞宾所起。因此,他视自己为两位仙人的弟子,遂着力于搜集和传播张三丰的内丹理论,编有《张三丰全集》一书。

李西月的著作包含他为《无根树》所作的注解,《无根树》据传是张三丰祖师所作。他还汇编了《太上十三经》的注解。在《道窍谈》和《三车秘旨》中,李西月进一步阐发了他的内丹学理论。20世纪,陈撄宁对这两个文本作了集中校订。[3] 在《三车秘旨》中,李西月将内丹烹炼过程分为三个阶段,称为"三车"。"三车"指三件河车:第一件运气,即小周天子午运火;第二件运精,即玉液河车运水温养;第三件精气兼运,即大周天运先天金汞。[4] 这让我们联想到佛教《法华经》中羊车、鹿车、牛车的譬喻。

概言之,李西月的内丹学说充分反映了三教融合和从身体视角阐发内丹术的时代趋势。李西月的著作十分重要,因为它们展现了与张三丰有关的所谓"西派"及其他教派的教义和历史。

---

〔1〕 黄兆汉:《道教研究论文集》。
〔2〕 李西月,初名元植,字平泉,号长乙山人、紫霞洞主人、食本子、团阳子。参见黄兆汉:《道教研究论文集》,第1—62页;横手裕:《李涵虚初探:独特的道教修行法与超越之道》,第70页。
〔3〕 《道藏精华》第2集之2。
〔4〕 横手裕:《李涵虚初探:独特的道教修行法与超越之道》。

第一章 清代的道教(1644—1911)

(四) 净明道

净明道是宋元时期的著名道派,在清代则作为龙门派和官方正一道的一部分而继续存在。[1] 这一道派与声名远播的《金华宗旨》[2]有密切关系。由于传承颇有中断,净明道试图通过扶乩请吕洞宾下降来重建其道派谱牒。[3]《逍遥山万寿宫志》认为徐守诚是该派的主要祖师。[4] 徐为龙门派第八代弟子,于1652年从王常月受戒,之后即归隐江西西山,投身于当地净明道宫观的修复当中,并使净明教义再兴于世。[5]

清代净明道的另一位代表人物是傅金铨(1765—?)。[6] 他的著述,对净明道的传播起到了极大的推动作用。[7] 有关傅金铨生平的记载太少,我们只知道他出生在一个殷富之家,接受过良好的儒家传统教育,擅长绘画、音乐、书法及其他才艺。[8] 他的足迹遍及江西、江苏和湖南,1817年栖止四川传播其学说。[9] 傅金铨自言曾得吕洞宾亲自垂训,特别强调儒家"忠""孝"的伦理价值观。他的教义思想反映在其所著《道书十七种》(详见下文)中。他结集了元代重建净明道的祖师刘玉的语录,突出了儒家道德标准的重要性,力主恪守儒家道德伦常是成仙证真之梯径。傅金铨还撰有女丹方面的著作,[10]并为数种内丹典籍作注。[11]

---

[1] 参见秋月观暎:《中国近世道教的形成:净明道的基础研究》;陈兵:《明清道教两大派》,载任继愈主编《中国道教史》,第627—682页;陈兵:《明清道教》,载牟钟鉴主编《道教通论》,第551—579页;卿希泰:《中国道教史》(4卷本),卷4,第126—129页。

[2] 《金华宗旨》有卫礼贤(1929年)和克里瑞(1992年)两个译本。

[3] 莫尼卡:《龙门派与〈金华宗旨〉版本来源》《〈金华宗旨〉的不同版本及其与龙门派的关系》;森由利亚:《〈太乙金华宗旨〉的编定与变迁》《〈太乙金华宗旨〉与清代中国的吕祖扶乩崇拜》。

[4] 《逍遥山万寿宫志》卷13,《藏外道书》第20册,第819—821页。

[5] 卿希泰主编:《中国道教史》(4卷本),卷4,第127—128页。

[6] 傅金铨,字鼎云,号济一子、醉花道人,江西金溪人。

[7] 卿希泰主编:《中国道教史》(4卷本),卷4,第194—208页。

[8] 《杯溪录》,载《藏外道书》第11册,第1页。

[9] 卿希泰主编:《中国道教》(4卷本),卷4,第194页。

[10] 戴思博:《中国古代的女仙》;道格拉斯·威尔:《房中术:女性存思典籍中的性经典》。

[11] 《藏外道书》第11册,第745—861页。

二、文本

（一）道藏类

1.《道藏辑要》

《道藏辑要》编纂于19世纪,收录典籍达340种。今天我们使用的主要版本是《重刊道藏辑要》。1892年,《道藏辑要》原刻版被焚。1906年,成都二仙庵住持阎永和在彭翰然、贺龙骧协助下,以二仙庵藏《道藏辑要》为基础,编成《重刊道藏辑要》。该书版本有:台北考证出版社,1971年;台北新文丰出版公司,1977年;成都二仙庵,1986年。

《道藏辑要》不仅收录了《道藏》中的典籍,还收录了来自私人藏书、馆阁藏书和宫观藏书中的多种明清道经。然而,这一大型丛书的缘起并不明朗。按《重刊道藏辑要》序言的说法,是彭定求(1645—1719)在康熙年间(1662—1722)编成了《道藏辑要》。但这一说法似乎有悖于历史事实。[1] 更为可信的说法出现在后来被编入《道藏精华录》的《道藏辑要总目》中。[2]《总目》的编者认为,《道藏辑要》是嘉庆年间(1796—1820)蒋予蒲(1755—1819,字元庭)所编。蒋氏在北京完成《道藏辑要》的雕版后,将刻版送到了南方。然而,不久他便北上,并猝逝于北京。因此之故,初版《道藏辑要》的印本流传极少。[3] 其中,四川省图书馆收藏有一本,即严雁峰家藏本,这是后来《重刊道藏辑要》的底本。[4]

《道藏辑要》的多篇序言据说是蒋予蒲及其同修通过"觉坛"扶鸾降笔写就的。这些序文中,吕洞宾明确地指点这些道教徒,他们须编辑和刊

---

[1] 柳存仁:《道藏的编辑与历史价值》,载王赓武等编:《中国史文献论集》,第107—108页。

[2] 《道藏精华录》,1989年重刊本,卷1,第1a—8a页。

[3] 黄兆汉:《〈张三丰全集〉的真实性探究》,第5—6页;吉冈义丰:《道教经典史论》,第176页;柳存仁:《道藏的编辑与历史价值》,载王赓武等编:《中国史文献论集》,第108页;丁培仁:《道教典籍百问》,第216—218页。

[4] 丁培仁:《道教典籍百问》,第216页。

第一章 清代的道教(1644—1911)

行新的《道藏》。[1] 这些序言所署日期都在嘉庆年间(1796—1820),这就支持了蒋予蒲是《道藏辑要》最初编者的论断。《道藏辑要》所收以内丹典籍为主,据说大多来自扶鸾。这表明,扶鸾降笔在当时很流行,人们对神仙尤其是吕洞宾的崇拜也颇为普遍。[2] 事实上,明清时期的民间崇拜、宗教团体、道教教义和修行实践的基本来源就是扶乩。

2.《道藏精华录》

《道藏精华录》,丁福保(1874—1952,号守一子)编纂,收道书100种,分10集,1922年上海医学书局初版,1989年浙江古籍出版社重刊。该书主要撷取《道藏》和《道藏辑要》中有关养生和内丹的内容而成,同时也收入了一些道教传记、经论和科仪。它沿袭了早期大型道教类书《云笈七签》和内丹典籍《修真十书》的体例,囊括了明清时期重要的内丹典籍。同时,丁福保还为其中的每部典籍加上了简短的提要和有关文本来源的注释。

(二) 内丹类

1.《伍柳仙宗》

《伍柳仙宗》,1897年邓徽绩编,包含四部文本。

它从伍守阳(1574—1634)撰写的两部文本开始。首先是《天仙正理》。[3] 这部文本包括"浅说"和"直论"两部分。"浅说"包括伍守阳之师曹常化的言教,以及伍守虚(号真阳)的注解;"直论"包括短文九篇,分别是"先天后天二气""药物""鼎器""火候""炼己""筑基""炼药""伏气"和"胎息"。每篇都是先援引一段伍守阳的内丹言论,然后附上其弟

---

[1] 丁培仁:《道教典籍百问》,第216—217页;莫尼卡:《龙门派与〈金华宗旨〉版本来源》,第11—12页;莫尼卡:《〈金华宗旨〉的不同版本及其与龙门派的关系》;森由利亚:《丘祖语录研究》,第198—199页。

[2] 康豹:《开悟的丹士抑或不道德的神仙?中华帝国晚期吕洞宾崇拜的发展》。

[3] 这一文本也载于《重刊道藏辑要》毕集4—5。

17

子伍守虚的大量注解。"直论"部分以解说九篇短文缘起的注解作结,后面还缀有一篇跋文。

《伍柳仙宗》收录的第二部文本是《仙佛合宗语录》。[1] 它是伍守阳与其弟子的问答记录,附有伍守虚的注评。这一文本的主题,是要追求一种类似于佛教"成佛"的超越性状态,这与赵友钦(活跃时间:1329)所撰《仙佛同源》的旨趣相似。伍守阳的这部作品非常有趣,因为它具体地解释了如何区别"真"与"妄",如何捕捉运火烹炼过程中的"时刻",以及如何理解"真意""守中"等关键术语。

《伍柳仙宗》所收的另外两部文本均署名柳华阳(1735—1799)。其一是撰于1794年的《慧命经》。[2] 《慧命经》以"自序"开篇,介绍作者的生平,然后给出内丹修炼的八个图示及解说,最后呈现与之相关的多个丹道理论。

《金仙证论》是《伍柳仙宗》所收第四部也是最后一部文本,是柳华阳于1799年在北京仁寿寺撰写而成。全书分十八个部分。前六个部分介绍"炼精化气"即小周天的修炼。第七部分描述"小药"产生时的光景,这是内丹修炼中的一个瞬时体验,也是其第二个阶段"炼气化神"的起点。此后的部分讨论了现实修炼的基础以及大、小周天的区别。该书的最后三个部分探究了内丹修炼第三阶段"炼神还虚"的识别方法和修炼路径,其最末一部分是"决疑说",呈现了柳华阳与其弟子间的问答。全书以一个补充性的篇章"危险说"作结,解说了修炼过程中的种种障碍,包括杂乱思虑的侵扰、对修炼秘诀的误解以及误入歧径等等。

2.《道书十七种》

《道书十七种》由傅金铨编撰于嘉庆、道光年间(1796—1850),有1825年蜀东善成堂刊本、1993年广陵古籍刻印社刊本,并被收于《藏外道

---

[1] 这一文本也载于《重刊道藏辑要》毕集1—3。
[2] 《慧命经》有卫礼贤(1929年)与黄伊娃(1998年)两个译本。

书》第11册。其所收十七种道书可分为三类：一是傅金铨为其他道书所作的注释，二是傅金铨本人撰写的著作，三是他人的著述。

第一类著作包含傅金铨对与吕洞宾有关的作品的注释，如《吕祖五篇》和《度人梯径》（撰于1815年）。

第二类著作包括傅金铨撰写的八部文本。其中，《性天正鹄》和《道海津梁》是有关净明道的丹道思想；《赤水吟》是以诗词解丹道；《一贯真机易简录》则引道经文字或道士论说以解说内丹修行；《心学》则论证"三教合一"的教义思想；《杯溪集》为傅金铨的诗集；《自题所画》则是傅金铨为自己的画作所撰之题词和诗歌。

第三类著作包括其他多位道士撰写的不同道派的作品。其中收有：《樵阳经》，内容包括《樵阳子语录》和其他早期净明道文本；《三丰丹诀》，包括多个托名张三丰的丹道文本；《丘祖全书》，为后人编辑的丘处机语录。据龙门派弟子潘静观说，《丘祖全书》本为丘处机弟子张碧虚所秘藏。[1]

此外，《道书十七种》还收有伍柳派祖师伍守阳的《天仙直论》，将其标题改成了"内金丹"；还收录有广成子、葛玄、刘安及其他人撰写的外丹著作，冠以"外金丹"之总名。总体而言，它对我们研究后期净明道思想、龙门派以及明清时期的内丹理论非常有用。

3.《古书隐楼藏书》

《古书隐楼藏书》，收道书35种，分为14卷，由龙门派道士闵一得编纂于金盖山纯阳观。该书首次刊行于1834年，此后多次重编。1993年，广陵古籍刻印社影印了1904年刊本。该书中的23个文本也被收录于《道藏续编》中，它们大多数是有关内丹的经典及其注释。1834年，《道藏续编》初次编成于金盖山，此后多次重刊。[2]

---

[1] 参见潘静观1815年撰"语录后序"，载傅金铨编撰：《济一子道书十七种》，《藏外道书》第11册，第289—290页。

[2] 比如：医学书局1952年印本，海洋出版社1989年印本，书目文献出版社1993年印本。参见莫尼卡：《〈道藏续编〉：龙门派内丹文本的汇编》《金盖山龙门派和〈道藏续编〉中的内丹法》。译者按：医学书局本出版于民国年间，非1952年。

《古书隐楼藏书》所收道书可分为三部分：一是闵一得及其他高道修订或注释的道书，二是闵一得本人撰写的著作，三是其他大师的著作。

第一部分包含闵一得对一些著名道书的注解。这些道书包括：刘一明《修真辨难》；李筌《阴符经注》；[1]张伯端《金丹四百字》，附有彭好古的注，并经过闵阳林的修订。此外还有闵一得对白玉蟾《修真辨惑论》的完整注解，题为《管窥编》。

这一部分还包括闵一得对藏于不同的道教宫观然而当时还未曾刊印的多种道书的注解与校订。其中，《皇极阖辟证道仙经》和《寥阳殿问答编》据说是传奇人物尹蓬头在成都青羊宫所传；[2]《太乙金华宗旨》则是经金盖山龙门派的大师们修订之后的文本。[3]此外，闵一得还将一组有关"医世"之义的道经收入其中，它们据传来自鸡足道者或闵一得之师沈一炳。闵一得本人还写了一篇评论，题为《读吕祖师三尼医世说述管窥》，对"医世"这一话题作了专门探讨。这一部分末尾是一组关于戒律的文本，由沈一炳传述、闵一得订正，以修证天仙为背景。还有两个文本，讨论了女性内丹的修炼，以及修炼过程中应遵守的道德轨则。[4]

第二部分包含闵一得自己的著述，如《琐言续》《二懒心话》[5]和《天仙心传》。第三部分包括三种类型：(1)儒家著作，(2)与张三丰有关的文本，(3)"密教"或受佛教启发而生的文本。第一种类型包括儒生陆世忱所撰《就正录》《与林奋千先生书》。第二种类型包含署名张三丰的《三丰真人玄谭全集》。第三种类型包括两个文本，一个是密教文本《佛说持世陀罗尼经》，另一个是王常月演说龙门派戒律的记录《碧苑坛经》。前

---

[1] 译者按：据闵一得说，范一中撰《阴符经玄解》"不轨于正，遗误非细"，他因此撰《阴符经玄解正义》对范书进行纠谬，该书并非对李筌《阴符经注》的直接注疏。参见闵一得注：《阴符经玄解正义》，《藏外道书》第10册，第296页。

[2] 《道藏续编》第1集，第7b页；莫尼卡：《金盖山龙门派和〈道藏续编〉中的内丹法》。

[3] 莫尼卡：《金盖山龙门派和〈道藏续编〉中的内丹法》《〈太乙金华宗旨〉与金盖山龙门派》；森由利亚：《〈太乙金华宗旨〉的编定与变迁》。

[4] 戴思博：《中国古代的女仙》；道格拉斯·威尔：《房中术：女性存思典籍中的性经典》；莫尼卡：《金盖山龙门派和〈道藏续编〉中的内丹法》。

[5] 此文本有莫尼卡的意大利文译本。参见莫尼卡：《呼吸的炼金术》。

第一章 清代的道教(1644—1911)

者尚有藏文版本。[1]

4.《道书十二种》

《道书十二种》,刘一明撰。版本有:1819年湖南常德护国庵刊本、1880年上海翼化堂刊本、1913年上海江东书局石印本、1925年上海集成书局石印本、1983年台北新文丰出版公司影印本、1990年中国中医药出版社标点本,并被收于《藏外道书》第八册。其所收17种书,也可分为三类:

第一类是刘一明对《易经》的注解,包括《周易阐真》(4卷,前有1798年序。英译本载克里瑞《道教之"易"》)和《孔易阐真》(分两部分,无序言。英译本载克里瑞《道教之"易"》)两个文本。《周易阐真》的"阐真"是"阐其修持性命之真",发挥了《周易》蕴含的"穷理""尽性""至命"等奥义。其内容可分为两部分:第一章是第一部分,收有宋元以来与《易经》有关的30幅图,据说许多为宋代陈抟所作;其余三章是第二部分,是刘一明对六十四卦及其爻辞的注释。《孔易阐真》则是刘一明对《大象传》和《杂卦传》的解读。

第二类是刘一明对丹经的注释,包括《参同直指》(前有1799年序)、《悟真直指》(前有1794年序。英译:克里瑞,1987。日译:宫川尚志,1954)、《阴符经注》(前有1779年序。英译:克里瑞,1991)、《黄庭经解》和《金丹四百字解》(前有1807年序。英译:克里瑞,1986)等。刘一明对各类内丹典籍作了比较,并结合道教大师们对他的指点和教导,阐发了文本语言所蕴含的象征性意义,使抽象的内丹术语获得了具体显明的解释。这样,刘一明巧妙地将三教教义和自身的内丹修炼作了结合,对古代丹经作了新的诠释。

第三类是刘一明的自撰书。其中,第一个文本是《西游原旨》(前有1778、1798年序。英译:余国藩,1991;克里瑞,1991),这是一篇试图以金

---

[1] 莫尼卡:《金盖山龙门派和〈道藏续编〉中的内丹法》。

丹大道解读小说《西游记》的作品，它介于内丹学注疏和独立著述之间。明清时期的很多学者，包括刘一明，都认为《西游记》是丘处机所作——这就将它与丘处机西行会见成吉思汗时所撰《西游记》（《道藏》第1429号）[1]混淆了。刘一明揭示了《西游记》一百回的具体象征意义，认为这些章节隐喻了道教内丹修炼、成真证仙的实际进程。[2]

第二个文本是《象言破疑》（分为两部分，前有1811年序。英译：克里瑞，1986）。文中，刘一明通过七幅图，详细展现了个体成长的三个阶段：胚胎、婴孩和成人。[3]

第三个文本是《通关文》（分为两部分，前有1812年序），概括了修丹悟道之人应该突破的50个关口，包括色欲关、恩爱关、荣贵关等等，以此表征悟道的不同历程和阶段。[4] 该文与《修真九要》（见下文）第一部分"勘破世事"内容相似。

第四个文本是《修真辨难》（分两部分，前有1798年序），以师徒问答的形式探讨了与修真有关的一系列问题。此文也被闵一得的《古书隐楼藏书》收录，足证刘一明的思想在龙门派教义中的重要性。

第五个文本是《神室八法》（前有1798年序）。"神室"喻指人心，刘一明认为内丹修炼的根本即在修筑"心"这一神室，而修筑神室的材料包括"刚""柔""诚""信""和""静""虚""灵"等八种德性。[5]

第六个文本是《修真九要》（前有1798年序），探讨了与内丹修炼步骤相对应的九个要点。该文本以"勘破世事"为起点，继之以"积德修行""尽心穷理""访求真师""炼己筑基""和合阴阳""审明火候"，最后以"外药了命""内药了性"作结。[6]

第七个文本是《悟道录》（前有1810、1811年序。英译：克里瑞，

---

[1] 译者按：即《长春真人西游记》。
[2] 戴思博：《〈西游记〉的解读》，第65—66、70—72页。
[3] 李远国：《道教气功养生学》，第554—558页；刘国梁：《道教精萃》，第237—239页。
[4] 李远国：《道教气功养生学》，第559—560页。
[5] 李远国：《道教气功养生学》，第563—567页。
[6] 李远国：《道教气功养生学》，第559—563页。

第一章 清代的道教(1644—1911)

1988),文中刘一明谈到了他的宇宙论学说,强调了宏观世界和微观世界的相通性以及阴阳平衡的重要性。[1]

第八个也是最后一个文本是《会心集》(分两部分,前有1801年序),分《内集》《外集》两部分。《内集》又分上、下卷,卷上以诗词歌曲若干首解说丹道;卷下包括"大道归一论""采取药物论""作运火候论"等10篇论说文,阐释内丹修行的具体方法。《外集》亦分上、下卷,卷上同样采用了诗词铭赞的形式,内容则更为多样化;卷下包括歌行类和杂文类,歌行类如"女丹法",杂文类如"三教辨"。

(三) 科仪文本

《广成仪制》是清代著名道士陈仲远(号"云峰羽客")编纂的一部大型道教科仪丛书,[2] 收录了道教科仪文本270种。[3] 其版本有:1911年成都二仙庵刻本、1913年重刊本。并被收于《藏外道书》第13至15册。该丛书是最为全面的全真道科仪汇编,内容包罗了全真道宫观中的科仪文本、民间宗教所用的科仪文本,以及被全真道吸纳的其他道派(包括灵宝、清微派)的仪范作品。

值得注意的是,陈仲远以全真道的范式对这些文本作了所谓"标准化"的处理。该丛书对研究全真道科仪的发展历史和演进过程具有重要意义。

(四) 志书

1.《重修龙虎山志》

《重修龙虎山志》,娄近垣编,16卷,有1740年"自序"。版本有:龙虎山上清宫木刻本、1989年台北广文书局影印本。并收于《藏外道书》第

---

[1] 李远国:《道教气功养生学》:第559—563页。
[2] 卿希泰主编:《中国道教史》(4卷本),卷4,第139、465页。
[3] 译者按:《广成仪制》实际收录科仪文本275种。参见张泽洪:《道教斋醮科仪研究》,第60页;尹志华:《清代道士陈复慧、陈复烜编纂、校勘的道教仪书略述》,第44页。

19册、1983年台北丹青图书有限公司印行之《道教文献》第2册。该志记述了龙虎山及山上宫观的历史,它以元明善(1269—1322)编《龙虎山志》(收于《道教文献》第1册)为基础,也吸收了当时大部分佚亡的第四十三代天师张宇初(1361—1410)所修十卷本《龙虎山志》的残存部分。[1]

卷一收录了有关龙虎山的皇家诏诰,主题关乎山上宫观之创修与天师称号之封赠,也包括零星的有关娄近垣生平的记载。卷二"山水",描述了龙虎山的景观;卷三、卷四介绍了龙虎山的宫观;卷五记述了龙虎山的古迹,包括佛教庙宇;卷六是历代天师的传记,从祖天师张道陵一直到第五十五代天师张锡麟;卷七介绍了当地的其他正一派高道;卷八陈述了历代王朝赐予天师的封号及天师职印的传承;卷九是"田赋",记述了龙虎山被赠与土地的情况;卷十至卷十六是"艺文",收录与龙虎山有关的语录、碑文、诗歌、论说文及其他资料。《龙虎山志》是研究天师道历史及天师道与龙虎山关系的重要资料,对研究明清时期正一道的发展状况尤为重要。

2.《茅山全志》

有清一代,除《龙虎山志》外,还有几部重要的志书得以编纂完成。其中一部是《茅山全志》,笪蟾光编,14卷,卷首有1878年李秉阳序,收于《藏外道书》第20册。该志不仅收录了有关茅山的图像、历代碑刻铭文和古迹,还着重记录了当地道教祖师,尤其是茅山派自创派祖师魏华存至第四十五代祖师刘大彬(活跃时间:1317—1328)的传记。刘大彬是元版《茅山志》(《道藏》第304号)的编者。[2]《茅山全志》全面地考察了宋代至晚明茅山的历史和宗教发展状况,是研究茅山道教发展的重要史料。

3.《华岳志》

《华岳志》,也称《华山志》,李榕纂辑,8卷,有1831年序,收于《藏

---

[1] 鲍菊隐:《十至十七世纪道教文献通论》。
[2] 鲍菊隐:《十至十七世纪道教文献通论》,第103页;薛爱华:《唐代的茅山》。

第一章 清代的道教(1644—1911)

外道书》第 20 册。李榕曾栖居华山二十多年,并将与华山有关的图像、古迹、人物传记、碑铭、艺文和其他资料编次成书。该志采撷早期华山志书的内容颇多,包括王处一的《西岳华山志》和李时芳的《华岳全书》(原为 13 卷,马明卿增益为 14 卷)。虽然这两种华山志书都搜罗了与华山有关的碑刻、铭文及其他多种文献,但李榕的《华岳志》无疑是对之前所有华山志书的一次大综合,是研究华山道教发展史的重要文献。

4.《逍遥山万寿宫志》

《逍遥山万寿宫志》,金桂馨、漆逢源编,15 卷,有 1878 年序,收于《藏外道书》第 20 册。这是一部有关江西南昌西山万寿宫的资料汇编,是研究净明道和许逊崇拜的重要文献。[1]

5.《金鼓洞志》

《金鼓洞志》,是朱文藻应金鼓洞鹤林道院住山道士、龙门派第十四代法嗣张复纯之请而纂辑的。全书 8 卷,成书于 1796—1820 年间,有丁丙《武林掌故丛编》本(1833 年刊印,1967 年台北京华书局重印),并被收于《藏外道书》第 20 册。鹤林道院位于杭州栖霞岭北、紫龙山下,至今仍是龙门派的阐教中心之一。自周明阳(1628—1711)开始,鹤林道院便属于龙门派。《金鼓洞志》卷一载有吕洞宾的画像,以及据说由他亲笔题写的四个大字"飞来野鹤"。卷二、卷三介绍了当地山水和周边名胜,包括游记和诗赞(亦见于卷五)。卷四历述鹤林道院的历史、建筑、院落布局和其他有关事项。卷七列出了道院的第五代至第十四代祖师。卷八题为"外纪",收录当地先贤以及曾经留寓其地的名人的传记、墓志铭。[2]

---

[1] 秋月观暎:《中国近世道教的形成:净明道的基础研究》,第 63—86 页。
[2] 译者按:原文未介绍卷五、卷六。该书卷五介绍了毗邻鹤林道院的其他庙宇、庵院,卷六则介绍了王重阳、"全真七子"等"教祖"。

三、世界观

（一）三教合一

总体而言,统一与融合是晚期中华帝国思想的突出特征。许多思想家以"三教合一"的思想来阐发其修道理论和方法——这一思想得到了各宗教派系、民间社团、知识精英乃至帝王将相的广泛悦纳。可以说,正是"三教融合"型塑了明清社会。从明清时期到今天,作为调和不同宗教传统中相异元素的手段,"三教合一"在中国人的宗教生活中一直居于中心位置。尽管这种思想上的调和具有很强的灵活性,但它不可避免地要在更深的层次上确立"正统"的标准;因此,颇显悖谬的是,它客观上为民间宗教结社的大发展铺平了道路。[1] 一般而言,明清两代统治者及其代理人对所有不支持"王道"的、有组织的宗教团体都抱有敌意,对所有的异端,不管是宗教还是思想上的,都尽可能加以弹压。因此,建制性宗教不得不在教义中吸纳儒家传统伦理以求生存。[2] 与之相似,各类民间宗教结社也接受和汲取了儒家的道德观念。比如,白莲教就在其广受欢迎的口号中吸收了明太祖总结的六条儒家伦理规范。[3]

尽管如此,明清两代对三教的态度并不完全一致。明王朝认为儒、释、道三教都是官方意识形态的有益来源,而作为征服者的清王朝则突出儒家理学的正统性,对佛、道二教颇为冷淡。清政府对境内所有宗教进行了全方位的控制,竭力将其归拢到忠于朝廷的几个界定明确、易于管理的宗教派系上来。明代晚期,儒家精英(如王阳明、林兆恩、王夫之等)支持"三教合一",为三教的教义、思想传播做出了很大贡献。相比而言,许多清代学者惊骇于明王朝专制统治所引发的恶果,认为必须回归到"本原"的儒家精神。他们将明朝的覆亡和1644年的大变局归咎于滥觞于宋代

---

[1] 白居惕:《林兆恩的三一教》。
[2] 司马富:《清代文化中的仪式》。
[3] 韩书瑞:《中华帝国晚期白莲教的传播》。

第一章 清代的道教(1644—1911)

的空谈心性的不良风气,因此,他们讲求实学,激烈拒斥佛、道二教。[1]

因此,尽管清朝跟明朝一样对三教合一保持开放,但它采取的方式却更加隐蔽。在明代,带有三教融合色彩的居士团体获得了大发展,并且受到统治阶层精英的支持,宗教书籍和善书也大量制作出来,它们迎合了世俗信众的需要,缩小了大众和精英阶层的距离。相反,清廷则切断了这些俗众团体与其出版物之间的联系,因为这些出版物独立性太强,容易脱离政府的管控。清政府试图用道德宣传册子取而代之——这些宣传册子只宣扬符合儒家伦常的社会道德和行为范式。清政府尤其执迷于以孝道为基砥,培养臣民对皇权的绝对忠诚,为此它采用了劝善书和"圣谕"的教化手段。比如,1670年,康熙帝颁布"圣谕",并且下令,在全国各地乡村的公开集会上,由地方官或耆老大声宣讲"圣谕"。更加广为人知的是,雍正帝将乃父之"圣谕"增饰为《圣谕广训》,颁行全国。后来还出现了很多《圣谕广训》的白话解释本,其中甚至还有一些方言版本。[2]

儒家伦理的广泛宣扬,推动了文化的融合,促进了社会规范的进一步统一。然而,文化的趋同性是与文化的多样性相伴而行的。可以说,中华帝国晚期的文化,不仅趋向统一与融合,还呈现出多元化、异质化的特点。[3]

(二)文化整合:国家祀典与地方崇拜的标准化

清朝特别重视国家祀典,并使之与理学的要求相协调。[4] 他们"事无巨细地复制了明代的祭祀体系,在具体执行上往往还超越前朝"。[5] 清代帝王对孔子表现出前所未有的尊崇。晚清时期,祭孔典礼被提升到了国家礼制的最高级别,因为清廷认为"道德转型是国家的首要任务,而

---

[1] 程艾蓝:《中国思想史》。
[2] 张仲礼:《中国的绅士:十九世纪中国社会绅士的角色研究》;梅维恒:《〈圣谕广训〉中的语言和思想》,载姜士彬等编:《中华帝国晚期的大众文化》,第325—359页。
[3] 罗友枝:《中国帝国晚期文化的经济和社会基础》。
[4] 司徒安:《身体与表演:十八世纪中国作为文本与表演的大祀》。
[5] 司马富:《清代文化中的仪式》,第285页。

道德转型的最大议题即是祭礼的各类规范"。[1] 在皇家的赞助下,那些重要而独特的祭仪得以汇编出版,各种礼仪手册更是广泛流传于整个帝国。其中,有些手册是为官员和学者写的,有的则是为有识字能力的平民而写的,其中包括参与祀典的仪式专家。[2]

虽然建制化的佛教和道教都具有自身的独立架构和仪式体系,但它们与中国社会的其他团体一样,也被要求遵循国家祀典的基本规范。与国家祭礼并行,和尚和道士,以及其他各类宗教从业人员在地方节庆和其他仪式中扮演着主要角色——而这些仪式活动实际上是独立于国家祀典体系之外的。社团领袖经常行使主礼道士的职能,并且经常取代他们,从事慈善活动,或者襄助兴建国家批准设立的道观。拥有土地和商业权势的地方精英往往"渴望与行政当局合作,推动民间崇拜的标准化",因为他们把参与此类活动作为提升自身社会地位和改善乡土社会风俗的重要手段。[3] 在清代的文化整合进程中,宗教统合性的趋势大大加强了。未得官方认可的地方神灵,即便未被完全根除,也在逐步消失。官方承认的新神灵则获得确立,"在中国南方,朝廷对其认可的民间信仰的提升十分成功,以至于到清中叶,多样的地方崇拜已被一小撮被认可的神灵所取代"。[4] 多个不同的地方信仰可以合而为一,这样既满足了不同社会阶层的需要,也实现了祭祀对象的标准化。妈祖即是其中的典型:清政府先是赐她"天上圣母"之号,1737 年又晋封其为"天后"。[5] 从中不难发现,知识精英在确保民间宗教信仰符合国家设定的标准样态方面发挥了重要作用。[6]

(三) 善书

清代,随着更多的统一化的宗教符号、神灵被人们接受,为非精英群

---

[1] 司马富:《清代文化中的仪式》,第 288 页。
[2] 许舒:《乡村社会中的仪式专家与文字资料》,第 100—103 页。
[3] 华琛:《神灵的标准化:中国南部沿海天后的晋封之路(960—1960)》,第 293 页。
[4] 华琛:《神灵的标准化:中国南部沿海天后的晋封之路(960—1960)》,第 293 页。
[5] 格尔德:《〈天妃显圣录〉:引言、翻译与评论》。
[6] 华琛:《神灵的标准化:中国南部沿海天后的晋封之路(960—1960)》,第 322 页。

第一章 清代的道教(1644—1911)

体制作的宗教类书籍也大量增加。它们的内容据说来自赏善罚恶的神灵的开示，以儒家伦常为基调，并糅合了佛教的因果轮回、道教的长生成仙等广为人知的观念。此类书籍肇始于12世纪的《太上感应篇》(《道藏》第1167号)。该书初刊于1164年，一位宋代皇帝曾推动其出版与流通，[1]此后该书多次刊行。[2] 不过，《太上感应篇》及其早期的衍生作品更关注宣扬因果报应和其他佛教价值观如"慈"和"孝"；而自明代开始，善书则侧重于更为实用的道德教导。[3] 其中最为常见的形式就是所谓的"功过格"。[4] "功过格"为各种具体的善行("功")、恶行("过")分配特定的分值，诱导人们累积善行以求好运——据说积累善行三千，可得一子；累积善行一万，可得中进士。[5] 任何人，无论是否受过教育，只要他或她严格按照功过格的要求培养自己的道德，都可成为道德高尚的圣人。对个人而言，这类善书使得道德义务变得具体了，也量化了他们在道德上的进展；对朝廷而言，印行这类书籍不仅会积累功德，也有利于巩固那些维系了社会稳定的价值观。

(四) 文化多元化：秘密宗教与宝卷

德行的修养在秘密宗教团体(sectarian groups)的实践中也占有突出地位，但这类修行在政府眼里却是异端的根源，因为它的蔓延突破了正统的传播渠道。秘密宗教活动的前现代形式肇端于元代的世俗佛教团体，之后他们逐渐吸收道教的许多思想观念与修行实践，比如疗疾、占卜和驱邪等。[6] 元朝末年，其中的一些群体向更为激进的方向转变，如白莲教

---

[1] 译者按：这位皇帝即1224—1264年在位的宋理宗赵昀。
[2] 贝尔：《〈太上感应篇图说〉中的故事》，载小洛佩兹编：《中国的宗教实践》，第437—445页。
[3] 游子安：《劝化金箴：清代善书研究》。
[4] 包筠雅：《功过格：中华帝国晚期的社会变迁与道德秩序》。
[5] 白居惕：《宗教与大众文化：〈三教开迷归正演义〉中的道德资本控制》。
[6] 欧大年：《民间佛教信仰》，及氏撰《中国民间宗教文献的价值观：明清宝卷》，载姜士彬等编：《中华帝国晚期的大众文化》，第219—254页。

就从一个消极的灵修类群体变成了追求千禧年理想的武装起义组织。[1]

与此相应,明清时期,秘密宗教团体中流行一种新的通俗文学样式——宝卷。早期的宝卷通过白话宣讲正统的佛教教义,作者多是出家僧尼。后来的作品则多出自有神赐异能的民间宗教领袖,如罗教、无为教的首领就用宝卷来传教。[2] 16世纪中期,中国进入了崭新的历史阶段,社会经济持续发展,人口不断增加,并开始遭遇西方商业贸易的挑战。这些社会、经济的变化,使得宝卷在中国越来越流行。

在占支配地位的建制化宗教之外,新的宗教社团为民众的精神需求提供了更多的可选项。建制化宗教以寺庙宫观为架构,以庙宇崇祀为特征,为既定的精英人物所掌控。新的秘密宗教社团则从佛教、道教和地方口头传统中汲取灵感,从而在民间广泛传播。在晚明,它们还取得了宫廷太监、官员及其家眷的支持,[3]甚至朝廷也帮助刻印宝卷。然而在清代,这种支持被切断了,这些宗教团体被迫转入地下。[4] 尽管清政府及精英阶层也参与国家祀典,资助地方庙观,并且雇用佛、道教的仪式专家,但他们对和尚、道士和乡村灵媒所从事的民间宗教实践颇为蔑视。因此,这类运动未能在精英阶层中流行,仅在广大普通民众中扎根并流传开来。至18世纪,秘密宗教运动自身也成为民间宗教的重要组成部分,它们将观音、孔子和老子等神灵纳入了自己的神灵谱系。在此进程中,这些大众化神灵的地位越发重要,已摆脱了它们在早期秘密宗教运动中所处的从属性地位。

"白莲教"这一术语被建议用来指称清代中期所有那些具有同一种新的神话结构、崇拜女神"无生老母"的宗教团体。[5] 这些宗教团体或重于念诵佛经,或重于冥想打坐。诵经类团体借鉴了佛教僧尼的做法,发展出了一整套与群体祷告制度相匹配的组织架构;他们的主要活动是诵

---

[1] 田海:《中国宗教史上的白莲教》。
[2] 欧大年:《中国民间宗教文献的价值观:明清宝卷》。
[3] 泽田瑞穗:《弘阳教初探》。
[4] 韩书瑞:《千禧年之乱:1813年八卦教起义》。
[5] 韩书瑞:《中华帝国晚期白莲教的传播》。

第一章 清代的道教（1644—1911）

读佛经、宝卷、善书及其他宗教文本。清代中期的此类团体包括"罗教"和"弘阳教"，甚至在文人中也有追随者。[1] 冥思类团体将实践重点放在凝心祷告、驱病疗疾和武术练习上，这类组织由私人关系网络组成，缺乏固定的组织结构。[2]

这些团体的不同取向，是恪守传统的、属于精英阶层的佛教居士们与脱离了传统庙宇体制的宗教团体长期冲突的结果。[3] 另外，许多诵经类团体吸收了"弥勒降世"和"无生老母"信仰，这就导致它们最终与精英们的佛教居士团体分道扬镳。社会变革进一步加剧了这种分裂，尤其是从明代后期开始，时有属于非精英宗教社团之家庭的成员参加科举或进入官方教育体系，这就引起了儒家卫道士们的恐慌——他们包容庙宇和道观，但他们却害怕民间的宗教结社。

迄至晚明，文人的居士佛教实践日益艰难。[4] 入清之后，因清政府之迫害，这一情况更为严重。但是，政府的抵制非但未能阻止民间宗教团体的涌现，反而促使它们投入到了与千禧年信仰有关的起义当中。[5] 另一方面，到19世纪中叶，宗教团体已然与社会结构胶着在一起，如很多村庄接受了白莲教的领导，并依靠白莲教来自卫。继明清宝卷的刊行之后，人们又通过扶乩造作了大量文本——它们为新教团的创立奠定了基础。

四、实践

（一）扶乩

扶乩，[6] 是一种占卜方法，与堪舆、占星、风水、看相、解梦及《易经》

---

[1] 欧大年：《船夫与佛：明代中国的罗教》；戴维·凯利：《庙宇与漕运船队：十八世纪的罗教与水手社团》；泽田瑞穗：《弘阳教初探》。

[2] 韩书瑞：《千禧年之乱：1813年八卦教起义》；欧大年：《民间佛教信仰：传统中国晚期的异类教派》。

[3] 田海：《中国宗教史上的白莲教》。

[4] 田海：《中国宗教史上的白莲教》。

[5] 韩书瑞：《山东叛乱：1774年王伦起义》。

[6] 译者按：原文作"spirit writing or planchette writing"，"spirit writing"意为"降灵书写"，"planchette writing"意为"在占卜版上书写"，此处合并意译为"扶乩"。

问卜有相似的作用。扶乩滥觞于唐代的一种麻姑信仰,在宋代进一步系统化,其源头则可追溯到萨满教的降神活动。据说,在扶乩过程中,神灵、仙人或古代名人的灵魂会通过书写以传达其想法。[1] 扶乩在文人中颇受信奉,因为据传它不仅可预测前程、寿命和科考题目,还可用于疗疾、求雨以及获取其他生活必需。在当时,扶乩从业人员和灵媒随处可见,遍及中国各个社会阶层。像专职的卜者一样,这些人不仅通过扶乩预测灾患,还通过它为病人提供治病的符咒或药方。[2]

完成扶乩需要一些道具。首先要有一个"乩坛",这在明清时代各府州县城中都可见到。[3] 乩坛多被置于庙宇之中,通常是道教宫观,有时也安置于佛教寺庙,或者会堂、家宅、贵族或皇家的宫殿中。专门用来扶乩的厅堂称为"鸾堂",堂中一般设一张方桌,桌上放一个盘子("乩盘"),盘子里盛着沙子或香灰。书写工具是一个T形的架子,称为"乩架",它由桃木或柳木制成,这两种木头据说可以辟邪。架子上面绑着一根尖锐的木棒,称为"乩笔"。这根木棒须在吉日、吉时从树上砍下来,而且要选择东南侧的树枝,那是太阳升起的方向,阳气最为充足。[4] 扶乩仪式中,需要有两个灵媒握持乩架的两端,这就是所谓的"扶乩"。[5] 在清代早期,"扶乩"是最常见的说法,其他的说法还有"扶箕""降鸾""扶鸾""飞鸾"等。[6]

在请神灵下降到乩笔上之前,信徒要摆上供品或鲜花,并且燃香、画符、念咒,还要举行净化心灵的仪式。一旦神灵降临,乩笔就会自发移动,在沙盘上写下字迹。一个人负责识别、朗读这些字迹,称为"唱鸾",另一个人负责将这些字记录下来,称为"录鸾"。

---

[1] 焦大卫、欧大年:《飞鸾:中国台湾民间宗教面面观》。
[2] 司马富:《预言家与哲学家》。
[3] 许地山:《扶乩迷信底研究》。
[4] 高延:《中国宗教体系》,第1321—1322页。
[5] 司马富:《预言家与哲学家》,第226页。
[6] 合山究:《明清文人的神秘学嗜好》,第473—474页;焦大卫、欧大年:《飞鸾:中国台湾民间宗教面面观》。

第一章 清代的道教(1644—1911)

扶乩在明清时代很受欢迎,一些非常著名的学者型官员和文人都参与过这一活动。[1] 他们热衷扶乩,不仅因为它可以对官方的科举考试提供预测,还因为它十分重视道德伦常。至 17 世纪初期,很多善书借助扶乩的手段编纂出来,所降神灵主要是关帝、文昌帝君和吕洞宾。[2] 这类文本中的价值观以儒家思想为主,也包含了许多广为人知的佛道教观念。然而,这些文本中非儒家元素的存在,并未妨碍清代官员和士绅对它的支持——他们乐于资助此类善书的出版,或者为其撰写题跋。即便在学者当中,也有一些人热衷扶乩,如蒋予蒲就主持了一个乩坛,称为"觉源"或"觉坛"。这个乩坛是《道藏辑要》《吕祖全书》和清代其他一些宗教文本编纂工作的基础。[3]

尽管明清两代的法律禁止扶乩,但由于具体执行法律的官员往往也热衷于此,于是扶乩活动在这一时期得以幸存并在全国范围内散播开来。不过,像许多萨满活动一样,扶乩在南方更为盛行。[4] 精英群体之外的卜者和萨满灵媒通过扶乩创作了大量文本,它们在清代社会广为流传。[5] 非精英阶层的这些扶乩活动十分重要,不仅因为它们促进了秘密宗教的经典的发展,而且这类活动本身也是明清社会文化整合的标志。在精英阶层热衷于扶乩活动的同时,很多独立的宗教团体也以乩坛为核心发展起来。在这里,善书是用质朴的古文写就的,就像文人扶乩者的那种文风,内容也以宣扬儒家伦理为主。直到 19 世纪晚期,包含无生老母神话的秘密宗教文本才大量涌现,不过它们仍保留着善书的样式。[6] 这类文本在今天的台湾和香港等地区仍可见到。扶乩社团在港台地区至今

---

[1] 许地山:《扶乩迷信底研究》;焦大卫、欧大年:《飞鸾:中国台湾民间宗教面面观》;合山究:《明清文人的神秘学嗜好》。

[2] 杜赞奇:《刻划符号:中国战神关帝的神话》;祁泰履:《一部神灵的自传:〈梓潼帝君化书〉》;康豹:《开悟的丹士抑或不道遵的神仙? 中华帝国晚期吕洞宾崇拜的发展》。

[3] 参见莫尼卡:《龙门派与〈金华宗旨〉版本来源》《〈金华宗旨〉的不同版本及其与龙门派的关系》;森由利亚:《〈太乙金华宗旨〉的编定与变迁》《〈太乙金华宗旨〉与清代中国的吕祖扶乩研究》;游子安:《劝化金箴:清代善书研究》。

[4] 合山究:《明清文人的神秘学嗜好》,第 476 页。

[5] 焦大卫、欧大年:《飞鸾:中国台湾民间宗教面面观》。

[6] 焦大卫、欧大年:《飞鸾:中国台湾民间宗教面面观》。

仍然存在,不过如今往往被称作"神教""儒宗神教"或"拜鸾"。这类名称中"儒教""孔教"等与儒家有关的称谓,充分反映了这些社团成员训练有素的书写技艺。[1] 香港的几个社团与道教的关系尤为密切,一般被称作"道坛"或"道堂"。他们经常举办扶乩法会,迎请吕洞宾或其他道教神灵降笔。[2] 事实上,多数香港道派最初都是从扶乩小圈子发端,而后再以道教的组织体制和科仪系统为范型,逐渐发展为正式的宗教团体。由此可见,当代道教运动实际上产生于地方性的宗教中心,而不是秘密的宗教结社。[3]

(二)内丹理论的简明化

我们可以下结论说,道德培养是明清社会的主要关注点。在这一时期,无论是林兆恩这样的思想家,还是道教新派别的创始人陆西星、伍守阳、王常月等人,都在用一种融合性的方式宣扬道德培养。[4] 政府力求将儒家伦理解释得明了简约,使得社会各阶层都能够接受,宗教领袖们也试图使他们的教义通俗化。在此氛围中,道教大师们竭力使晦涩的内丹理论明晰化,他们去掉那些错综复杂的内丹术语,使内丹理论更为简明通俗,以此增进人们对内丹修炼之本质的理解。[5]

具体而言,林兆恩混融佛教、道教和理学三家学说,使冥修这一悟道方法在16世纪实现了大众化。[6] 与林氏相似,伍守阳糅合佛、道教义建构了自己的丹道理论,并指出儒家人文素养的培修是内丹修炼的第一步。[7] 龙门派祖师王常月则认为,只需持守包含儒家道德信条在内的、

---

[1] 焦大卫、欧大年:《飞鸾:中国台湾民间宗教面面观》。
[2] 参见徐佩明:《道教的传统与变迁:全真教在香港的历史》;志贺市子:《香港的道坛》,载《东方宗教》第85期,1985年,第1—13页;志贺市子:《近代中国的萨满教与道教:香港的道坛与扶乩信仰》。
[3] 志贺市子:《香港的道坛》。
[4] 白居惕:《林兆恩的三一教》;唐大潮:《明清之际道教"三教合一"思想的理论表现略论》。
[5] 莫尼卡:《金盖山龙门派和〈道藏续编〉中的内丹法》。
[6] 白居惕:《林兆恩的三一教》。
[7] 唐大潮:《明清之际道教"三教合一"思想的理论表现略论》。

第一章　清代的道教(1644—1911)

渐进的戒律,人人皆可修证仙道。[1]

《封神演义》(英译:顾执中,1993)、《东游记》等通俗小说的流行和秘密宗教社团的发展,促进了内丹学说的显明化与宗教信仰的广泛传播。尤其是秘密宗教社团,他们将佛、道二教的冥修方法整合到了他们固有的核心修行架构中。到1760年代,他们甚至把武术也视为道教或医学理论中能量循环理念的实际运用。[2] 奇魅人物如张三丰等,不仅被视为道教神仙,而且还成了许多内丹派系的祖师和武术流派的创始人。[3] 因此,内丹理论不再局限于原先的小圈子,而是变成了大众文化的一部分。时至今日,这些内丹理论仍然可以在民间的修行实践中看到,比如今天人们所说的"气功"。[4]

内丹的通俗化绝非简单的"大众化",而是长期的社会、思想变革的产物,是明清两代书写文化广泛流行引致社会共同价值观增多的必然结果。

---

[1]　陈兵:《清代全真龙门派的中兴》;莫尼卡:《金盖山龙门派和〈道藏续编〉中的内丹法》;唐大潮:《明清之际道教"三教合一"思想的理论表现略论》;卿希泰:《中国道教史》,第4卷。

[2]　韩书瑞:《山东叛乱:1774年王伦起义》。

[3]　参见黄兆汉:《〈张三丰全集〉的真实性探究》《明代道士张三丰考》;秋冈英行:《张三丰与清代道教西派》;戴思博:《作为武术与长生术的太极拳》;恩格尔哈特:《太极拳的理论与技术》;费丹尼:《内家武术:中国武术的内家派别》,根特大学博士论文(1989年),及氏撰《太极拳的历史》。

[4]　恩格尔哈特:《气功的古典传统:以唐司马承祯〈服气精义论〉为焦点的考察》;戴思博:《〈赤凤髓〉:十六世纪中国的卫生长寿术》;三浦国雄:《气的复兴:当代中国的气功》;莫尼卡:《气功:新的道教五息功流派》。

第二章

清代龙门派及其有争议的历史

前言

如果我们走访中国道教宫观,我们会惊讶地发现,无论在南方还是北方,道士们大多属于同一个道派——"龙门派"。清代(1644—1911)初期,一股"龙门"风席卷中华大地,道教呈现出一种"道派标准化"的特征。这种"标准化"在清代佛教中也有体现,如果我们询问佛教寺院中的僧人,他们属于何派,他们大多会说自己属于"临济宗"。[1] 为什么会这样呢?

对道教而言,这一趋势可以追溯到明代(1368—1644)末年。有明一代,正一道在朝廷上居于强势地位,而全真道的地位则一落千丈。全真道的首次兴起发生在明末乱世,当时大批儒生和文人加入全真道,以此展现他们对明朝的忠诚,以及对异族征服者的不屑。[2] 悖谬的是,全真道以"龙门派"的名义复兴,却恰恰发生在清代而非明代。较之朱明王朝,清代统治者更欣赏全真道戒律精严、恪守伦理之特征,这也是他们允许全真道公开传戒的主要考量。在朝廷的支持下,龙门派大师王常月(号昆阳,?—1680)对道教戒律进行了重新诠释与整合。作为北京白云观方丈,从1656年开始,王常月多次公开传戒,对道教徒进行系统的戒律培训,这些戒律超然于这些教徒所属的道派之上。王常月入主白云观之后,

---

[1] 尉迟酣:《中国佛教的实践(1900—1950)》,第281、396页;《长春道教源流》卷6,第28b页,载《藏外道书》第31册,第113页。此处及此后所引《长春道教源流》皆为《藏外道书》本。

[2] 陈兵:《清代全真龙门派的中兴》,《世界宗教研究》1988年第2期,第84—96页。

白云观住持一职始终掌握在龙门派手中,龙门派的影响迅速扩大。这对于龙门派成为制度化的道派并创制出自身的传承谱系起了至关重要的作用。[1]

但是,龙门派的谱系出现在何时?答案虽不明朗,但透过对碑铭、传记等材料的分析可知,龙门派的祖师谱系很可能是在明末创立的——而在龙门派的"酝酿"期,它与正一道存在联系。事实上,龙门派谱系最初是由隐士们创立的——他们接受了早先全真道的清修理念并从事苦修,但本身却未必归属于全真道。

然而,龙门派作为一支有完整传承谱系的独立道派出现,则是在17世纪王常月公开传戒于北京白云观之后。有一个令人信服的理由可以解释这一点:龙门派祖师必须建立这样一个谱系,以确保白云观方丈之位由龙门派代代相承,进而龙门派就能够垄断全真道公开传戒的权力。有关龙门派的谱牒及其早期历史的基础性文献是《钵鉴》——此书虽归诸王常月名下,但已经佚失,或者它本来就不曾存在过。

一、导论:《金盖心灯》所载龙门正宗之起源

值得注意的是,尽管《钵鉴》一书被视为"龙门谱系确立之基石",但该文献仅在《金盖心灯》(1821年初版,1876年再版)的参考文献中出现过。在近年来的学术著作中,提及《钵鉴》的很多,但似乎并没有人真正拥有过此书。[2] 事实上,如果一个人翻阅有关龙门派历史的材料,他立刻就会发现,其中大多数说法都出自成书于19世纪早期的《金盖心灯》。与禅宗的"灯录"相似,《金盖心灯》的创作大有将龙门派提高到"护国宗

---

[1] 参见吉冈义丰:《道教:对永生的追求》,第199页。译者按:此书由作者本人译为英文,名为《道观的生活》(Taoist Monastic Life),收于尉迟酣、索安编:《道教面面观》。

[2] 参见陈兵:《清代全真龙门派的中兴》;森由利亚:《全真教龙门派系谱考》,载道教文化研究会编:《道教文化展望》,第189页;卿希泰主编:《中国道教》第3卷,第393页;卿希泰主编:《中国道教史》卷4,第81页。

第二章 清代龙门派及其有争议的历史

教"之地位的意味;[1]同时,《金盖心灯》以谱牒的方式绘制了龙门派的"家族树",以此框定了龙门派的起源和发展脉络。该"家族树"以"道祖"老子和"道宗"吕洞宾为创始祖师,展现出了龙门派法脉传承的独特性。

《金盖心灯》还收录了中国东南地区的龙门派祖师们的传记,内容颇为翔实,为我们了解几乎一无所知的明清道教提供了宝贵的资料。然而,学界对《金盖心灯》的重视程度尚嫌不够。1821年,龙门派第十一代祖师闵一得[2]在金盖山云巢道观的古书隐楼刊刻了此书。书中的大部分内容都附有清代著名学者鲍廷博(1728—1814)[3]的注释,并且经过鲍锟[4]的校订。在其注释中,鲍廷博征引了52种著作。《金盖心灯》开篇的"金盖心灯征考文献录"中列举了这些著作的名称。

除了中国东南地区的道教大师之外,《金盖心灯》重点介绍了龙门派早期的七位祖师;这七位祖师被视为后来白云观所谓"龙门正宗"的衣钵传人,其塑像被白云观及其下院所奉祀,后来的龙门派及其分支岔派也都承认他们的地位。事实上,这一传承谱系也出现在日本人小柳司气太(1870—1940)以文言文写就的《白云观志》和五十岚贤隆所撰之《太清宫志》中。[5] 自清代开始,这七位祖师的传承谱系实际上为所有的受戒道士提供了一个白云观龙门派方丈传承的"正统"谱系,这一谱系也逐渐为其他的龙门派道观所认可。不仅如此,在王常月(?—1680)出现之后,

---

[1] 有关禅宗"灯录"的重要作用,参见福克:《禅宗及其在佛教清修传统中的地位》,密歇根州立大学博士论文(1987年),第42—44、50—52页。
[2] 有关闵一得的生平,参见莫尼卡:《清代的道教(1644—1911)》,载孔丽维编:《道教手册》,第630—631页;莫尼卡:《清代中国的龙门派:教义理想与地方实践》,《中国宗教研究集刊》第29期,2001年,第199—203页。
[3] 鲍廷博,字以文,一字通诚,原籍安徽新安,后居浙江乌程,人称"浙之渊博士"。嘉庆(1796—1820)年间乡试中举,于1776年编成30卷本《知不足斋丛书》。1792年,他前往金盖山,负责《金盖心灯》的编辑工作,1811年与闵一得及其他龙门派弟子共同完成了该书的修订。参见孙念礼:《鲍廷博》,载恒慕义编:《清代名人传略》,第612—613页;《知不足斋主人传》,《金盖心灯》卷7,第31a—32b页,载《藏外道书》第31册,第311—312页。
[4] 鲍锟,余杭(今杭州)人,他在1814年为《金盖心灯》作序。参见《金盖心灯》第1a—2b页,载《藏外道书》第31册,第159—160页。
[5] 《白云观志》,第32—35页;《太清宫志》,第64—65页。

这一谱系还被龙门派各支派所接纳,并随龙门派的发展而广播四方。[1]

本文中,对《金盖心灯》中七位祖师的传记,有些我会详加介绍,有些则概而言之。据鲍廷博说,《金盖心灯》中的这些传记取材于下列文献:

(1) 王常月所撰《钵鉴》;

(2) 第八代龙门律师吕云隐(活动于1710年前后)所纂《道谱源流图》;[2]

(3) 杨慎庵纂辑《杨氏逸林》,据说该书以王常月的《钵鉴》为蓝本;

(4) 第九代龙门宗师范清云(派名"太清",1606—1748?)所撰《钵鉴续》,据传他于1667年从王常月处获得《钵鉴》5卷,后增益至9卷;[3]

(5) 吕全阳[4]所著《东原语录》。

然而,除《道谱源流图》之外,上述著作仅见于《金盖心灯》的引用。

一如禅宗之"灯录",《金盖心灯》负有树立本宗之"正统"身份的重要使命。以传统的全真教高道传记为典范,精心创制"龙门正宗"之谱系,不仅是为了证明北京白云观的龙门派传承谱系精纯不杂,更是为了确保南方多个龙门支派的正统性。为了实现这一目的,在几位学者和龙门派道士的协助下,闵一得主持建构了一座宏伟的大厦——"龙门正宗"谱系。作为一位生活在18世纪中叶至19世纪早期的归休林下的学者,闵一得在中国南方龙门派的"正统"形象的提升过程中,起到了关键的作用。他描绘的龙门派具有双重特质——一方面,龙门派是京城里的制度化的教团,具有标准化的戒律体系、修行规范、行为准则和宗教仪式;另一方面,龙门派还是一种知识和教义传统,能够创生出独特的内丹理论,其中包括宇宙论、修身论和伦理观。

---

〔1〕 参见《龙门正宗流传支派图》(《金盖心灯》第 1a—7b 页,载《藏外道书》第 31 册,第 166—168 页);《龙门正宗觉云本支道统薪传》(《藏外道书》第 31 册,第 427—446 页);《金鼓洞志》(《藏外道书》第 20 册,第 189—299 页);吉冈义丰:《道教的实态》,第 231—232 页。

〔2〕 有关吕云隐所作《道谱源流图》,参见《金盖心灯》第 1a—7b 页,载《藏外道书》第 31 册,第 162—165 页,也见于《道藏精华录》(上册),第 1a—4b 页。有关吕云隐的传记,参见《金盖心灯》卷 2,第 27a—29b 页,载《藏外道书》第 31 册,第 198—199 页。

〔3〕 《范青云宗师传》(《金盖心灯》卷 3,第 46a 页,载《藏外道书》第 31 册,第 231 页)。

〔4〕 有关吕全阳的传记,参见《金盖心灯》卷 3,第 19a—20a 页,载《藏外道书》第 31 册,第 217—218 页。

第二章 清代龙门派及其有争议的历史

本文关注的焦点是龙门派的早期历史。尽管龙门派是清代道教的主流派系,但迄今鲜有学者注目于它。与之前的大多数研究不同,我不打算探讨龙门派历史大厦的表面,而是要深入其内里,揭示其具体的建构方式。[1] 由于我在其他文章中已经讨论过龙门派教义的问题,因此本文将不再涉及这一问题。[2] 乍一看去,龙门派的谱系大厦受时代旨趣及其决定者的影响;然而驻足细看,却发现它是大厦建造者[3]喜好的反映。一旦走进这座大厦内部,我们还会探明激发建筑师如此创作的典范,以及他想达到的理想效果。犹如众多房间最终会在中央大厅交汇一样,龙门谱系的创制者对龙门派早期诸位祖师的传记进行了刻意的安排,以此赋予他们最核心的地位。当我们凝目谛观,表面看来坚固无比的大厦,其牢固性却在减弱,它的墙壁在块块崩颓,只有那反映建筑师意图的设计蓝图还在那儿。《金盖心灯》将七位龙门祖师的传记设定为谱系大厦的内核,这一内核至今仍为官方道教机构——中国道教协会所认可。那么,这个大厦的支柱有哪些?它们在支撑什么?它们锚定了什么?它们展示了怎样的风格样式?

尽管相关文献资料颇为丰富,但学界对这一复杂课题的研究少之又少。本文尝试揭橥龙门派谱系大厦的建筑学草图。这一"大厦"以全真道的祖师丘处机(1148—1227)为基砥,以此后的七位"龙门正宗"祖师为支柱建构而成。在这一完美的龙门谱系的创作过程中,我们可以觉察到一些龙门支系(见图1)——尽管它们在龙门"正宗"谱系的光环下显

---

[1] 中国学者有关龙门派历史的研究已有不少,但这些研究大多数都倾向于接受有关龙门派历史的传统说法而未加质疑。如陈兵:《清代全真龙门派的中兴》;陈兵:《明清道教》,载牟钟鉴主编:《道教通论》,第551—579页;卿希泰主编:《中国道教史》卷1,第200—205页,以及该书卷4,第77—181页。有关此话题的批判性探讨包括:莫尼卡:《金盖山龙门派和〈道藏续编〉中的内丹法》,巴黎第七大学博士论文(1993年);森由利亚:《全真教龙门派系谱考》;王志忠:《全真教龙门派起源论考》,《宗教学研究》1995年第4期,第9—13页;王志忠:《论明末清初全真教"中兴"的成因》,《宗教学研究》1995年第3期,第32—38页(森由利亚教授提供了王志忠两篇文章的复本,谨此致谢);曾召南:《龙门派》,载胡孚琛主编:《中国道教大辞典》,第66—67页。

[2] 莫尼卡:《金盖山龙门派和〈道藏续编〉中的内丹法》;莫尼卡:《呼吸的炼金术》;莫尼卡:《清代中国的龙门派:教义理想与地方实践》。

[3] 如上所述,龙门派系谱大厦的建造者包括闵一得、鲍廷博以及闵一得的弟子及同修,参见《金盖心灯》的序言(《藏外道书》第31册,第158—161页)。

清代的道教

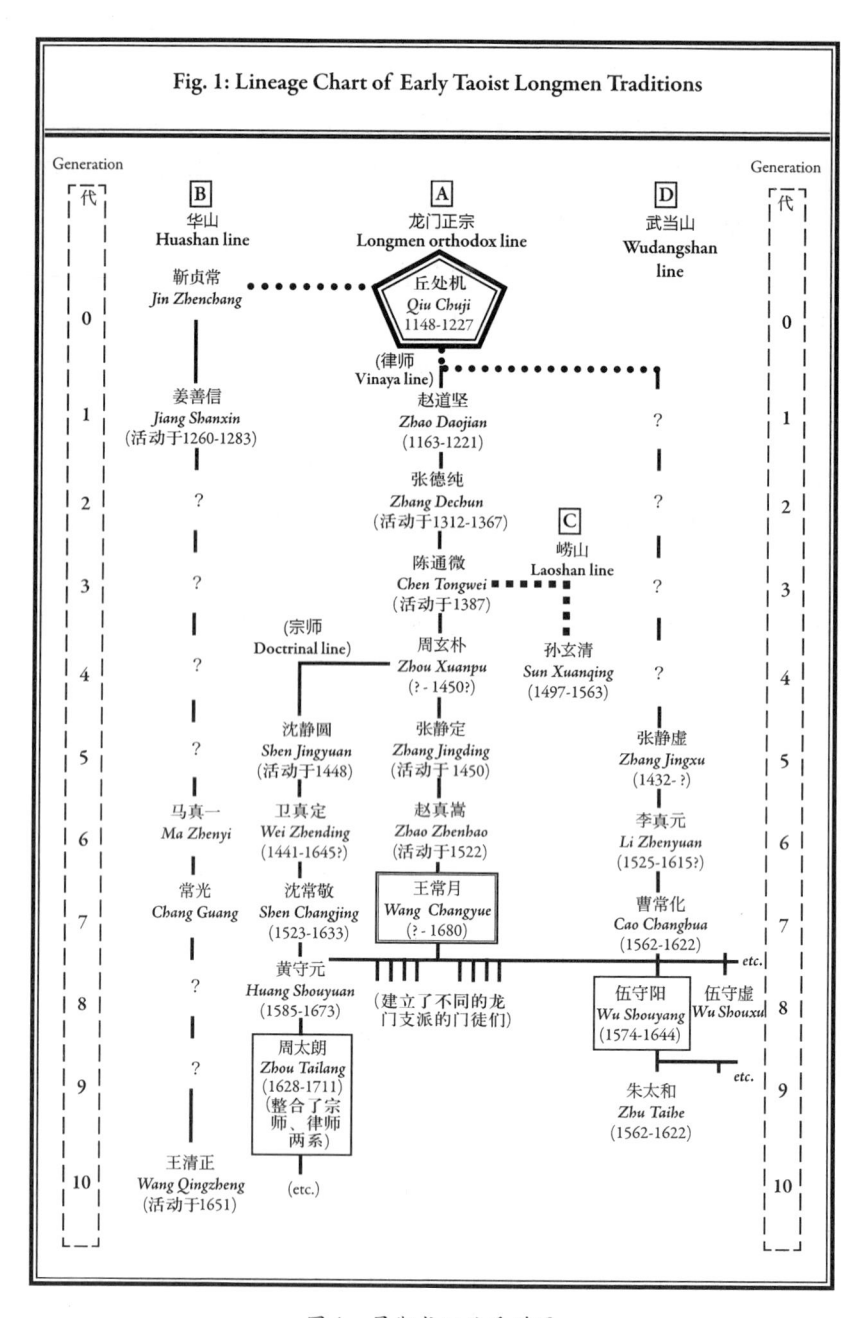

Fig. 1: Lineage Chart of Early Taoist Longmen Traditions

Generation 代	B 华山 Huashan line	A 龙门正宗 Longmen orthodox line		D 武当山 Wudangshan line	Generation 代
0	靳贞常 Jin Zhenchang	丘处机 Qiu Chuji (1148-1227)			0
		(律师) Vinaya line			
1	姜善信 Jiang Shanxin (活动于1260-1283)	赵道坚 Zhao Daojian (1163-1221)		?	1
2	?	张德纯 Zhang Dechun (活动于1312-1367)	C 崂山 Laoshan line		2
3	?	陈通微 Chen Tongwei (活动于1387)		?	3
4	?	(宗师) Doctrinal line / 周玄朴 Zhou Xuanpu (?-1450?)	孙玄清 Sun Xuanqing (1497-1563)	?	4
5	?	沈静圆 Shen Jingyuan (活动于1448) / 张静定 Zhang Jingding (活动于1450)		张静虚 Zhang Jingxu (1432-?)	5
6	马真一 Ma Zhenyi	卫真定 Wei Zhending (1441-1645?) / 赵真嵩 Zhao Zhenhao (活动于1522)		李真元 Li Zhenyuan (1525-1615?)	6
7	常光 Chang Guang	沈常敬 Shen Changjing (1523-1633) / 王常月 Wang Changyue (?-1680)		曹常化 Cao Changhua (1562-1622)	7
8	?	黄守元 Huang Shouyuan (1585-1673) (建立了不同的龙门支派的门徒们)		伍守阳 Wu Shouyang (1574-1644) / 伍守虚 Wu Shouxu etc.	8
9	?	周太朗 Zhou Tailang (1628-1711) (整合了宗师、律师两系)		朱太和 Zhu Taihe (1562-1622) etc.	9
10	王清正 Wang Qingzheng (活动于1651)	(etc.)			10

图1 早期龙门派系谱图

44

第二章 清代龙门派及其有争议的历史

得颇为黯淡。龙门"正宗"谱系一路传承至白云观住持王常月,才在北京白云观确立起来。清代以降,作为全真道的直接继承者,北京白云观成了龙门派的祖庭。为证明自己与金代产生的全真道有纯正的传承关系,龙门派将自身溯源至金元时期著名的丘处机真人。如此一来,它就可宣称自己与金元时期的"全真北宗"是一脉相承的,从而确立了龙门诸祖跟元初在皇权支持下拥有崇高声望的全真道之间的联系。

接下来,我首先梳理《金盖心灯》中七位祖师的传记,附带介绍与他们相关的其他龙门派重要人物,然后将龙门派的"龙门道祖"与全真道的"五祖"加以对比。通过对比,我们会发现,在人为创作的"正宗"龙门派谱系的背后,存在着根本性的矛盾。

二、龙门正宗谱系的基石:白云观在龙门正宗中的作用——金石资料的简要分析

按照《金盖心灯》的说法,龙门正宗的流衍始于丘处机传"心灯"给弟子赵道坚(1163—1221)。[1] 如是,《金盖心灯》将丘处机视为龙门派谱系大厦的基砥。"龙门"一词便是指丘处机当年隐居修道的陕西陇州龙门山。众所周知,丘处机是"全真七子"中最为声名显赫的人物。[2] 因他与统治者关系密切,中国的官方史书《元史》也收有他的传记。他到中亚面见成吉思汗一事,[3] 广为人称颂。此次会面之后,全真道获得了免除赋税和徭役的特权,进入了发展的黄金时期。成吉思汗还下诏,令丘处机统管天下出家人,使得丘处机实际上成了整个中国北方宗教界的领袖。[4] 1224

---

[1] 据说,"心灯"之名即发端于此。参见《赵虚静律师传》,《金盖心灯》卷1,第1b页,《藏外道书》第31册,第167页。

[2] 最近的研究表明,"全真七子"后来各自树宗立派。参见鲍菊隐:《十至十七世纪道教文献通论》,第279—280页注释172。

[3] 丘处机西行之事载于李志常撰《长春真人西游记》(《道藏》第1429号,涵芬楼线装本第1056册)。李志常为随丘处机西行的"十八大士"之一。参见亚瑟·威利:《一位丹道家的游记:长春真人应成吉思汗召请赴兴都库什山之旅》;鲍菊隐:《道教文献通论》,第66—68,157—159页。

[4] 姚道中:《全真》,载孔丽维编:《道教手册》,第572页。

45

年,丘处机返回燕京伊始,就入主了大天长观。此后不久,这一道观以丘处机的道号"长春"重新命名为"长春宫"。1227 年丘处机羽化后,就葬在长春宫东侧。[1] 后来,丘处机的弟子尹志平在丘处机灵柩所在地修建了长春宫的下院,名为"白云观"。[2]

如果说,元代的白云观是全真道的总部所在地,长春宫是丘处机的传教中心的话,元明易代之后,只有白云观幸运地保存了下来。但在明代,白云观已为正一道所踞。

历经元末破坏,白云观在 14 世纪末由正一道的天师们主持重修。当此之时,正一道在明朝廷的势力甚大,而全真道的地位和声望已成明日黄花。[3] 但是,由于白云观是丘处机墓地所在,它的声望并未像它所属的全真道那样衰落。一如元代,在明代,皇家和百姓继续在白云观祭奠丘处机。胡濙 1444 年所撰之碑文记载,在燕王朱棣的世子出席了纪念丘处机诞辰(正月十九日)的一次典礼之后,白云观的修复工程于 1394 年开始。白云观的修复工程相继由几位与正一道有关的著名道士住持。[4] 经过多年整修,白云观得以重新开放,并成为道士修炼和神职授予之所。吊诡的是,白云观中全真道的清修传统,竟然是在几位正一派高道的主持下恢复的——他们逐渐将所有道教派系整合入正一道中。在正一道主导的道派融合过程中,卓越的清微派祖师刘渊然(1351—1432,他也是净明忠孝道的祖师)取道号"长春",一来纪念丘处机真人,二来也宣示"正一—清微—全真"新时代的来临。[5]

---

[1] 鲍菊隐:《道教文献通论》,第 66—68、127—128 页;马颂仁:《北京白云观琐记:碑铭与历史》,《三教文献》1999 年第 3 期,第 79—80 页。

[2] 《白云观志》第 12—13 页。诚如马颂仁所说(《北京白云观琐记:碑铭与历史》,第 80 页),白云观起初只是尹志平创建的一处附属性建筑。

[3] 石田宪司:《明代道教史上的全真与正一》,载酒井忠夫编:《台湾的宗教与中国文化》,第 145—185 页。

[4] 参见胡濙撰于 1444 年的《白云观重修记》(《白云观志》卷 4,第 124—128 页)。

[5] 此处所谓"正一—清微—全真"的新时代,是以其"创派"祖师刘渊然为起点。明仁宗赐刘渊然"长春真人"之号,给二品印诰,使他与正一真人拥有了同等地位。刘渊然曾传道法给正一真人张宇初(《明史》卷 299,第 7654、7656 页),同时他又是赵宜真(1382 年羽化)的弟子,并获全真北派金丹之传。有关赵宜真,参见施舟人:《赵宜真大师和道教清微派》,载秋月观暎编:《道教与宗教文化》,第 715—734 页。有关刘渊然,参见邵以正 1456 年所撰《重建白云观长春殿碑略》,载《日下旧闻考》(卷 94,《文渊阁四库全书》第 498 册);石田宪司:《明代道教史上的全真与正一》,第 157 页;马颂仁:《北京白云观琐记:碑铭与历史》,第 85、98 页。

第二章　清代龙门派及其有争议的历史

无论如何,明朝末年,全真道重新出现于白云观。然而,全真道重获其独立性却是在王常月的领导下实现的,而且是在新的"龙门派"的名义之下。[1] 作为白云观方丈,王常月被认为是从全真北宗递传而来的龙门派第七代。但是,这一传承链条是如何传至王常月的,其发轫点又在哪里?

基于明代的金石资料,尚难以将龙门派的全真北宗"血统"上溯至白云观。尽管白云观是丘处机的灵柩所在地,然而,纵观有明一代,白云观一直掌握在既非全真道、又非龙门派的道士手中。[2]

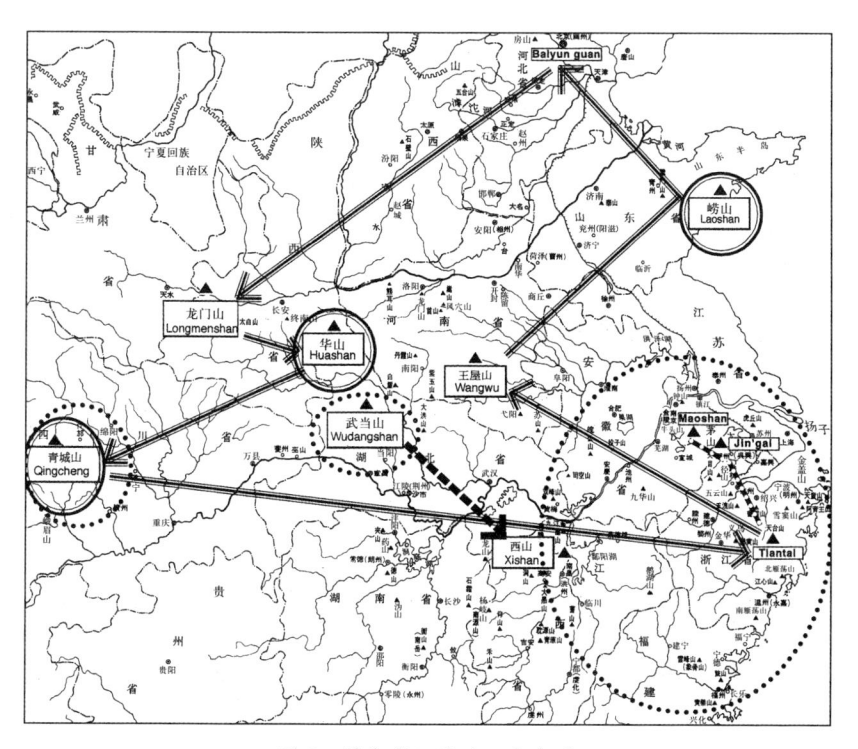

图 2　早期龙门派地理分布图

[1]《白云观志》卷24,第141—142页;《金盖心灯》卷1,第15a—16b页(《藏外道书》第31册,第183—184页)。

[2] 事实上,我们在明代的碑文中发现,只有与正一道关系密切的道教人物方被提及,如李时中、倪正道、邵以正等,而全真或龙门派道士则未能留名。参见《白云观重修记》(《白云观志》卷4,第125页),载《日下旧闻考》(卷94,载《文渊阁四库全书》第498册,第463—472页);石田宪司:《明代道教史上的全真与正一》,第155页;马颂仁:《北京白云观琐记:碑铭与历史》,第83—86页。

三、龙门正宗谱系的支柱：祖师及其谱系

（一）白云观的龙门正宗与赵道坚（A 列，第 1 位）[1]

《金盖心灯》将龙门正宗谱系和白云观紧密联系起来，其中发挥关键连接作用的，是丘处机的弟子赵道坚（1163—1221）。[2] 书中记录了他与丘处机的那次决定性会面，丘处机"与语而奇之"，说：

> 此玄门柱石、天仙领袖也。他日续心灯而流传戒法者，必此子矣。

《金盖心灯》继续说：

> 遂侍祖游燕阐教。凡有作为，不言自合，或侍终夜，不发一语。祖乃传以清虚自然之秘。栖隐龙门者多载，复出侍祖于白云观，统大众。师于至元庚辰正月望日，受初真戒、中极戒，[3] 如法行持，无漏妙德。祖乃亲传心印，付衣钵，受天仙戒。赠偈四句，以为龙门派，计二十字，即"道德通玄静，真常守太清。一阳来复本，合教永圆明"。[4]

在赵道坚的传记中，《金盖心灯》利用全真大师传戒的故事模式，来描绘

---

〔1〕 这里所说的"列"、"位"是就"图1：早期龙门派系谱图"而言的，下同。
〔2〕 关于赵的生平，《赵虚静律师传》（《金盖心灯》卷1，第 1a—2b 页，载《藏外道书》第 31 册，第 176 页）没有提供太多信息，仅提到他本名九古（道号虚静，派名道坚），出生在河北新野，师从丘处机，后于 1312 年传龙门戒律给张德纯（龙门派第二代祖师），赵的生卒时间则未提及。另请参阅本页注释4、第 50 页注释 3。
〔3〕 有关初真戒、中极戒，参见莫尼卡：《清代中国的龙门派：教义理想与地方实践》，第 4—8 页。本书第三章对此也有探讨。更为详尽的讨论，参见莫尼卡：《创造性的道教》第三部分"戒律的创制"，第 91—173 页。
〔4〕 《赵虚静律师传》，见《金盖心灯》卷 1，第 1a—2b 页；莫尼卡：《金盖山龙门派和〈道藏续编〉中的内丹法》，第 103 页。

第二章 清代龙门派及其有争议的历史

赵道坚这位初代祖师的形象。[1] 文中特别强调,赵道坚沉默寡言的品质促使丘处机传"清虚自然之秘"给赵道坚。在此之后,赵道坚方能从事全真道的清修,再后来他才能统领大众并领受全真道的初级戒律。这里所说的初级戒律,包括两种不同阶段的戒律,一是初真戒,二是后来进入全真标准化体系的中极戒。这两种戒律为所有全真道士所通用。然而,《金盖心灯》认为,是1280年丘处机在白云观亲传的最后一戒天仙戒,才使赵道坚成为能够保障龙门正宗传承下去的龙门派第一代律师。在这次"亲传"中,丘处机除了将天仙戒传予赵道坚外,还如禅宗传统一般,传给他衣钵和派字诗。自此之后,派字诗被视为正宗龙门派教内认同的一种方式,其中的字用来为龙门派的后代弟子起"派名"。此后,龙门派弟子在受戒之后,会获得一个由两个字组成的"派名",其中第一个字即从派字诗中而来。[2] 比如,第一代的赵道坚派名为"道坚","道"是第一代的标志,表示他是龙门正宗第一代;第二代则以"德"字为标志,依次递推。

鲍廷博注解说,此派字诗是由元世祖忽必烈(1260—1294在位)钦赐的,以示龙门派的创立得到了国家的认可。[3] 后来,派字诗由原来的20字增加至100字。虽然我们并不知道派字诗的确切起源,但有一点是肯定的,即派字诗既不是丘处机所定,也不是忽必烈所赐。诚如高万桑所言,全真道派字诗的传承方式与居士佛教运动(如白莲教)使用的传续方法如出一辙。[4] 在龙门派的例子中,派字诗与现实中全真道派名的命名方法大相径庭。事实上,丘处机的众多弟子仅仅使用"道""德""志"三个

---

[1] 苏德普:《全真道的苦行主义》,载《不列颠哥伦比亚亚洲评论》1990年第3期,第153—191页;高万桑:《教团的创建:十三世纪全真教的集体认同》,《中国宗教研究集刊》第29期,2001年,第111—138页。

[2] 尉迟酣:《中国佛教的实践(1900—1950)》,第279—285页;吉冈义丰:《道观的生活》,载尉迟酣、索安编:《道教面面观》,第231页。

[3] 鲍廷博声称此说法来自《杨氏逸林》与《全真录》,参见《赵虚静律师传》(《金盖心灯》卷1,第2a页,载《藏外道书》第31册,第176页)。

[4] 高万桑:《教团的创建:十三世纪全真教的集体认同》,第131页;田海:《中国宗教史上的白莲教》,第39—40页。

字来标识不同时期、不同地域的同属全真教的道士。这可以让所有的全真道士确信,他们同属于一个永恒而普世的集体。[1] 相反,派字诗的命名方式表明,全真道各个分支岔派从"标准且唯一的"全真道的主干中不断分离,在保持与正统全真道的象征性联系的同时,也表现出了各自的地域特色和独特个性。

让我们回到对赵道坚的讨论。在成为第一代龙门派祖师之前,赵道坚曾隐居于当年丘处机潜心修道之处,这是要表明龙门派与陕西龙门山颇有渊源。但当我们分析与赵道坚有关的其他文献时,却发现事实并非如此。现实中的赵道坚已在侍师西行觐见成吉思汗的路上,并于蒙古太祖十六年(1221)的十一月初五日病逝于中亚赛蓝城。[2] 此后不久,丘处机也在1227年羽化于燕京长春宫。据此,则1280年白云观发生的丘处机传法赵道坚之事是缺乏根据的。那么,为什么要设定丘处机传法给一个病逝于自己之前的弟子,还把他作为"心灯"传承的对象呢?原因可能在于,赵道坚是随同丘处机西行的"十八大士"中唯一跟龙门山有关系的。据李道谦(1219—1296)说,"全真七子"之一的马丹阳(1123—1183)在1180年命赵道坚赴龙门山师事丘处机,丘处机为其改名道坚。[3] 笔者认为,《金盖心灯》的作者所以不顾与事实的颇大出入而认定丘处机指定赵道坚为龙门派第一代传人,是在竭力将龙门派与北京白云观和陕西龙门山关联起来——这或许表明,在为新生的龙门派确定宗教圣地的问题上,不同道派之间存在争论。

---

[1] 高万桑:《教团的创建:十三世纪全真教的集体认同》,第132页。
[2] 《终南山祖庭仙真内传》(《道藏》第955号,涵芬楼线装本第604册,卷中,第10b—12b页);《长春真人西游记》(《道藏》第1429号,涵芬楼线装本第1056册,卷上,第22b页);《白云观志》,第34页;莫尼卡:《金盖山龙门派和〈道藏续编〉中的内丹法》,第102页;森由利亚:《全真教龙门派系谱考》,第184—187页;王志忠:《全真教龙门派起源论考》,第9页。
[3] 《终南山祖庭仙真内传》(《道藏》第955号,涵芬楼线装本第604册,卷中,第11a—b页)。该书提及,赵道坚本名九古,1163年生于檀州(今北京密云),1179年拜马丹阳为师。后来他在龙门拜见丘处机,执弟子礼,丘处机为其派名"道坚"。1219年,他获选成为随同丘处机西行觐见成吉思汗的弟子之一,1221年病逝于赛蓝城。

第二章　清代龙门派及其有争议的历史

(二) 华山的龙门派：马真一和王清正(活跃时间：1651)(B列,第6—7位)

按《广阳杂记》的说法,孙宗武[1]称龙门派原本是华山之王刁山的道派,而丘处机曾主王刁山之教席。此山因北宋初年在此修行的两位神仙——王遥和刁自然而得名。[2]

王刁山也是龙门派第六代弟子、著名道士马真一的清修之处。马真一一系中龙门派第十代弟子王莱阳(派名清正),修复了北京白云观。[3]在王的努力下,白云观焕然一新,龙门派重新掌控了北京白云观。[4]

然而,对这两位道士,《金盖心灯》竟然只字未提。即便在清初与重修白云观相关的金石资料中,作为重修主持者的王清正的名字也未被人提及。所幸在龙门派大师陈铭珪(1824—1881)所撰《长春道教源流》中,有两人的简要传记(《长春道教源流》卷7,第31a—32b 页)。陈铭珪谈到,马真一(派名峰巅,又名疯颠)与三位道友住在王刁洞：

> 无榻几,因石为床。无经书文字,无药物丹炉。其弟子常光等椎鲁无知。不谈烧炼黄白等法,不为斋醮符箓等事,清静全真以为教。能冬月以雪为沐浴,气蒸蒸如暑。[5] 值旱,官迎之署,不立坛,不焚

---

[1] 孙宗武,讳云锦,字长发,四川成都人,为蜀王府仪宾。明末兵燹,孙逃亡至顺天府(今北京),1651年中举。参见刘献廷:《广阳杂记》卷3,第130页。孙宗武在华山时,与龙门派道士王莱阳为友,并从王莱阳处了解了龙门派的历史。参见《长春道教源流》卷7,第32b页,载《藏外道书》第31册,第134页。

[2] 刘献廷:《广阳杂记》卷3,第130页;《长春道教源流》卷6,第28b—29a页,载《藏外道书》第31册,第113—114页。

[3] 按龙门派20字派诗,马真一为龙门派第六代"真"字辈,参见刘献廷:《广阳杂记》卷3,第130页。

[4] 刘献廷:《广阳杂记》卷3,第130页;《长春道教源流》卷7,第32b页,载《藏外道书》第31册,第134页。蔡永清撰于1811年的《白云观捐产碑记》(《白云观志》,第145页)谈到,与王常月(昆阳)同时代的王大善人捐资修建了白云观三清阁,参见马颂仁:《北京白云观琐记：碑铭与历史》,第88、100页。

[5] 这让我们联想到术士和巫医那种让身体产生热量的神奇能力,参见伊利亚德:《萨满教——古老的入迷技术》,第104、369页,及之后内容。西藏人称为"拙火"的内炼功法尤为人熟知,参见格西格桑嘉措:《大乐光明》。

香,但索酒大饮。饮间,雨下如注。或问吉凶,矢口而答,无不奇中。

某一天,马真一离开山洞,不知所踪,据传有人在辽东见过他。[1]

按《盛京通志》的说法,马真一来自河南,明朝时居于辽宁北镇庙,后往华山。[2] 他弟子众多,但只有一个叫常光的弟子为人所知。据龙门派字诗,马真一的弟子常光当属龙门派第七代。[3]

至于王莱阳,陈铭珪在《长春道教源流》中仅谈到他的派名为清正(即龙门派第十代弟子),是马真一一系龙门派的弟子,正是他,在北京白云观建立了龙门派的传承。[4]

(三)姜善信为华山龙门派奠基(B列,第1位)

陈铭珪(《长春道教源流》卷6,第27b—29a页,载《藏外道书》第31册,第113—114页)谈到,王清正听马真一说,丘处机曾主华山道席,收有弟子靳真常,靳氏传弟子姜善信(1196—1274)。姜善信是河南赵城人,19岁拜师靳真常,隐修于华山王刁洞。此后,姜遵师父意旨在龙门山上的王刁洞修行。若此,则以王、刁两仙人命名的"王刁洞"当有两处,一在华山,一在龙门。姜善信受元世祖宠遇,得赐"静应真人"之号。他在龙门山大禹庙的基址上修筑了"建极宫",元朝的大司农姚枢为其题写匾额。姜善信任命五个弟子为建极宫提点,远近之人皆称姜的弟子为"天师"。[5]

---

[1] 《长春道教源流》卷7,第31a—32a页,载《藏外道书》第31册,第134页。此一说法出自李楷的《河滨文集》(《华岳志》卷2引,第36a—37b页,载《藏外道书》第20册,第68—69页);参见卿希泰主编:《中国道教史》卷4,第153页。

[2] 卿希泰主编:《中国道教史》卷4,第152—153页。

[3] 《长春道教源流》卷7,第31b页,载《藏外道书》第31册,第134页;李楷:《河滨文集》(《华岳志》卷2引,第37a页,载《藏外道书》第20册,第69页);卿希泰主编:《中国道教史》卷4,第153页。

[4] 《长春道教源流》卷7,第32b页,载《藏外道书》第31册,第134页。

[5] 《长春道教源流》卷6,第27b—29a页,载《藏外道书》第31册,第113—114页;王志忠:《全真教龙门派起源论考》,第10—11页;《华岳志》卷2,第33a页,载《藏外道书》第20册,第67页。译者按:据《长春道教源流》(《藏外道书》第31册,第113页)上下文,被远近之人称为"天师"的疑系姜善信本人,而非他的五位弟子。

第二章 清代龙门派及其有争议的历史

根据姜善信的传记和陈铭珪的注解,我们可以看出,姜善信一系龙门派属于陕西龙门山的建极宫,姜氏修行之地则是山上那个以仙人王遥、刁自然命名的洞府王刁洞。这一与陕西华山王刁洞隐修传统有关的洞穴,随着龙门派第六代著名道士马真一的活动而广为人知。此外,据说元世祖以赐予匾额的方式认可了姜善信的建极宫。远近百姓称呼建极宫提点道士为"天师"。这说明,在忽必烈统治期间,建极宫是得到了国家支持的。这也与元灭南宋以后蒙古人转而扶持天师道的时代背景相吻合。[1]

由此推断,在华山当有多个隐修群体,他们宣称传承自丘处机,借此将自己与龙门山的王刁洞联系起来。华山王刁洞、龙门山王刁洞和官方承认的龙门山建极宫,很可能是龙门派早期的"实实在在的圣地"(physical sanctuaries)。在下文早期龙门派(A列)第二代和第三代祖师的传记中,我们会发现早期龙门派归属于华山的更多线索。[2]

(四) 龙门正宗:从第二代到第三代(A 列,第 2—3 位)

1. 第二代祖师:张德纯(1282—1367?)

派名:德纯

本名:珏

道号:碧芝

出生地:洛阳

《金盖心灯》有"张碧芝律师传"(《金盖心灯》卷 1,第 3a—b 页;载《藏外道书》第 31 册,第 177 页)。张是洛阳富家子,身材魁梧,豪爽尚侠义,不重家庭产业的经营,而喜欢与炼金术士、异能之人交往。后家业败落,加之疾病缠身,他领悟先前之旧习无益,决定出家为道士。为彻底根

---

[1] 事实上,忽必烈命第 36 代天师张宗演及其后之正一天师主领江南道教。"张宗演开创了一个先例,即把他在大都的职位委托给文化水平高的道士。这些被委托者被蒙古人称为'玄教大宗师'。"参见史卡:《宋元时期的仪式运动、神灵崇拜和道教的转型》,载孔丽维编:《道教手册》,第 427 页;卿希泰主编:《中国道教史》卷 3,第 281—320 页。

[2] 《白云观志》,第 34 页。

除旧习,他入玄门凡三十余年。[1] 他听说龙门派衣钵已经传给赵道坚,于是拜入赵门下,十八年始终如一。在此期间,尽管赵未传任何教法给他,但他对赵的忠诚和尊重始终不渝。赵道坚知其为"道器",于是在示化之前把他叫到身边,对他说:

> 昔我子丘子,大阐玄风,广行教化。其间得道承宗者,岂为鲜少?乃独以无上之道,传付于我。今又三十年矣,不敢轻授匪人,以辱太上正宗。得子以承,我事毕矣。

作为龙门律宗的第二代祖师,他隐居陕西华山,"肩荷律教有年"。1367年,他传法给第三代陈通微,然后高蹈远引,不知所之。

在张德纯传记伊始,《金盖心灯》谈到张氏喜欢与炼金术士、异能之人交往,意在从更一般的意义上批评那些舍弃社会责任而沉湎于异能幻术之人。这与全真道追求"全性保真"的理念是一致的。这种理念重视儒家伦常的持守,而驳斥对肉体长生的徒劳无益的追求。[2]《金盖心灯》作者通过模仿禅宗的传承范式,提出了带有象征意义的全真道师徒之间的"大道"授受模型。第一、二代祖师,就像禅宗的祖师们一样,都在努力寻找能够承载法脉的所谓"道器"。[3] 龙门正宗被视为"太上正宗",其法脉传承内容包括道教的各种戒律和清规。

2. 第三代祖师:陈通微(活跃时间:1387)

派名:通微

---

〔1〕译者按:《金盖心灯》原文是"(张德纯)遂弃家为道士,涤除旧习,专精玄旨,年已三十余矣",当指张德纯入道时已30多岁了。作者或有误解。参见《藏外道书》第31册,第177页。

〔2〕参见高万桑:《教团的创建:13世纪全真教的集体认同》;莫尼卡:《清代龙门派:教义理想和地方实践》,历代帝王多有为求长生而服外丹致死者。可参见德宝仁:《明代道教(1368—1644)》,载孔丽维编:《道教手册》,第594—622页。

〔3〕戴尔·怀特:《佛教禅宗的传承故事及其近代编纂史》,《远亚丛刊》第7期,1993—1994年,第108页。

第二章 清代龙门派及其有争议的历史

本名：致中

道号：冲夷子

出生地：山东东昌

按照"陈冲夷律师传"(《金盖心灯》卷1，第4a—b页)的说法，陈通微先是向道士们学习"正一驱邪祈祷之法"，因其祈祷颇显灵异，人们争相拜他为师。陈氏不胜其扰，于是前往华山寻找清静栖身之所。经过张碧芝律师的精舍之时，陈听到张祖在朗诵《道德经》，被其闲雅、平和的气质所吸引，于是跪地求教。张祖不回应他，陈于是栖居于此，常自谦抑以求成为张的弟子。很久之后，张祖方给他起派名"通微"，并授其"三坛大戒"。此后他谨行妙德，矢志修行，同时奔波于陕西和山西之间，向曾传授正一道法给他的道士们宣扬教义，然而多年过去，并没有遇到值得传授衣钵之人。不得已，陈通微归隐青城山，至1387年方传法给周玄朴。

诚如上述传记所言，陈通微先为正一道士，但他更喜欢清静的隐居生活。尽管他的正一法术颇显灵异，可他宁愿放弃这些纷扰，转而从事全真道的清修。一种观点认为，传记的编纂者试图通过祖师们的传记宣示一种"全真认同"。[1] 这种认同据称是从元代传承下来的，在这里则具体表现为，静修、诵读《道德经》和授受"三级戒律"等。在陈通微的传记中，《金盖心灯》的编纂者赋予了龙门派及其第三代祖师以特定的"全真认同"。这一认同方式，日后将在清初的王常月那里发扬光大。虽然"三级戒律"在龙门派前几位祖师的传授中已经出现，但龙门派仍将"三级戒律"这一教义的变革归功于王常月。由此，我们可以做出如下推测：一方面，《金盖心灯》的编纂者竭力将王常月所称的"龙门派"上溯到丘处机及其亲传弟子，这也是《金盖心灯》编纂的意图所在；另一方面，编纂者还透露出将全真教义与占主导地位的统领南方诸道派的正一道统合起来的强烈愿望。

然而，这种愿望事实上并非是在全真道或龙门派的主导下实现的，而是要归功于第43代天师张宇初(1361—1410)。这位天师认为，全真道是

---

[1] 有关这一认同，参见高万桑：《教团的创建：13世纪全真教的集体认同》。

清静修真的完美典型,应当将其内丹修炼和符箓道法整合在一起。[1] 上述陈通微的传记也表明了将二者相结合的愿望,然而龙门派本是追求"全性保真"的独特的道教宗派,它既不主张炼丹药求长生,也不去画符念咒行科仪。[2] 若此,则"三祖"传记中的说法只是《金盖心灯》编纂者一厢情愿的说辞,既与真实的历史不符,也跟龙门派复杂的历史相悖。

此外,编纂者在陈通微的传记中,顺带谈及了正一道的存在,似在表示龙门派要走向南方(见图2:早期龙门派地理分布图)。如传记所言,陈在秦、晋之间阐教之后即归隐四川青城山。尽管陈通微和第四代祖师周玄朴都是地道的北方人,但他们不约而同地去了四川,四川是天师道的发祥地,也是金丹道南宗的确立之处。[3]

通过对陈通微与正一道士之间授受关系的描述,《金盖心灯》展示出,全真道的清修传统必须顺应正一科仪在南方拥有巨大影响力的现实而与之联姻。据《道统源流志》(卷下,第1页),从第三代陈通微(活跃时间:1387)到第五代沈静圆(活跃时间:1448),其授受内容包含了灵宝箓。这意味着,全真道的"北方特性"或已迷失在正一道中。实际上,随着元代中国版图的一统,南方的丹士们重新提出新理论以建构新的全真认同,从而使全真道"南宗""北宗"合二为一。明代(1368—1644)初期,这一融合趋势继续在全真道的名义下向前演进。与此同时,新旧符箓道派则被统合到正一道中。[4] 在明代,符箓道派的融合也在继续,以至于正一道统领下的南方道士都自称"清微—灵宝"道士。[5] 这或许就能解

---

〔1〕 常志静:《道教的基本要素与倾向》;莫尼卡:《金盖山龙门派和〈道藏续编〉中的内丹法》,第11—18页。

〔2〕 有关全真道的这一特征,参见陈铭珪为《长春道教源流》所作的序,见《长春道教源流》卷1,第1b页(《藏外道书》第31册,第1页);也可参阅陈铭珪对全真教义的阐发,见《长春道教源流》卷1,第4a—20a页(《藏外道书》第31册,第2—10页)。

〔3〕 玄英、史卡:《内丹》,载孔丽维编:《道教手册》,第470—471页。

〔4〕 众所周知,唐末,正一道确立于龙虎山,并监理江西阁皂山之灵宝派和江苏茅山之上清派。参见史卡:《宋元时期的仪式运动、神灵崇拜和道教的转型》,第415—416、420、427—429、453页;玄英、史卡:《内丹》,第469—472页、479—481页。

〔5〕 参见高万桑:《全真道士(1700—1950)》,载劳格文编:《宗教与中国社会》,第699—771页。

释,何以《道统源流志》声称龙门派祖师与正一道有当然的联系,其传法内容包括了正一道的灵宝箓。[1]

此外,《道统源流志》(卷下,第 1 页)还谈到,在离开北方之前,陈通微还传法给著名的全真道士孙玄清(1497—1569)。[2] 这里,我们又一次看到了与丘处机传法赵道坚颇为相似的冲突与矛盾:《金盖心灯》说龙门派的建立者丘处机将法脉传给龙门派第一代祖师赵道坚,可赵已在丘之前去世;现在陈通微又在中国北方传法给第四代弟子孙玄清,而孙实际上生活在陈之后约一个世纪。我们假定,《金盖心灯》失载了这一传承,而作为晚明重要龙门高道的孙玄清却在其他龙门派文献中被记载;那么,再后来的教内文献就很有必要将这位高道和龙门派关联起来,因为他太重要了。在继续讨论"龙门正宗"之前,我们先简要介绍一下这位孙玄清。

(五)崂山的龙门派:孙玄清(1497—1569)(C 列,第 4 位)

较之《道统源流志》(卷下,第 1 页)对孙玄清的简短介绍,《长春道教源流》的记载(卷 7,第 26a—b 页,载《藏外道书》第 31 册,第 131 页)更详细些。据《长春道教源流》,孙玄清(1497—1569,字金山,号海岳山人)是一位著名的崂山高道,属龙门派第四代,他在崂山开创了龙门支派"金山派"或曰"崂山派"。他生于山东省青州府寿光县,早年拜崂山明霞洞李显陀为师,后云游到铁茶山云光洞,[3] 遇到"通源子"大师,大师传授他"升降天门运筹之法"。[4] 十九岁的时候,又有太和真人[5] 将他带

---

[1] 事实上,自 1352 年灵宝派中心所在地阁皂山的宫观被农民军毁掉后,灵宝派的荣光就一去不复返了。而天师道中心龙虎山却日渐兴盛。参见史卡:《宋元时期的仪式运动、神灵崇拜和道教的转型》,第 428 页。

[2] 据陈铭珪《长春道教源流》中孙玄清的传记,我推算出孙出生于 1497 年。卿希泰主编之《中国道教史》认为孙生于 1517 年,但未注明所据文献。参见《长春道教源流》卷 7,第 26a—b 页(《藏外道书》第 31 册,第 131 页);卿希泰主编:《中国道教史》卷 3,第 483 页。

[3] 相传这里是王处一(1142—1217)和郝大通(1140—1212)修行、悟道之处。参见鲍菊隐:《道教文献通论》,第 164、165 页。

[4] 我尚未发现有其他文献谈及这一道法。这种法术或是一种跨越时空以推定时刻的占卜法术。

[5] 《崂山志》卷 3 谈到一位道号"太和子"的道士,但说他在明初即已仙逝。参见卿希泰主编:《中国道教史》卷 4,第 19 页。

到黄石宫[1]修炼二十多年。后来,孙遇到了斗篷张真人,[2]真人跟他谈论修真口诀,使他豁然有悟。1558年,他在北京白云观坐钵堂[3]栖止一年,道法更进。当时正值京城大旱,孙玄清求雨有验,朝廷赐号"护国天师左赞教主紫阳真人"。他73岁仙去,时在1569年。后来,龙门派将他归于龙门派第四代。同时,他也被龙门支派"金山派"尊为开山之祖。[4]

由其传记可知,孙玄清是一名崂山道士。众所周知,有元一代,丘处机和刘处玄(1147—1203)都曾在崂山阐扬全真道。明清时期,崂山是很多道士云游参访的圣地。[5] 到目前为止,我们尚未在其他地方发现孙玄清接触过的诸位大师的信息——这一派系有待进一步探究。在此,我们姑且假定"通源子"为龙门派第三代,因为按照龙门派二十字派字诗,"通"字属于龙门派第三代。如果这一假定成立,意味着崂山早就有龙门派的传承,这一系统与《金盖心灯》中的龙门派并不相同。然而,《道统源流志》却认定孙玄清是陈通微的弟子。上文已经谈到,这一说法在事实上不能成立,不但是因为陈、孙二人的生活年代相距百余年之久,而且很明显,声称孙玄清这位重要的道士师从陈通微,是为了建立起龙门派与崂山一系的联系。

[1] 黄石宫是崂山的诸多宫观之一,位于华楼山北麓,始建于元代。参见《崂山志》卷3;卿希泰主编:《中国道教史》卷4,第19页。
[2] 《金盖心灯》中有"张蓬头"的传记(《金盖心灯》卷6,第15a—b页,载《藏外道书》第31册,第284页),称其为龙门派密宗——西竺心宗的第十代弟子。《金盖心灯》还谈到,张蓬头本是明忠臣瞿式耜之子(《金盖心灯》卷6,第6b页,载《藏外道书》第31册,第280页;《金华宗旨》第3章,载《道藏续编》第1册,第4a页)。然而,张蓬头的生活年代与孙玄清相距百年(《金盖心灯》卷6,第15a—b页,载《藏外道书》第31册,第284页;《金华宗旨》第3章,载《道藏续编》第1册,第4a页),二人不可能相遇;但张蓬头在一个世纪后被后人视为"神人",那么他就可能以不同的化身生活在不同的年代,与孙玄清相遇也许就说得通了。因此,张蓬头的师父大脚仙(《大脚仙传》,《金盖心灯》卷6,第5a—6a页,载《藏外道书》第31册,第279—280页)在明末隐居崂山,就颇值得留意。大脚仙跟伍守阳(1574—1644)是同时代人。
[3] "坐钵堂"是全真道士进行集体性的"坐钵"修行的场所,这一修行活动以钵为滴漏来计时。"坐钵"是全真教团的特色之一。参见鲍菊隐:《道教文献通论》,第239页以及第679条注释。
[4] 这一说法出自清代梁教无编《玄门必读》,参见《长春道教源流》卷7,第26a—b页,载《藏外道书》第31册,第131页。
[5] 卿希泰主编:《中国道教史》卷4,第197—200页。

第二章 清代龙门派及其有争议的历史

孙玄清的传记也表明,全真道的内丹修炼活动仍然存在,因为孙的确曾在白云观修真,并参加了全真道的"坐钵"修炼。然而,有关白云观存在龙门派大师的讯息并无资料可考,甚至白云观的"坐钵"修炼活动当时也处于正一道的掌控之下。当时,国家性的科仪活动是由正一道士主持的,孙玄清的"护国天师"的封号也是在正一道处于掌控地位的情况下获得的。

据此,我们可得出如下结论:在孙玄清挂单白云观之时,龙门派还没有在北京白云观确立起来,它也没有一个真正意义上的阐教中心。孙虽属全真道"七真"系统的弟子,但这一系统事实上已经被整合到了正一道之中。如此,则孙玄清"坐钵"修炼实际上是分享自正一道的,他的"天师"之号也是如此。

(六)龙门正宗:第四代至第七代(A列,第4—7位)

1. 第四代周玄朴(?—1450)

派名:玄朴

本名:知生

道号:大拙

出生地:陕西西安

《金盖心灯》有《周大拙律师传》(《金盖心灯》卷1,第5a—b页;载《藏外道书》第31册,第178页),说周禀赋不凡,醉心道教义理,即使终日从事农耕也乐在其中。然而,时值元末兵燹,周避乱于终南山。在终南山又遇土匪之乱,加之元朝廷四处寻访奇人异士,周不胜其扰,于是离家退隐四川青城山。在青城山,他拜陈通微为师,得传龙门戒法。

《周大拙律师传》继续说,道门内多数有识之士往往隐遁名山,潜心修行,不问世事,甚至也很少考虑宣扬教义。如文中言:

> 是时玄门零落,有志之士,皆全身避谷。师隐青城,不履尘世五十余年。面壁内观,不以教相有为之事累心。弟子数人,皆不以阐教

为事。律门几致湮殁。

周晚年才遇到两个弟子堪承法脉,当时他已经一百五十岁了。1450年,将法脉传下去以后,他就离开了,此后不知所踪。

周玄朴既是一位从事田间劳作的淳朴之人,也是具备苦行特质的修行之人。这昭示出,龙门派的传承处于关键节点。这一节点体现在两个方面,一是元末社会的巨变和道士经济上的窘困,二是戒律传承之精神一体性的丧失——所谓的"心灯"传递不再如禅宗般通过师徒单传秘授来实现,而是分为"律""宗"两条线路各自传续。承继周玄朴法脉的,有张静定、沈静圆二人:

(a)张静定承当"律师"(戒法)之传承,即所谓"凡承受戒法后确能遵守戒律者,称律师";[1]

(b)沈静圆承当"宗师"(宗派)之传承,即所谓"凡承宗传道、品学兼优者,称宗师"。[2]

在此,代表龙门派发展驱动力的律脉的传承——从丘处机到周玄朴——几乎断绝。然而,与周玄朴之前的两位传主对比,周弟子众多。这或许表明,龙门派已开始在倡导清静苦修的修道群体中进行重组,而这些修行者对早期全真道的清规并不在意。这或许在影射,全真道作为传授戒律的组织化的道派已经结束,而它作为苦行主义道派的象征意义却顽强地存活下来;这些苦行主义者包括隐士、行脚僧和隐居的儒生。如果文中所谓"有志之士"是指不与朝廷合作的儒家士大夫的话,那么跟先前带有浓厚禅宗范式的早期祖师相比,儒家出身的隐居士子成了龙门派系谱传承的主角。[3] 后续的祖师传记中文字的增加、文风的转变,以及传主往往呈现出学者—道士身份的叠加,也体现出这一点。这样,学者型道士

---

[1] 参见《道统源流志》之"凡例"。
[2] 参见《道统源流志》之"凡例"。
[3] 参见陈兵:《清代全真龙门派的中兴》;王志忠:《论明末清初全真教"中兴"的成因》;曾召南:《龙门派》。正如卿希泰指出的,这一点与明代开国之初全真道在政治上受到打压的情况是相吻合的,参见卿希泰主编:《中国道教史》卷3,第481页;另可参见本书第65页注释1。

第二章 清代龙门派及其有争议的历史

取代了早期朴实无华的修道者的形象——后者则更像禅宗的修行者,更接近全真道的清修传统。

此外,这一传记似乎也显示出中国历史固有的一大特征,即在朝代末年的分裂时期,南方往往是忠君爱国者的避难之处,他们心怀梦想,热望在圣王明君的领导下光复旧朝。这一"南下路线"在《金盖心灯》之"宗师"系谱的传承中也有体现:来自江浙的沈静圆得承宗师之位,可视为此路线的铺开;清初的王常月重新兼宗、律传承于一身,则是此路线的"光复"理想的完成。(见图2:早期龙门派地理分布图)与宗、律二系的分叉相似,元代道教内丹南宗和北宗也曾在"全真南北宗"的名义下合二为一。随着朱明的立国和政治上的重新统一,"全真北宗"使自己汇入了包罗甚广、受政府支持的"南宗"之中,"在明代由南方人确立的文化一体性政策下,这一做法被用来提振南方道派之地位,使之卓然立于北方派系(尤其是全真道)之上。毕竟,北方道派与蒙古统治者的关系太密切了"。[1] 清代的情况恰恰相反——南方道派创立了新生的龙门派,却给它贴上了"全真龙门北宗"的标签,以期得到清政府的认可。

下面,我们仅讨论龙门律脉一系。可以说,龙门律脉是全真北宗在清代的完美延伸。尽管是明代的南方人发扬了全真北宗传统,但这一传统直至清代,方才通过王常月方丈的革新,在北京白云观重新确立了其道教正统的地位。[2]

2. 第五代祖师:张静定(活跃时间:1450年)(A列,第5位)

派名:静定

本名:宗仁

道号:无我

出生地:余杭(今浙江杭州)

---

[1] 参见史卡:《丹道、地方教团与道教:以唐至明道教"南宗"的形成为视角》。
[2] 有关龙门派的教义及其分析,参见莫尼卡:《金盖山龙门派和〈道藏续编〉中的内丹法》,第110—125页。

清代的道教

《金盖心灯》之《张无我律师传》(《金盖心灯》卷1,第6a—7b页,载《藏外道书》第31册,第178—179页),说张出身于书香门第,永乐年间(1403—1424)参加朝廷组织的科举考试,因未能及时赴考而失去了取得科场功名的机会。[1] 于是他决心归隐,到苕溪当了一名私塾先生。父母过世之后,他决心彻底摆脱尘俗之累,于是对其子说:

> 了此一件人子大事,吾此形骸,不复累尔矣。天地虽阔,我当逍遥其间,安能拘拘于老学究,坐以待死耶!

此后,他遍访名山,参访高人名士。他曾说,如果遇到像陈冲夷那样的老师,他会毫不犹豫地拜他为师。行至浙江天台山,他依止于三四位黄冠道士。张拜黄冠们为师,[2] 他跟他们一起从事正一道的诵经拜忏活动。他对道教经典颇有领悟,对内丹诀要一看便解:

> 盘桓十余年,体颜子之坐忘,子綦之丧耦也,更号无我。弟子益众,然犹志在访求。一日,有乞食道者曰:"天台景致,不如青城,师何不一游?"

这一对话促成了张的青城之行。经历了艰险的长途跋涉,他最终抵达青城山,得遇周大拙(即第四代祖师周玄朴)。周印证了张对大道的体认:

> 真人曰:"道虽如是,有一大事托子。"乃举如意、戒律、师派授之,曰:"虽时当晦迹,先圣一脉,不可不续。后当择一至士授之,再传而行矣。"

---

[1] 译者按:《金盖心灯》原文为"(张静定)不能趋时,隐居不仕",指张静定不趋附世风而隐居,并非说他误了考试时间。

[2] 译者按:《金盖心灯》原文为"(张静定)至天台而喜,依止黄冠家。羽士三四人,以师事之,亦不却"。指羽士拜张为师,而非张拜他们为师。

第二章 清代龙门派及其有争议的历史

在这之后,张又一次归隐天台,并在1522年传法给赵真嵩。

与先前的传主相比,张静定身上有一个明显的变化,那就是他作为道士的形象更接近儒家隐士。作为儒家隐士,他先要践行自己的社会责任,而后才开始从事自我修养。他还将各种道派的教义、修行方法进行整合,他甚至也不反对正一道的诵经礼忏,因为他已经超越了各道派之间表面上的冲突和罅隙。他甚至还获得了颜子"坐忘"、子綦"丧耦"的神秘体验。

在张静定之前,龙门律脉是通过师徒间"心灯"的传递来保证系谱的微弱接续的。自张开始,新的变化出现了:先前作为律脉传承之信物的"衣钵",现在变成了如意、戒律和师派箓。前者是从接受传承的弟子的角度来说的,后者则是从作为传授者的师父的角度来说的,它更利于师父在公开场合传授戒律。这样,作为道派,龙门派就此具备了在朝廷支持下公开演戒的能力。尽管时机尚未成熟,但"先圣一脉"(即龙门派)的发展高潮必将在一位大人物的领导之下出现,这个人就是清初的王常月方丈。他体现了圣人的完美形象,能够将宗教信念付诸实践,并辅佐明君平治天下。

在空间上,《金盖心灯》编纂者也许是有意将龙门派的圣地从四川青城山转至浙江天台山。目前为止,在我们所讨论的传记中,青城山在龙门派的传承中始终发挥着根本性作用。但是,青城山确实是龙门正宗创立之初的中心所在吗?抑或只是作者刻意让我们相信它是中心呢?在下文分析龙门"道祖"之后,我们或能找到此问题的初步答案。

3. 第六代祖师:赵真嵩(活跃时间:1628年)(A列,第6位)

派名:真嵩

本名:得源

道号:复阳子

出生地:山东琅琊

《金盖心灯》记载(《金盖心灯》卷1,第11a—12b页,载《藏外道书》

第31册,第181页),赵真嵩的父母一直没有子嗣,遂向北斗星祈祷,后来生下了他。

赵真嵩年轻时不重浮名,二十岁时已博通儒家经史,对佛、道二教典籍也有很深造诣。二十五岁的时候,他的父母相继过世,赵异常悲痛,心中追念如何才能报答父母的养育之恩。他游览武当山,又到茅山批览道教典籍,后来又穿梭奔走于江苏南部和浙江北部,但没有得遇名师。四年后,他在桐柏山遇到了张静定。张静定看出赵能够在万物中体认常道,于是为他起派名"真嵩"。但张在多年之后方传授戒律给赵,并命他到河南王屋山脉中段的"清虚洞天"隐居修道。

遵从师嘱,赵到王屋山中修行,有"白猿奉果"之祥瑞。赵面壁冥思,极其专注,以至于有鸟雀栖息于他的发髻之中。突然有一天,他听到有声音由远及近呼唤他的名字,那是父母亲的声音。赵睁开了眼睛,此时他已隐居苦修达三年之久。父母的出现,是要告诉赵,他已经履行了对他们应尽的孝道。

此后赵回到天台山,复至王屋山。在王屋山,他传戒律给王常月(?—1680),时在1628年。

乍看之下,赵的传记让我们想起佛教高僧传中的神话元素和情节描摹。在张的传记中,隐修、预言和摒弃浮华的完美的学者—道士形象交织在一起。此外,与先前传记相比,赵复阳的传记萦绕着报答父母养育之恩的孝道情结,这一情结是驱使他隐居苦修的动力所在。传记对苦行生活的描绘,采用了与传统佛教高僧传记相似的程式化的隐喻手法。[1] 上述内容表明,接受过"三教"训练的儒家士子在龙门派中已占据主导地位。这样一种恪守儒家伦常的人物形象,与明王朝统治者的意

---

[1] 比如,佛教高僧永明延寿(904—975)的传记说,在他入定九十日的修行过程中,有鸟儿在他衣服中做巢。参见魏雅博:《中国佛教传记的语境研究:以永明延寿(904—975)为例》,载格拉诺夫、篠原孝市编:《和尚与术士:亚洲的宗教传记》,第247—268页。猿猴供奉食物的情节在高僧们的传记中也出现过,参见篠原孝市:《天皇道悟禅师传记的内容及流布》,载格拉诺夫、篠原孝市编:《别样的自我:跨文化视域下的自传与传记》,第140页。

第二章　清代龙门派及其有争议的历史

趣颇相吻合。[1]

从地域的角度来看,戒律传承的中心从四川的青城山转移到了浙江、河南,与武当山和茅山也有关系。对比此前的传记,我们可推论如下:时至明末,龙门派的传播地域很可能较之前更为广大;据《金盖心灯》编纂者的说法,华山和青城山是早期龙门派的传教中心,然后是天台山、王屋山,武当山和茅山则被他顺便谈及。然而在其他文献中,我们发现龙门派的早期活动中心是华山和崂山(见图2:早期龙门派地理分布图)。那么,如何看待这一差异呢?在回答此问题之前,我将首先尝试讨论一下王常月的传记——要知道,龙门派系谱大厦的"建筑师"苦心创作早期龙门派祖师传记的目的,就是要为王的出场张本。

4. 第七代祖师：王常月(？—1680)——得到清廷支持在白云观传戒的龙门派改革家

派名：常月

本名：平

道号：昆阳

出生地：山西潞安

与前面几位祖师的传记相比,有关王常月生平的文献较多：

(1)《王昆阳律师传》(《金盖心灯》卷1,第15a—17b页,其文本自范太清撰《钵鉴续》)、吕云隐撰《王昆阳传》、陶石庵撰《金盖云笈》、赵真嵩撰《复阳得道记》(本自王常月《钵鉴》);

(2)《道统源流志》卷下,第2页之"王昆阳律师";

(3)完颜崇实撰于1886年的《昆阳王真人道行碑》,载于《白云观志》卷4,第162—163页(另外,在该书卷2第35页的注释中有王常月的简要传记);以及他撰于1848年的《白云仙表》第52a—53b页,载于《藏

---

[1] 在明代,全真道因注重自我炼养而受朝廷冷遇和贬抑;相反,正一道则因其强调济度和注重孝道而大受朝廷青睐。参见劳格文:《中国社会和历史上的道教仪式》,第260页;莫尼卡:《金盖山龙门派和〈道藏续编〉中的内丹法》,第10—15页。

外道书》第 31 册,第 400 页;

(4)《长春道教源流》卷 7,第 31b 页,载于《藏外道书》第 31 册,第 134 页。

《金盖心灯》所载王常月生平如下:

> 幼有道士顾之曰:"樵阳再生矣!"言讫不见。[1] 然初无好尚。父母皆留心玄门,尊事张麻衣。麻衣为师治危疾,大显神力而去。师弃家访之,时年弱冠,而向道之心已笃。遍游名山,逾越险阻,风霜道途,岁月寒暑,几于相忘者八十余年。至王屋山,得得心动,遂遇至人。至人者,复阳赵真人也。隐居久,就恳指示,真人不答者月余。师食松枝,饮清泉,拜求更切。麻衣特至为之请,命名常月,始知张与真人友也。又为求戒,授以二册。真人嘱曰:"成道甚易,然亦甚难。必以苦行为先,种种外务,切须扫除。依律精持,潜心教典,体《道德》自然之元奥,探《南华》活泼之真机,方为稳当。汝大器当晚成。"[2] 师再拜受教。周流诸山间,甘苦备尝,搜览三教经典,孜孜不息。过一古观中,道籍颇多,昼夜检阅。每乏灯,以香续火,光照而读。八九年间,参师二十余处,印证五十余人。

后遇明末战乱,王常月听说湖北九宫山多异人,于是到那里寻访。在九宫山,他又一次遇到了赵复阳真人(派名:真嵩)。真人问他十年间修行如何,王常月答以玄门衰落、邪说横行。

> (赵复阳云)"……若违时妄行,安能免世俗之谤议、匪类之妒忌哉!吾有三百年来独任之事,当付于子。宝而秘之,时至而兴,大阐玄风,是在子矣。"遂转授天仙戒。又云:"昔我长春真君于元世祖时,广行戒法,流演太上清静律宝。心心相印,祖祖相传,皆守静默而厌有为,单传秘授,不能广行,是以羽流道侣,鲜睹威仪,几不知玄门

---

[1]《金盖心灯》原文注解说,此道士很可能就是与赵真嵩同属龙门派的张麻衣。
[2] "大器晚成"出自《道德经》第 41 章。

第二章 清代龙门派及其有争议的历史

有戒矣。今因缘将到,任大事者,非子而谁?"乃传衣钵,师辞谢不敏。真人曰:"得人而传,非勉强也。子于二十年后游燕京,谒丘祖于白云观,是道行之时也。"师生嘉靖壬午五月二十二日,于顺治乙未秋游京师,挂单灵佑宫。岁丙申三月望日,说戒于白云观,因缘护法,天然会合,皆符真人语。

按照作者的意图,王常月的传记可分解为五部分。首先是"樵阳再生"的预言,这一预言仅见于《金盖心灯》,昭示着龙门派新纪元的开端。清代著名道士傅金铨编著的《道书十七种》(成书于1835年,收于《藏外道书》第11册)中收录有《樵阳经》,其中谈到,"樵阳"是元代著名道士、净明道革新者刘玉(字颐真,1257—1308)的道号。然而关于"樵阳",在《道藏续编》所收《皇极阖辟仙经》的注解(见该书"卷下"之"炼虚合道章第十",《道藏续编》第1册,第5b页)中,却有另外一种说法:

> 樵阳者,古真人之号,姓王,不知何代人。王昆阳律祖,潞州人,相传生时有仙人过其门,曰:"樵阳再生矣!"太上律宗,从此复振矣。

照此说法,王常月当系古真人王樵阳转世。虽然我们不了解王樵阳究竟是谁,但文中这么说,当在预言:有一位像刘玉那样的大人物即将出现——这个大人物将会建立一个重视儒家纲常的新道派并取得朝廷的支持。下文讨论的龙门派对其"道祖"的替换性认定,也可证明这一推断不虚。

第二部分是王常月的修行过程。首先,我们讨论一下有关张麻衣的问题。在王常月传记伊始,张麻衣为其治疗危疾,"大显神力而去",这成为王常月入道的重大因缘。众所周知,麻衣道者是神仙吕洞宾在度化众生时所用的诸多道号之一,但据说麻衣道者也是传"太极图"给陈抟的人。[1] 然

---

[1] 洪怡沙:《十四世纪初叶之前对吕洞宾的崇拜:中国前近代时期一位神仙之特征与转变》,巴黎第七大学博士论文(1993年)。

而,麻衣并未出现在《金盖心灯》之外的传记文献中。张麻衣扮演了王常月和六祖赵真嵩之间的介绍人的角色;正是在他的帮助下,王常月得受龙门戒律,并得派名。其后,张麻衣又承担了道教修行"印证人"的角色——在他的认可下,王常月加入龙门正宗,成为第七代祖师。

与《金盖心灯》一样,《白云观志》(卷2,第163页)收有《昆阳王真人道行碑》,记载了王常月在王屋山遇到赵真嵩并殷勤求戒法的经历。但是,关于张麻衣发挥的中介作用,碑文与《金盖心灯》所述不一——碑文没有提到《金盖心灯》所说的两册戒文。《金盖心灯》谈到此点,或在昭示龙门派此时已经有了用于传授的书面戒律文本。实际上,王常月才是龙门派主要戒律文本之一的《初真戒律》(1656,《重刊道藏辑要》张集7;《藏外道书》第12册,第13—31页)的作者。《金盖心灯》还谈到,在正式完成戒律传授之后,王常月意识到张麻衣和赵真嵩属同一派系。这也意味着,王常月最终知道了张麻衣就是神仙吕洞宾的化身。吕洞宾被全真道南北宗共奉为"五祖"之一,也被龙门派尊崇为"道宗"。

第三部分,是王常月孤身苦修,参访高人,寻求印证,并搜集、阅览三教典籍的内容。这部分内容与《白云观志》(卷2,第163页)之《昆阳王真人道行碑》内容相仿。

第四部分,是通过王常月与赵复阳的对话,确认了龙门正宗在继续传承。这一次谈话中,赵复阳说自己"有三百年来独任之事"——这就意味着,赵被《金盖心灯》的编纂者视为丘处机和王常月之间唯一的传承媒介。《金盖心灯》借此使得赵与王之间的传戒同先前的单传秘授区分开来——后者不能广播太上律宝,全真律脉几至湮灭。这样一来,王常月就成了丘处机的直接继承人,传记开头的"樵阳再生"预言就此坐实;[1] 王常月接踵丘处机,得到了皇帝的支持,获赐"国师"之号,并成为制度化道

---

[1] 事实上,王常月的弟子们认为王是中兴"丘长春真人之家风"的人。参见邵守正、詹守椿为《龙门心法》所作的"后跋"(《藏外道书》第6册,第785页)。有关"家风"这一术语,参见戴尔·怀特:《佛教禅宗的传承故事及其近代编纂史》,《远亚丛刊》第7期,1993—1994年,第109页。

第二章　清代龙门派及其有争议的历史

派——龙门派的创立者,[1]也就在情理之中了。在我看来,赵复阳对王常月所作预言之意蕴不外乎此。[2]

第五部分,是上述预言的实现,即王常月成了北京白云观方丈。然而,《白云观志》(卷2,第163页)之《昆阳王真人道行碑》认为,预言王成为"龙门中兴"主将的并不是乃师赵复阳,而是他在华山遇到的斗姆神。碑文还谈到,王常月在1680年去世,被葬在白云观西跨院。康熙皇帝追赠他为"抱一高士",并命令在其墓上建响堂、塑像。如今,此响堂仍伫立于白云观的西跨院。

但是,陈铭珪撰《长春道教源流》(卷7,第32b页)对王常月的介绍与作为官方版本的《金盖心灯》《白云观志》的记载大相径庭。在《长春道教源流》中,王常月的传记仅放在了清初白云观的修复者、来自华山的王清正之后,不过寥寥数笔而已。一眼看去,王常月似乎并不是什么大人物,看起来倒像是马真一、王清正这样的华山隐修道士。如陈铭珪对王常月仅作了如下记载:

> 王常月,字昆阳,尝恢复江宁虎踞关之隐仙庵。庵为嘉靖五年崂山道人高玄礼结草,名"竹林道院",崇祯三年易今名。昆阳有道行,曾寓京都白云观,后化于庵中,李皋为之铭。[3]

此处王常月所修复之隐仙庵,乃嘉靖年间崂山道士高玄礼所创。按龙门派字诗,高玄礼或系龙门派第四代"玄"字辈。据此,与其他传记所载不同,王常月倒可能和华山的马真一、王清正一样,属于崂山龙门派。

---

[1] 《金盖心灯》卷1,第17b页;《金盖心灯》卷2,第4a页。
[2] 有关宗教因受统治者青睐而得以振兴的预言,在禅宗法眼宗的人物传记中也可见到。参见魏雅博:《中国佛教传记的语境研究:以永明延寿(904—975)为例》,第258页。
[3] 王常月的这一小传出自朱绪曾的《金陵诗征》(《长春道教源流》卷7,第31b页)。其后有注云:"隐仙庵,相传陶弘景隐居于此,故名。明时冷铁脚、尹蓬头尝游此庵。"《道藏续编》收录了尹蓬头所撰两部丹书,参见莫尼卡:《金盖山龙门派和〈道藏续编〉中的内丹法》,第154—155、184—226页。

王常月本人在《碧苑坛经》(卷中第 14 页,载《藏外道书》第 10 册,第 186 页)中的一段话,也可为此论点提供支持:

> 有一道人半路出家,参访云游。遇见几个侣伴,同发下愿,结庵在山东牢山修行。后因兵乱,便同相下山,到河南王屋山下,住单打坐,六人一处。

如果王常月所谈是他自己的修道生涯,那么他跟崂山就有着密切的关系。但是,为什么《金盖心灯》和白云观的碑文中,既没有谈到崂山,也没有提到江苏的隐仙庵呢?《金盖心灯》只是谈到王常月与王屋山、九宫山有关,白云观碑文也仅仅提到华山。这究竟是怎么回事呢?龙门系统内部的文献表明,有关王常月的传记是一种"理想化"的创作,其创作动机是将王常月塑造成丘处机一系全真道独一无二的传承人,丘处机传下的其他各种各样的地方派系并不在其考虑范围内。然而,通过以上文献的分析可知,早期的龙门派在华山很是活跃,明末则有著名道士孙玄清一系的龙门派在崂山活动。如果提及王常月属崂山一系,那就意味着崂山龙门派在龙门诸派系中有着极高的地位——而这是《金盖心灯》编纂者所不愿看到的,因此他们宁愿将这一派系撇到一边。

通过对白云观所谓"龙门正宗"(而这正是后来被所有龙门派道观认可的传承谱系)前七位祖师传记的分析,我们可窥见谱系建构者的创作动机:

(1)作者希望将"龙门"之名与丘处机当年隐居修道的陕西龙门山联系起来。

(2)作者意图将北京白云观确立为阐教中心。此处既是丘处机埋骨之所,也是《金盖心灯》所言丘处机直接传法给龙门第一代祖师赵道坚的地方。

(3)作者认为,龙门派的传承主要包括"衣钵"传承和派字诗接续两个方面。完成这两件事,标志着一名道士正式加入龙门派。[1] 只有接受

---

[1] 吉冈义丰:《道观的生活》,第 236—238 页。

第二章　清代龙门派及其有争议的历史

了全部三级戒律,道士方可成为真正的龙门律师。

（4）作者将王常月刻画成丘处机最初所创之戒律的复兴者。作为白云观方丈,王常月在此公开传戒。他不从属于任何地方派系,因为他是南北全真派的"统一者",是辅佐明君的所谓"国师"。

但是,龙门派的历史叙事仍矛盾重重。这些矛盾显示出,龙门派的真实历史可能是另外一番景象,龙门派很可能与华山王刁洞的隐修传统有关,因为据说清朝初期修复白云观的王清正即来自华山。但是由于正宗龙门派是后来人为建构的谱系,是以其中既没有提及王清正,也没有谈到他所属的华山龙门派。[1] 显然,龙门正宗谱系的建构者在刻意地提升王常月的形象,因为他得到了康熙帝的支持。通过王常月,龙门派就可得到清政府的接纳和保护。

因此,显然,所谓"龙门正宗"是人为创造的产物,其目的是把王常月确立为唯一的一位将丘处机所传戒律播至四方的律师。可以说,《金盖心灯》在王常月与他之前即已存在的各个地方的龙门派系之间建立了关联,以此达成了预期目的。在明末著名道士伍守阳（1574—1634）的著作中,我们也可窥见龙门正宗系谱中斧凿与叠加的痕迹。[2]

（七）"龙门正宗"后天创作之一例：伍守阳一系（D列,第5—8位）

《金盖心灯》将伍冲虚（派名守阳,字端阳,本名阳）列入王常月门下,

---

[1] 有关"龙门正宗"是人为创制的更多证据,在于这样一个事实,即明代晚期,各地已有其他龙门派系在各自传承,如湖北武当山、江苏茅山和江西西山。这些派系在龙门派的传记中,或被整合入龙门正宗,或干脆被忽略掉了。具体言之,江苏茅山有阎希言（？—1588）开创的茅山派系,江西西山有孔常圭及其弟子创立的龙门派系,湖北武当山则有白玄福一系（后来被整合到王常月一系中）。参见卿希泰主编:《中国道教史》卷4,第100—104、126—131页。我想,通过对地方志等文献资料的进一步分析、研究,我们会发现更多未被龙门正宗传记提及的龙门道派;此类研究也会加深我们对龙门派早期历史的理解,为作为整体的明清道教史勾画出真实的样貌。

[2] 对这一话题的基础性探讨,参见森由利亚:《全真教龙门派系谱考》。

为龙门派第八代弟子。[1]《金盖心灯》谈到,伍是江西吉安人,二十岁通过"明经"科考试,但却拒绝入仕,而是选择隐居庐山,师事曹常化(道号还阳)、李泥丸。曹常化授予伍守阳大丹秘术,李泥丸则授其"东老遗书"。[2] 伍守阳全心烹炼外丹,但功败垂成,连续57年都没有成功,[3] 于是到何山(湖州金盖山西北麓)再访李泥丸。李教他五雷法,伍守阳的外丹方才大获成功。当他正要服食丹药的时候,李泥丸突然出现,说他五脏不坚,尚非服药之时。

此后,伍守阳到处积累功行,吉王听说后礼聘他为师。但伍守阳担心这会带来祸患,于是退隐天台山。按照《金盖心灯》的说法,伍守阳在天台山得赵复阳授以内丹修炼口诀,并经其介绍在王屋山拜王常月为师。王常月授其三级戒律,为他起派名"守阳"。与王常月相处数年后,伍守阳返回天台山,服食大丹,由此超凡入圣。他自号"冲虚子",著有《仙佛合宗语录》和《天仙正理》。1644年,他羽化于武陵。

对比《金盖心灯》与伍守阳本人著作中有关其生平的资料,会发现二者存在很大差异。据伍守阳本人在《仙佛合宗语录》(《重刊道藏辑要》毕集3,第45a—59b页)中的自述和其兄伍守虚的评注,伍守阳在1574年生于官宦之家,父亲伍希德历任多职,1578年任云南维摩州知州。伍守阳十岁左右开始接受经典教育,他读了王重阳(1113—1170)祖师的著作,十三岁即有向道之志。1593年,刚满二十岁的伍守阳访道于曹常化,得传佛、道二家教义和丹道修行秘要。伍守阳在《伍真人修仙歌》(《重刊道藏辑要》毕集3,第48b—56a页)中对此有详细介绍。从1593年到1612

---

[1]《伍冲虚律师传》,《金盖心灯》卷2,第1a—2a页,载《藏外道书》第31册,第185—186页。

[2] 相传吕洞宾曾拜访沈东老,此后沈氏所酿之"十八仙白酒"即声名远播。参见巴德里安·胡赛因:《北宋文献中的吕洞宾》,《远亚丛刊》第2期,1986年,第147页;洪怡沙:《十四世纪初叶之前对吕洞宾的崇拜:中国前近代时期一位神仙之特征与转变》,第25页。据说沈东老还师从梅子春,学得黄白术,参见《金盖心灯》卷7,第13b页,载《藏外道书》第31册,第302页。

[3] 译者按:《金盖心灯》的原文是"丹垂成而飞者五十有七次",指伍守阳炼丹连续失败了57次。作者理解有误。

第二章 清代龙门派及其有争议的历史

年,伍守阳在江西西山潜心修炼,对老师的教诲深有领悟。1612—1618年,吉王朱慈煃师事伍守阳并赠其"国师"之号,成为伍守阳门下的重要弟子(派名太和)。[1] 后来,伍守阳回归乡里,教授弟子,著书立说。在1622年乃师曹常化仙去之后,他完成了著作《天仙正理》并将该书的秘密精义传给吉王。1629年,伍守阳再次传授修炼要义给吉王;1632年,又将《仙佛合宗》的全部要旨传给他。1639年,伍守阳为其所著《伍真人丹道九篇》撰写自序。得知母亲生病,伍守阳回到母亲身边,一直到1641年母亲去世。1644年,伍守阳仙去,享年70岁。

不难发现,伍守阳在其著述中压根就没有提到王常月,他只是在《天仙正理直论》的序言中,承认自己是"丘真人门下第八派分符领节弟子"。[2] 在《天仙正理直论》的另外一篇由申兆定撰写的序(即《伍真人事实及授受源流略》)中,也仅谈到伍守阳一脉从第五代到第八代的传承脉络:

龙门派第五代:张静虚(1432?—?)

龙门派第六代:李真元(1525—1579)

龙门派第七代:曹常化(1562—1622)

龙门派第八代:伍守阳(1574—1644)

申兆定在序言中声称,按照龙门派字诗,伍守阳属于龙门派第八代"守"字辈,[3]但他只字未提王常月为伍守阳之师一事。在《天仙正理直论》的注解中,伍守阳的兄长伍守虚在谈到"丘真人门下第八派"的时候说,该派以"道德通玄静,真常守太清。一阳来复本,合教永圆明"二十字传承,此派诗与《金盖心灯》所言丘处机传于赵道坚的派诗相同。[4] 然而,伍守虚并未谈到丘处机传法赵道坚之事,而是认为上面的派诗是丘

---

[1] 森由利亚:《全真教龙门派系谱考》,第191、201页及第208页注释59。
[2] 《重刊道藏辑要》毕集4,第11a页。"符节"的含义,参见伍守虚对"伍真人修仙歌"的注解,《仙佛合宗语录》,《重刊道藏辑要》毕集3,第53a—b页;森由利亚:《全真教龙门派系谱考》,第192—193页;卿希泰主编:《中国道教史》卷4,第40页。
[3] 《天仙正理》,载《重刊道藏辑要》毕集4,第3a—b页。
[4] 参见上文赵道坚的传记。

处机在燕京之东的龙门山时所作,龙门派也是他任全真掌教时所创,此派被后人称作"龙门派"。[1]

伍守阳本人并未提及王常月的名字,也没有说到"龙门"之名号,他仅公开承认自己是丘处机一脉的弟子;对此,我们该作何解释?事实上,"龙门"之名最早当出现于伍守虚为《天仙正理直论》增写注释之时(可能是在1639年),后来才渐渐广为人知。很有可能,在此之前的很多道教大师都称自己是丘处机一系的弟子,他们的派系也按照据说是丘处机制定的二十字派单代代相传。伍守阳一脉也是如此,据《仙佛合宗语录》的注解(《重刊道藏辑要》毕集1,第85a—b页),这一派系可上溯至第五代张静虚。张静虚隐居于武当山,人称"虎皮座张真人"。

伍守虚在《仙佛合宗语录》的注解中说,张静虚真人1432年生于江苏邳州,属北宗龙门派第五代"静"字辈。他在四川碧阳洞得道后,遵师命四处阐教,游历四方,即使嘉靖皇帝下诏访求也不出山。[2] 因张以虎皮为座具,所以人皆称他"虎皮张"。后来他归隐武当山虎耳崖石窍,远离俗世之累,并将其道术"五龙捧圣"传给来自安徽庐江的李虚庵。[3]

同样是在《仙佛合宗语录》的注解中,伍守虚对李虚庵也有介绍。李虚庵派名真元,1525年生于安徽庐江,起初以行医济世,从19岁开始在城外结庵延请仙师,到55岁方遇到张静虚真人。张真人将内外金丹、天仙大道和"五龙捧圣"秘法尽传与李真元,助其修道功成。[4]

李虚庵又将道法传给曹还阳。曹还阳派名常化,1562年生于江西南昌府南部的武阳。他甘于清苦,精勤修道,"得五龙捧圣转神入定为怀胎",1622年又"出阳神入新建县西之西山,面壁还虚为大隐"。[5] 曹还阳弟子众多,最著者即伍守阳。

---

[1]《天仙正理直论》,载《重刊道藏辑要》毕集4,第52a页;森由利亚:《全真教龙门派系谱考》,第192页。

[2] 以张静虚不赴嘉靖帝之召一事为证,柳存仁对张的出生年代提出了质疑。参见柳存仁:《和风堂新文集》,第186页。

[3]《仙佛合宗语录》,载《重刊道藏辑要》毕集1,第85a—b页。

[4]《仙佛合宗语录》,载《重刊道藏辑要》毕集1,第85b页。

[5]《仙佛合宗语录》,载《重刊道藏辑要》毕集1,第86a页。

第二章　清代龙门派及其有争议的历史

通过伍守虚在其注解中的简短介绍,我们可以作出如下推论:伍守阳一系始于张静虚(D列,第5位),他师从蜀中不知名的高人修行得道,其时在明中叶左右。这与《金盖心灯》所述龙门正宗的第三、四代祖师在四川活动的时间(时在明代前期)大致相当。但是,如果伍守虚所言不虚,那么将龙门派广泛传播到中国各地的当是张静虚,尽管他的秘密道法仅传给了李虚庵。如果这一点是真的,那么就意味着在1400—1500年间,有一个类似于"教门"的体系化道派传播到中国的不同地区。然而,张静虚的生平仍以隐居山洞修行、远离尘世和政治为特征,其所传"五龙捧圣"道法也是单传秘授的。这一道法显示,张静虚一系跟武当山有密切关系,而且"五龙捧圣"一语很容易让人联想到玄帝在武当山骑五龙升天的神话。[1] 同时,这一名词还与武当山五龙观的创建[2]和五龙派的产生有关——五龙派是武当山的地方道派,其在南宋的代表人物是曹观妙(？—1236)。[3]

据德宝仁(De Bruyn)考证,五龙派是从古代的五龙崇拜发展而来,其产生可以上溯到唐代;但自1275年全真道士修复五龙观之后,这一派系就湮没无闻了。[4] 在正一道的监理之下,武当山上的全真派不久又被清微派取代。由此我们推想,张静虚所传道术乃是武当山地方派系之秘术,这一秘术在全真道和正一——清微派的冲突之中以隐秘的方式流传了下来,抑或逐渐被整合到全真道或正一派的教义体系当中了。

那么,"五龙捧圣"秘术具体是指什么呢?伍守虚解释说,这是一种特殊的内丹修习方法,即所谓的"大周天"。"大周天"是在"小周天"基础

---

[1] 参见元代刘道明于1291年完成的《武当福地总真集》(《道藏》第962号,涵芬楼线装本第609册,卷3);德宝仁:《武当山:创建叙事史》,巴黎第七大学博士论文(1997年),第76页。骑龙升天的传说也出现于陈抟的传记中,另外陈抟也曾隐居于武当山,参见德宝仁:《武当山:创建叙事史》,第90页。

[2] 参见《武当福地总真集》(《道藏》第962号,涵芬楼线装本第609册,卷3,第10页);森由利亚:《全真教龙门派系谱考》,第194页。

[3] 有关五龙派及曹观妙,参见德宝仁:《武当山:创建叙事史》,第95—96、98—100页。

[4] 1275年,全真道士汪真常携六位弟子来到武当山,重建了五龙观。参见德宝仁:《武当山:创建叙事史》,第98—99、111页。

上,在丹田内产生大药,随着内气闯过"三关"而运行至泥丸宫的修炼过程。[1] 如此一来,玄帝骑龙升天就具有了真阳之气上行至头部的隐喻性意义。[2] 据戴思博(Catherine Despeux)考证,内丹术语中出现的"玄帝"源于清微派的雷法。这就意味着,通过在内丹修行过程中以隐喻的方式提到玄帝,明代张静虚的五龙秘术已融合到了清微派中。[3] 由此可知,伍守阳的龙门派在一定程度上与清微派有渊源,因为当时的清微派在武当山声名颇著。在高道刘渊然(1351—1432)身上,我们也可看到这一点。刘渊然是曾活跃在北京白云观的清微派高道,他被赐予"长春"之号(与丘处机道号相同),这暗示全真道已经被整合进了正一——清微派。[4] 张静虚一系龙门派宣称自己是从丘处机传承而来的清修道派,其实他们与清微派也有密切关系。张静虚的弟子李虚庵(派名真元)赖以闻名的求雨和疗疾之术,想来也跟清微派的雷法有关。李虚庵"以医济世",或许意味着李最初是在修习雷法,而这些雷法在明代时正是在正一——清微派的主导下编纂成书的。据《庐州府志》,李虚庵实际上就是李泥丸——他是《金盖心灯》中传丹道秘册和五龙秘法给伍守阳的人。据此可知,《金盖心灯》作者在撰写伍守阳的传记时,不仅编造了一个新的故事,还将本派的祖师嫁接了进来,从而形成了全新的传记版本。在《金盖心灯》中,李泥丸根本与李虚庵无关,而是一个精通丹道和医术的"半仙"式的人物。后文将会讲到,这些非凡的能力与早期道教的"泥丸"崇拜有关。在"龙门派的道祖"这一节中,我们将会进一步证实,地方道派及其中像李泥丸这样的重要人物已经被整合到了龙门正宗谱系中。

再回到伍守阳一系的讨论上来。伍守阳一系从李虚庵、曹常化开始,逐

---

[1] 对这一修行过程的详细介绍,参见莫尼卡:《金盖山龙门派和〈道藏续编〉中的内丹法》,第60—84页;贺碧来:《道教内丹简介》,第130—131页;莫尼卡:《呼吸的炼金术》。
[2] 《天仙正理浅说》(《重刊道藏辑要》毕集5,第18a—b页)。森由利亚(《全真教龙门派系谱考》,第194页)认为此处指的是"小周天",我觉得是"大周天",因为文中谈到了"大药"。
[3] 戴思博:《道教与人体》,第140—142页;德宝仁:《武当山:创建叙事史》,第62—63页以及注释226。
[4] 石田宪司:《明代道教史上的全真与正一》,第157页。

76

第二章 清代龙门派及其有争议的历史

渐从秘密隐修转向更大范围内的公开传播。曹常化弟子众多,即是明证之一。

通过对伍守阳一系龙门派的分析,我们不难发现,它与所谓的"龙门正宗"一样,是一种后来的、人为创作的产物。最初,龙门派的确是在隐居者群体中以单传秘授的方式进行传承,但大约在明末出现了向全国辐射式发展的态势。从伍守阳一系的情况来看,龙门派的传播路线当是从湖北武当山至西山及江西的其他地区——而这些地方都是传统上正一派的势力范围。

尽管龙门派构建的理想圣地是在中国北方,且他们渴望与丘处机所在的龙门山产生关联,但根据伍守阳一系的情况来看,龙门派阐教的中心实际上是在湖北武当山和江西西山之间,其确立时间大约在明末。在江西地区,由于伍守阳的著书立说,龙门派的教义实现了体系化。对伍守阳一系龙门派的进一步研究极其重要,因为这将有利于揭示在这一教义系统化过程中全真道和正一——清微派所扮演的角色,以及武当山的地方道派在此进程中所起的历史作用。伍守阳一系的教义反映了龙门派地方传统的多样化,而非如龙门正宗所说的仅限于戒律的传承。事实上,除了龙门戒律这一龙门派的"认同"之外,透过探究龙门派塑造其"道祖"谱系的手法,我们还会发现龙门派的另一种"认同"。

四、龙门派的"道祖"

(一)龙门道祖谱系的独特之处:东华帝君

"全真五祖"与龙门派的前五位"道祖"有一个很大的不同。乍一看去,二者似乎相差不大。在有关"全真五祖"的史料中,成书最晚的是完成于1327年的《金莲正宗仙源像传》(《道藏》第176号,涵芬楼线装本第76册),其中呈现的"全真五祖"是:(1)混元老子;(2)东华帝君;(3)正阳子(钟离权);(4)纯阳子(吕洞宾);(5)海蟾子(刘海蟾)。[1]

---

[1] 鲍菊隐:《道教文献通论》,第64页。

《金盖心灯》之《道谱源流图》(《金盖心灯》第 1a 页,载《藏外道书》第 31 册,第 163 页)所载龙门派"道祖"是:(1)玄玄皇帝(老子);(2)金阙帝君(尹喜);(3)东华帝君;(4)正阳帝君(钟离权);(5)纯阳帝君(吕洞宾)。其与"全真五祖"的唯一不同是增加了金阙帝君(尹喜)而略去了刘海蟾。

然而,《金莲正宗记》(《道藏》第 173 号,涵芬楼线装本第 75—76 册)提供的最具权威性的"全真五祖"名单,却省去了老子:(1)东华帝君;(2)钟离权;(3)吕洞宾;(4)刘海蟾;(5)王重阳。[1]

尽管"全真五祖"的说法有些许变动,但在全真道的传记文献中,东华帝君指的是王玄甫。[2] 而在《道谱源流图》(《金盖心灯》第 1a 页,《藏外道书》第 31 册,第 163 页)所录龙门"道祖"中,东华帝君并非王玄甫,而是李亚。吊诡的是,在《道谱源流图》(《金盖心灯》第 2a 页,《藏外道书》第 31 册,第 163 页)中,王玄甫并未消失,而是变成了八仙之一张果老的师父,并以"西华帝君"之名占据了一个不太突出的位置。显然,《金盖心灯》想为另外一个人保留"东华帝君"之位。这是为什么呢?东华帝君在道教中的作用又是什么呢?

东华帝君原本是上清派的神仙,即所谓"青童君";全真道则赋予了他新的身份。[3] 撰于 1241 年的《金莲正宗记》在序言中谈到,全真道脉即渊

---

[1] 姚道中:《全真》,第 579 页。

[2] 参见《金莲正宗记》(《道藏》第 173 号,涵芬楼线装本第 75—76 册,卷 1,第 1a—2b 页)。《金莲正宗仙源像传》(《道藏》第 174 号,涵芬楼线装本第 76 册,第 13a—14a 页)则只说他姓王。晚出的撰于 1848 年的教内文献《白云仙表》(《藏外道书》第 31 册,第 375 页)也谈到了他。有关东华帝君王玄甫这一人物,参见常志静:《道教传统中的东华帝君及其社会背景》,载盖特·兰多夫等编:《东亚宗教与哲学:施泰宁格六十五寿辰纪念文集》,第 95—99 页(高万桑向我提及此文献,谨此致谢);马颂仁:《王重阳(1113—1170)与全真教的创立》,法国高等实践研究院宗教科学部博士论文(2001 年),第 461—463 页。

[3] 常志静:《道教传统中的东华帝君及其社会背景》,第 87—101 页。青童君的形象源自上古神话中的东王公,是道教崇奉的掌管男仙名籍的尊神。按照 5 世纪时陶弘景的记载,青童君的全称为"九微太真玉保王金阙上相大司命高晨师东海王青华小童君"。有关这一称呼,参见康易清:《置身青童殿中》,《美国东方学会杂志》,1985 年第 1 期(总第 105 期),第 75—94 页;神塚淑子:《方诸青童君研究》,《东方宗教》第 76 期,1990 年,第 1—23 页。在上清派中,青童君是重要的传经者,参与了"灵书紫文"下传人间的过程,参见贺碧来:《道教史上的上清降经》(2 卷本),第 109—120 页;柏夷:《早期道经》,第 281—　(转下页)

78

第二章　清代龙门派及其有争议的历史

源自东华帝君。[1]龙门派也将自己追溯到东华帝君,如吉冈义丰在《道观的生活》一书(以1940—1946年他在北京白云观的考察为基础写成)中说:

> 道士道袍的颜色,以青蓝色为主。青在五行思想中代表青龙生旺之气,也代表东方和五行中的木。道袍使用青色,意味着道教是东华帝君的后脉。[2]

也就是说,东华帝君在白云观组织化的龙门派教团中占有十分重要的地位——他被视为道教的创始人和道士服色的来源。据说,在清初王常月领导的龙门派运动中,作为道士之祖的东华帝君又一次成了道士清修体系的核心人物。但是,为什么自称从全真北宗丘处机一脉传承而来的龙门派用李亚取代了全真道的东华帝君(王玄甫)呢?

1. 作为小童君或李八百的东华帝君

要回答这一问题,我们不妨首先来分析一下《金盖心灯》所载东华帝君的形象。先看《金盖心灯》对"东华帝君"的注解(《金盖心灯》第1a页,载《藏外道书》第31册,第162页):

> (东华帝君)姓李名亚,字元阳,号小童君,春秋时人。元朝敕封"全真大教主东华紫府辅元立极少阳帝君",法录称"铁师元阳上帝",世称"铁拐李祖师"。

(接上页)372页。青童君掌东方"东华之天"(或称"青华之天"),与人间神仙修行的华阳洞天也有关系,参见神塚淑子:《方诸青童君研究》,第13—15页。下文中我们将会看到,起初由青童君扮演的这些角色,后来都融汇到全真道和龙门派塑造的"东华帝君"这一人物身上了,参见常志静:《道教传统中的东华帝君及其社会背景》,第95—99页;蜂屋邦夫:《金元时代的道教——七真研究》,第247—250、319—324、450页;马颂仁:《王重阳(1113—1170)与全真教的创立》,第279—280、461—463页。

[1] 鲍菊隐:《道教文献通论》,第278页注释164。
[2] 吉冈义丰:《道观的生活》,第237页;另可参吉冈义丰:《道教:对永生的追求》,第207页。

这里据称由元朝赐予的封号,在很大程度上与全真道的神仙传记内容一样,都是指称东华帝君王玄甫。[1] 尽管如此,东华帝君的道号"小童君"还是立刻让我们想到上清派的神仙"青华小童君"(也称"青童")。[2] "小童君"这一称号也见于《金盖心灯》之《李泥丸真人传》(《金盖心灯》卷8,第48a—49b页,载《藏外道书》第31册,第362—363页),李泥丸这位仙人在龙门丹法的传播过程中扮演了重要的角色。[3] 实际上,《李泥丸真人传》记载了李泥丸的两个"化身",一为李八百,一为小童君。小童君在《李泥丸真人传》的注释中又被称为"少阳帝君"或"东华青童"。[4] 虽说这儿的小童君无疑就是东华帝君(即古时的青童君),但在《金盖心灯》中,小童君却与李泥丸及其化身李八百存在关联。

我们简单检视一下李泥丸的这两个化身:第一个化身李八百出现在1069年(宋代)的苏州,他用泥丸和熟水救活了吴姓士子的母亲,人们都称他"泥丸仙";第二个化身小童君出现在1615年(明代)的松江,当一位孝顺的乞丐向小童君的神像祈祷,希望母亲健康长寿、自家多财之时,小童君化身为一名精通黄白术的道士,他大展神技使乞丐金银盈盆,并说自己就是李泥丸。[5]

由上面两个故事可知,神仙李泥丸有着双重身份,一是作为小童君的李泥丸,一是作为李八百的李泥丸,而且二者之间还存在着密切关系。此外,这两个故事里的李泥丸是四川人,他展示出治疗疾病以及利用黄白术使人致富的奇能异技。李的这些神奇道术实际上来自他的化身之一李八百。据《太平广记》(卷7,第49—50页),李八百是汉朝人,精通黄白术,

---

[1] 《金莲正宗仙源像传》(《道藏》第174号,涵芬楼线装本第76册,第13b页)中谈到,元世祖赐其"东华紫府少阳帝君"之号,此后元武宗又加封他为"东华紫府辅元立极大帝君"。有关东华帝君(王玄甫)的不同称号,参见常志静:《道教传统中的东华帝君及其社会背景》,第95—97页。

[2] 参见第78页注释3。

[3] 莫尼卡:《金盖山龙门派和〈道藏续编〉中的内丹法》,第144—154、246—279、348—374页;莫尼卡:《清代的道教(1644—1911)》。与东华帝君有关的神仙类型,参见常志静:《道教传统中的东华帝君及其社会背景》,第87—90页。

[4] 参见《金盖心灯》卷8,第48a页,《藏外道书》第31册,第362页。"少阳"是全真道东华帝君的称号,但"东华青童"这个称号却源自上清派。参见第75页注释3。

[5] 对这两个化身的简单介绍,参见莫尼卡:《金盖山龙门派和〈道藏续编〉中的内丹法》,第147、149—151页。

第二章　清代龙门派及其有争议的历史

曾将"度世之诀"传给唐公昉。[1] 另外李泥丸的道术还让我们想到伍守阳的师傅李虚庵(派名真元)。李虚庵也被人称为"李泥丸",或许是因为他跟李八百一样,都"以医济人"。

众所周知,李八百在3世纪的四川地区非常有名。东晋谯秀在《蜀记》一书中称李为"蜀中八仙"[2]之一,并说李的隐修之处就是成都附近新都县的龙门洞。

如此说来,被全真道塑造成为"全真初祖"的形象之后,东华帝君又在《金盖心灯》中被龙门派作了新的型塑。作为龙门派祖师,他不再被塑造成与"七真"及山东地区有关的东华帝君(王玄甫),而是表现出鲜明的与四川地区相关的特色。这或许意味着,"龙门"之名不仅与丘处机隐修之处和华山的清修传统有关,而且也跟据说是东华帝君化身之一的李八百隐居的新都县龙门洞有关。要理解这一关联,就需要回到东华帝君这一神祇上来,因为他在上清派典籍中,以"青童"(即"青华小童君")之名扮演了极其重要的角色。[3] 在下结论之前,让我们先对《道谱源流图》中东华帝君的其他身份作一探讨。

2. 作为李铁拐和李亚的东华帝君：不同道派传统在龙门派中的糅合

如果说《金盖心灯》中的李泥丸传记使我们窥见东华帝君是不同人

---

[1] 这一故事也见于《神仙传》。唐公昉的传记对这个故事也有简略提及,参见《历世真仙体道通鉴》,《道藏》第296号,涵芬楼线装本第138—148册,第11页。有关李八百这一人物,参见山田利明:《神仙李八百传考》,载吉冈义丰博士还历纪念研究论集刊行会编:《吉冈义丰博士还历纪念道教研究论集》,第145—163页。

[2] "蜀中八仙"包括容成公、李耳、董仲舒、张道陵、庄君平、李八百、范长生和尔朱先生。参见颜慈:《再说"八仙"》,《皇家亚洲学会杂志》,1922年,第403页;浦江清:《八仙考》,《清华学报》1931年第1期,第92页。浦江清在其《八仙考》中,对《蜀记》的可信性提出了质疑,并谈到了"八仙"的另外几个版本,参见浦江清:《八仙考》,第92—94页;西方学者对此也有质疑,参见梅尼尔:《张素卿与蜀中道画》,《远亚丛刊》,1996—1997年,第145—147页及注释37。

[3] 有关这一人物与其他道教派系、道教运动的关系,参见康易清:《置身青童殿中》,以及神塚淑子:《方诸青童君研究》。神塚淑子还谈到(第8—13页),"小童"这一人物来源于古代的鬼神崇拜(后来被新产生的天师道吸收),而且与中国滨海尤其是江南地区有关。如果此说成立,那么就可以证实:东华帝君不仅与四川地区有关,而且与李八百经常现身和活动的江南地区也有关联。

81

物糅合而成的话,那么我们尚未发现东华帝君与李铁拐和李亚有关的任何证据。众所周知,李铁拐是"八仙"人物之一,他跛着腿、拄着拐杖。他是西王母的弟子,西王母为他治愈了腿上的溃疡并点化其成仙。他的童年是苦涩的,父母很早就去世了,嫂子对他很不好。于是,他到山中隐居修道,达到了可使灵魂和身体相分离的境界,之后就神游华山。[1] 这就是李铁拐神游华山之事的大概。这个故事受到了隐士李凝阳事迹的启发。李凝阳是老子的亲传弟子,擅长灵魂出窍。一天,他灵魂出窍赴老子华山之约,临行时让弟子保留其肉身七天,若过了七天不见神魂归来,就将肉身焚化。然而在李凝阳神魂出窍的第六天半夜,李的弟子听说母亲即将故去,很想为母亲尽孝送终,于是他提前烧掉了李的肉身。李凝阳魂归故地,发现肉身已然烧毁,他不得不找了一具瘸腿乞丐的尸体作为躯壳。之后,太上老君给了他一只金箍束住乱发,赐给他玄铁拐杖和酒壶。后来,中国社会上的药师和驱邪人就把他视为祖师爷。[2]

可以看到,不同的人物和主题在李铁拐的故事中实现了糅合:(a)西王母及她那古老的驱邪术和医术;[3](b)李凝阳神魂出游的超能力;[4](c)尽孝的主题(在前文李泥丸的传记中已经出现过);(d)与乞丐、药师和驱邪人的关系(意味着李铁拐与先前讨论的李泥丸—李八百颇具相似性)。

此外,我们还注意到,李铁拐—李凝阳的传说故事还有另外一个版

---

[1] 伯克哈特:《中国人的信仰与习俗》,《南华早报》,1919年,第158页;颜慈:《"八仙"》,《皇家亚洲学会杂志》,1916年,第773—807页;颜慈:《再说"八仙"》;杨富森:《"八仙"起源论考》,《远东学报》,1958年第1期,第1—22页;赖恬昌:《"八仙"》。

[2] 参见《历代神仙通鉴》卷5;《列仙全传》卷1;《潜确类书》;《八仙出处东游记》;马书田:《华夏诸神》。

[3] 作为早期的上清派神祇,青童君的特点之一是与西王母有密切关系,参见常志静:《道教传统中的东华帝君及其社会背景》,第91页。

[4] 此外,"李泥丸"与"李凝阳"在发音上颇为相似,李泥丸的疗疾异能或有取于汉代丹道家李八百和曾与王重阳共同修道的李灵阳(参见蜂屋邦夫:《金元时代的道教——七真研究》,第8—9页)。有趣的是,在任继愈主编的《中国道教史》(第520页)和卿希泰主编的《中国道教史》(卷3,第33页)中,"李灵阳"被写成了"李凝阳"。这种混淆,或与终南山洞窟的名字有关,详见下文。

第二章 清代龙门派及其有争议的历史

本。据明人徐道的《历代神仙通鉴》,李凝阳擅长神魂出游,赤松子认为他是行走起来快若奔雷的远古帝王巨神氏转世。经老子亲自授道之后,李凝阳成了李铁拐。[1] 这就解释了何以在《道谱源流图》中,李铁拐与其师老子同被视作春秋时人。另外,李凝阳的名字还与终南山的山洞相关联——在《金莲正宗仙源像传》中,东华帝君传授道法给钟离权的地方正是"凝阳洞"。如此一来,李凝阳这一人物就在一定程度上与全真道的东华帝君(王玄甫)实现了混合,而东华帝君(王玄甫)既是老子教义的继承人,又是钟离权的老师。[2] 时至明代,李凝阳的名字跟"八仙"之一的李铁拐逐渐糅合起来。[3]

至于李亚,我们在"南宗"的谱系中发现了他,他是钟离权的师父。白玉蟾(1194—1227?)在《题张紫阳薛紫贤真人像》中谈到,李亚"以金汞、刀圭、火符之诀传之钟离权",[4]并提及此后的传承为:钟离权→吕岩(吕洞宾)→刘海蟾→张伯端(约983—约1082)→石泰(?—1158)→陈楠(?—1175/1191)→白玉蟾。然而,白玉蟾再传弟子萧廷芝在其《大道正统》(1260)中,提到了另外一个谱系。这一谱系从"浮黎元始天尊"开始,经过一系列的传承链条才到"华阳真人李亚",他的师父是鹿台真人赵昇,下传钟离权。[5] 我们知道,赵昇是张道陵的弟子。据说他曾传授神霄派道士林灵素(1076—1120)五雷大法,并告诉林,宋徽宗(1102—

---

[1] 《历代神仙通鉴》卷1,第1b、2a—3b页;马书田:《华夏诸神》,第160页;宗力、刘群:《中国民间诸神》,第783页。

[2] 此内容出自《金莲正宗仙源像传》(《道藏》第174号,涵芬楼线装本第76册,第13b页)。文中说,东华帝君传"太上之道"后,即归隐昆仑山。《金莲正宗记》(卷1,第1a—2b页)更详细地谈到,东华帝君从白云上真处得传一系列的道教典籍,而白云上真得之金母,金母得之太上(老子)。参见常志静:《道教传统中的东华帝君及其社会背景》,第95—96页;马颂仁:《王重阳(1113—1170)与全真教的创立》,第461—463页。

[3] 在宋代,李铁拐这一人物形象的出现很可能受到了一个名叫"刘跛子"的人物形象抑或那位在君山得吕洞宾点化的"跛仙"形象的启发。在元人岳百川创作的八仙剧《吕洞宾度铁拐李岳》中,李铁拐是吕洞宾的弟子之一,参见马书田:《华夏诸神》,第161页。

[4] 《琼琯白真人集》(卷4,第12a页,《重刊道藏辑要》娄集4);横手裕:《全真教的南宗与北宗》,载野口铁郎等编:《道教的生命观和身体论》,第193页。

[5] 《道德真经三解》(《道藏》第687号,涵芬楼线装本第370—371册,第6a—b页)。东华帝君的称号之一"华阳真人"在《历世真仙通鉴》中也有提及。该书说他是钟离权的老师,不过名字却是王玄甫。

83

1125年在位)是东华帝君下凡。[1] 这就意味着,李亚这一人物与宋元符箓道派有关,跟龙虎山张天师的传统也有当然的联系。[2] 事实上,在神霄派系谱中,李亚以"青华帝君李亚"之名占有重要地位,他之后的传承包括王守真(714—789)、王文卿(1093—1153)、白玉蟾等高道。[3] 在此,我并不打算详细检视李亚的由来,也不想探讨他与神霄雷法的关系;我要指出的是,李亚进入龙门派谱系,是古老的道派长期融合发展的结果。[4] 在此进程中,南方道派及其五雷法扮演了至关重要的角色。正因为此,李亚才被煞费苦心地拣择出来,与龙门派的创派祖师东华帝君糅合为一,这也是龙门派谱系中的南方道派之痕迹。早期道派融入龙门派的历史,还体现在元代中叶之后南、北宗共同建构的祖师谱系上。一个值得注意的例子是,著名道士李道纯的弟子柯道冲创制了与龙门派祖师颇为相似的祖师系谱:

太上混元老祖→关令尹喜→金阙帝君→东华帝君→钟离权→吕洞宾→刘海蟾。[5]

---

　　[1] 《历世真仙体道通鉴》(《道藏》第296号,涵芬楼线装本第138—148册,卷53,第2b页);参见常志静:《道教传统中的东华帝君及其社会背景》,第94—95页及注释45,以及卿希泰主编:《中国道教史》卷2,第601页。林灵素被视为东华帝君的化身,参见史卡:《宋元时期的仪式运动、神灵崇拜和道教的转型》,第436页。有关林灵素与宋徽宗的关系,参见司马虚:《最长的道经》,《宗教史》第17期,1978年,第331—354页;卿希泰主编:《中国道教史》卷2,第597—604页;戴维斯:《宋代社会与超自然现象》,第27、34—38页。众所周知,宋徽宗喜好方士,魏汉津就是其中颇为有名的一位。据说他的老师是李良,而李良在唐代也被认为是李八百,参见卿希泰主编:《中国道教史》,卷2,第593页。
　　[2] 江西龙虎山(天师常驻之地)是很多道派和道教运动的中枢,享有很大的权威。这种权威起初是非官方的,在元初和明代则得到了官方的认可。参见史卡:《宋元时期的仪式运动、神灵崇拜和道教的转型》,第415—416页。
　　[3] 《九天雷晶隐书》(卷8,第1a页,载《道法会元》,《道藏》第1220号,涵芬楼线装本第884—945页)中的雷法据说传自"神霄王清真王长生大帝"和"紫光天后摩利支"(斗母)。史卡指出,林灵素本人就是青华帝君下凡,其降临人间的目的是向人们宣告神权时代的到来,同时将神霄派的主要经典传布人间。参见史卡:《宋元时期的仪式运动、神灵崇拜和道教的转型》,第436页。
　　[4] 有关雷法科仪的研究,参见史卡:《行雷法:十三世纪一场精心准备的雷法度亡科仪》,《远亚丛刊》第9期,1996—1997年,第159—202页。
　　[5] 柯道冲在1324年为《玄教大公案》所写的"序"(《道藏》第1065号,涵芬楼线装本第734册,第1a—b页)中,认为吕洞宾是南北宗的"共祖",他给出的传承序列(转下页)

第二章 清代龙门派及其有争议的历史

可见,除了刘海蟾之外,前面的数位祖师与《金盖心灯》中龙门派的诸祖是一样的。唯一的不同在于,《金盖心灯》中金阙帝君吸收了关令尹喜的名字,而东华帝君则成了李亚;而在柯道冲的系谱里,金阙帝君和东华帝君并没有具体的姓名。此外,两个谱系之间具有相似性——这或许表明,龙门派谱系的创造是一种长期的努力,它旨在将南、北两宗统一在一种中间化的运动(a central movement)或者说"中派"之中,以超越南、北宗之间那些明显的分歧。李道纯曾以"中派"融汇全真道南、北宗,现在龙门派继承了他的做法。[1]然而,在"中间化"的过程中,龙门派并未忘记对他们自己的祖师大加尊崇。比如,全真道将东华帝君"设定"成王玄甫,而龙门派则不然,他们要对东华帝君这一形象进行整合与再造,使他成为一个与此前全真道所塑造的形象完全不同的神祇,以将自身塑造为新的正统。为此,他们抛弃了东华帝君是王玄甫这一全真道的设定,[2]而是让东华帝君回到其上清派的源头,回到其最初与南方道派的原始关系中。他们进而以东华帝君为桥梁,在龙门派和南方道派之间建立联系。如前所述,早在《金盖心灯》确立其新形象之前,在宋元符箓道派中,东华帝君就已经以擅长雷法的"李"或"李亚"的名号出现了。[3]

在《金盖心灯》所载龙门派文献中,由于李凝阳相传是古代"行走疾

(接上页)是:华阳→(王)玄甫→钟离权→吕洞宾。陈致虚(生于1298年,卒年晚于1335年)1325年所撰《上阳子金丹大要》(《道藏》第1068号,涵芬楼线装本第736—738册,卷1,第1a—b页)中,则视吕洞宾为南北宗共同的宗祖。其序列为:华阳真人→(王)玄甫→钟离权→吕洞宾,吕洞宾之后分为两支,一支经刘海蟾传张伯端南宗,一支传王重阳北七真。参见鲍菊隐:《道教文献通论》,第179—186页;卿希泰主编:《中国道教史》卷3,第374—382页;横手裕:《全真教的南宗与北宗》;以及玄英、史卡:《内丹》,第471—472、479—481页。译者按:作者对柯道冲之序的描述有误,柯道冲原文中给出的传承序列为:金阙帝君→东华帝君→钟离权→吕洞宾→刘海蟾,其将刘海蟾视为南北宗的"共祖"。

[1] 著名的江苏道士李道纯是最早的既尊崇南宗又尊崇北宗的道士之一,他的《中和集》就是在教义上统合南北宗的结果。这一派别后来被称作"中派"。参见玄英、史卡:《内丹》,第480页。有关"中派"在龙门派教义方面的贡献,参见莫尼卡:《清代中国的龙门派:教义理想与地方实践》。

[2] 事实上,东华帝君(王玄甫)这一人物既与北方传统及其教派有关,也跟"北七真"的特殊身份有关,参见常志静:《道教传统中的东华帝君及其社会背景》,第95—99页;马颂仁:《王重阳(1113—1170)与全真教的创立》,第461—463页。

[3] 在据说传承自刘海蟾的所谓"师派"中,东华帝君名为"李嚞",参见《道藏》第1166号,涵芬楼线装本第825—833册,卷14,第4a页。

若奔雷"的巨神氏再世,因此,与神霄派五雷法有关的李亚也就能够与李铁拐——李凝阳建立起某种联系。此外,李亚的名字与著名的卜者、乞丐李阿的名字很相似。在《太平广记》卷七中,李阿的传记正好排在李八百的传记之后,而且李阿也被人称作"八百岁公"。[1] 如果李亚和李阿具有某种联系的话——当然这一点需要证实——那么李亚是否也跟李家道有关呢?

我们知道,《抱朴子》曾谈及一位名叫李阿的卜者。大约3世纪初,他在四川创立了李家道。[2] 与前面谈到的李八百相似,李阿还是画家兼道士张素卿(约845—约957)所绘之"蜀中十二仙"人物之一。[3] 据浦江清考证,张素卿用李阿替代了"蜀中八仙"之一的李八百。较之李八百,张素卿更喜欢汉代隐居青城山的丐者李阿,这一点并不奇怪,毕竟张本人在青城山做过宗教官员,任内还修复了许多宫观。[4]

概言之,《金盖心灯》中的东华帝君形象融汇了诸多不同的道教传统:(a)通过小童君、李八百、李阿、李泥丸诸人物,将四川、江南不同的地方道派联结起来了;(b)统合了与李八百、李阿、李铁拐有关的不同的神仙体系;(c)结合了以东华帝君(王玄甫)为特色的全真北宗谱系和突出了南方道派诉求的李凝阳—李铁拐—李亚诸人物形象;(d)将青华帝君李亚的神霄五雷法整合到驱邪治病的李八百身上,以五雷法驱邪疗疾之事在李泥丸(李真元)的事迹中也可见到——据说李泥丸曾传五雷大法给伍守阳。当然,后来李泥丸也被整合到龙门正宗之中了。[5]

需要指出的是,李铁拐(李凝阳)、李亚(李阿?)、李泥丸、李八百这些

---

〔1〕 山田利明:《神仙李八百传考》,第147页;卿希泰主编:《中国道教史》卷1,第261—284页。后来李八百在人间的"显现",参见卿希泰主编:《中国道教史》卷2,第459、593页。

〔2〕 魏鲁南:《炼金术、医药和公元320年的中国宗教:葛洪〈抱朴子·内篇〉研究》,第158—160页;索安:《早期道教弥赛亚主义中完美统治者的形象:老子和李弘》,《宗教史》第9期,1969—1970年,第231页。

〔3〕 有关"十二仙"的详细名单,参见梅尼尔:《张素卿与蜀中道画》,第146—147页。

〔4〕 有关张素卿的活动,参见梅尼尔:《张素卿与蜀中道画》。

〔5〕 李泥丸在龙门派典籍传承过程中扮演了重要角色,参见莫尼卡:《金盖山龙门派和〈道藏续编〉中的内丹法》。

第二章 清代龙门派及其有争议的历史

人物被糅合于"东华帝君"一人身上,还有着不容忽视的另外一重含义。下面,我们就来详细分析这另外一重含义。

(二) 李真人的救世之能

前文谈到,李八百与四川龙门洞有关,被尊为"蜀中八仙"之一。后来,很可能是在张素卿活动于四川并绘制"蜀中十二仙"之时,李八百被李阿取代。我们还谈到,丹道之士李八百和李家道的创立者也即卜者李阿,二者的形象在公元3世纪就已混融在一起。在葛洪生活的时代,声称自己是李八百的人大有人在。据说在公元3世纪的吴国(占据今天的江苏以及浙江的一部分),李阿化身为李宽再次现世。李宽跟李阿一样,也是来自四川的术士,他以符水为人治病,颇有效验,于是声名鹊起,人们同样称他"李八百"。据葛洪说,之后李家道信众布满江表,出现很多李姓的卜者,被葛洪斥为江湖骗子。[1]

然而在六朝时期,李姓的预言者不断出现,其中最著名的就是"李弘"。"李弘"据说是老子降世救劫时的化名。此后,不仅很多民间起义者及其政权援用了老子之姓氏"李",很多帝王也声称自己是老君降世,借此证明其统治是天命所归。众所周知,李姓已突破了民间起义和江湖术士的范围,成为明君救世情怀的一种象征。"李弘"这一人物的破坏性能量,以及其中所包含的圣人、明君和民众救星的形象,都被后来的统治者所攫取。[2]

在《金盖心灯》中,我们也可看到相似的结构:具有丹士、医师和驱邪者三种身份的李八百—李阿—李泥丸—李铁拐—李亚在正统(神仙谱系和南方道派中)与异端(李家道)之间摇摆不定,最终在"龙门正宗"建构

---

[1] 索安:《早期道教弥赛亚主义中完美统治者的形象:老子和李弘》,第231—232页。

[2] 索安:《早期道教弥赛亚主义中完美统治者的形象:老子和李弘》;索安:《道教弥赛亚主义》,《守护神杂志》,1984年第31期,第2号,第161—174页;穆瑞明:《公元五世纪的一部道教伪经——洞渊神咒经》;孔丽维:《东亚太平盛世说的肇始与文化特征》,《日本宗教》,第23号,第1—2期,1998年,第29—51页;穆瑞明:《弥赛亚主义和太平盛世说》,载玄英编:《道教百科全书》。

的"龙门道祖"谱系中以"东华帝君李亚"之名获得了恒久的认定。《金盖心灯》中李泥丸的化身李八百用泥丸和熟水为苏州士子治病的故事，与汉代李家道用符水治病如出一辙。据说李泥丸在明代再次现身时，也展示了李八百的丹道之术。除此之外，李八百—李泥丸只为那些尽孝的人提供帮助，孝顺父母这一儒家伦常在《金盖心灯》所讲的故事中十分重要，可以说是获得李的恩惠的先决条件。[1] 这一主题在仙人李铁拐的故事中也出现了，李铁拐同样被视为驱邪者的保护神，并被神霄派尊为精通五雷法的东华帝君李亚。

由此，作为"龙门道祖"的李姓的东华帝君，体现出中国宗教自其产生之日起就存在着的矛盾和冲突，即：要成为"正统"还是"异端"？要成为救世的信仰（被帝制王朝和制度化的道派所信奉）还是成为叛乱者或民间起义所利用的工具？《金盖心灯》谈到李八百、李泥丸的故事时，特别强调了他们的治病异能。事实上，这也是所有制度化道派的"特权"，正如天师道的天师们宣称老子授予其神职并世代相传一样。通过这种说法，天师道将缺乏秩序的、充满不确定性的派系整饬为井然有序的教派——作为太上老君"亲传"的道派。这一教派不仅不会造反，反而会协助政府实施世俗统治。但在社会动荡之时，这类教派内蕴的救世热潮又会不断涌现。因为这是这些教派（也是一般意义上的道教）本原结构的一部分，人们会在这种时候呼唤李老君降世，使混乱的社会恢复太平。[2]

事实上，后来的"全真道祖"东华帝君（王玄甫）本是上清派神祇青童君，而后者跟张道陵有直接关系。据《神仙传》（第4卷，第16a—b页）的张道陵传记和《汉天师世家》（《道藏》第1463号，涵芬楼线装本第1066册，卷2），东海小童作为老君的化身降世，授予张道陵"正一盟威之道"。[3]

---

[1] 这也是全真教南宗大师们（如活动在1288—1324年间的苗善时）所宣扬的全真道基本"价值观"之一。参见洪怡沙：《十四世纪初叶之前对吕洞宾的崇拜：中国前近代时期一位神仙之特征与转变》，巴黎第七大学博士论文（1993年）。

[2] 索安：《早期道教弥赛亚主义中完美统治者的形象：老子和李弘》，第240页。

[3] 康易清：《置身青童殿中》，第75页注释3；神塚淑子：《方诸青童君研究》，第9页。

第二章 清代龙门派及其有争议的历史

在上清派典籍中,青童君则主要被视为救世主"金阙后圣帝君"——他会从青城山上下来,以李弘为名,拯救世界。[1]

如此一来,龙门派在其祖师谱系中加入金阙帝君并将其置于东华帝君之前以区别于全真北宗的祖师谱系,就绝非偶然了。作为元代以降南北方道派长期融合的结果,龙门派谱系更多地展示了南方道派的特色,它本身也是南方学者精心设计的结果。尽管在《道谱源流图》的注解中,金阙帝君是"尹喜"而非"李弘",但这并不意味着金阙帝君的上清派渊源被遗忘了。他仍然是老君教义的秉持者和老君的化身,同时还是李老君在人间的显现。[2] 现在,他的这些职能"移交"给了他的弟子东华帝君。一方面,如过去授张道陵"正一盟威之道"一样,东华帝君又一次向龙门派的祖师们传达了新的使命;另一方面,他会再次从青城山上下来,成为重建太平盛世的"真君"。

用"东华帝君李(真君)"取代"东华帝君王"的做法,颇有暗指古代广为人知的预言"李弘当王"的意味。虽然上清派大师们(如今是龙门派的大师们)将李老君加入他们的道祖谱系,但社会大众和知识精英对李真君降临救世的企盼仍久为流传。[3] 如此就不难理解,为什么《金盖心灯》的编纂者要在前七位祖师的传记中加入有关白云观方丈的预言,并指出白云观方丈将以樵阳(刘玉)的名义复临于世。与樵阳一样,王常月恢复了丘处机的北宗一脉,并得到了皇权的强力支持——如王常月所言:"国师威仪的是我。"[4]

清政府准许王常月在北京白云观公开传戒。康熙帝(1662—1722 在

---

[1] 索安:《早期道教弥赛亚主义中完美统治者的形象:老子和李弘》,第 243 页;神塚淑子:《方诸青童君研究》,第 1—2、13—19 页。
[2] 此处将尹喜吸收进来,不仅是楼观派被整合到全真道中的标志,也意味着尹喜所具之"老子最早的弟子和神职候选人"的职能也传递给了东华帝君。有关尹喜,参见孔丽维:《尹喜——在典籍开篇出现的大师》,《中国宗教研究集刊》,第 25 期,1997 年,第 83—139 页。
[3] 索安:《早期道教弥赛亚主义中完美统治者的形象:老子和李弘》,第 231、244—247 页。
[4] 《王昆阳律师传》(《金盖心灯》卷 1,第 17b 页,载《藏外道书》第 31 册,第 184 页)。译者按:这句话原作"国师威仪,的是我朝高士第一流人物",且并非王常月自己的话。

位)继续给予他支持,并命他清整道教戒律。在官方的支持下,王常月的传戒活动大获成功。但是,《金盖心灯》所收王常月传记中有关樵阳"再生"并将"重整太上律脉"的预言,以及上文谈到的王常月获赐"国师"之号,当有更深层的含义。联系《金盖心灯》编纂的时代背景,可以理解这一点。嘉庆朝(1796—1819)之后,朝廷对道教的控制减弱。道教获得了更大的自由,去阐发它的救世理想与真君再现的愿景。沿着这一思路,结合王常月的传记,我们还可得出如下结论:

(1)王常月是樵阳(刘玉)化身这一说法,影射"刘氏"及汉代以来的谶言"刘氏复兴,李氏为辅"。[1] 借此,《金盖心灯》传达了这样一种信念,即良好的(道教)统治秩序即将建立——吉时已到,李弘不久会再来人间。[2]

(2)王常月受赐"国师",让我们想到在古代天师道中,"国师"与"天师"的不同。"国师"仅是精神意义上的宗教权威,辅佐明君治世;"天师"则是无明君出世时政教合一的领袖。[3] 事实上,龙门派与天师(正一)道的关系比跟全真北宗的关系要密切得多。在此,富有争议的龙门派试图表达以下两重信息:如果皇帝承认道教的合法地位(如赐王常月"国师"之号),"李氏为辅"的太平世界就会实现;如果皇帝不支持道教,李氏就会亲自降世并成为君王。

龙门派不仅是一个以白云观为根据地并垄断其方丈人选的、号称丘处机亲自创立的道教戒律派系,而且还是肇始于明代、发端于正一——清微派内外,以清修和隐居为标志,并受圣人丘处机激发的实实在在的道教运动。在明末,这一新的道派成为渴望明君出世、中国重归一统的忠君爱国之士的渊薮。龙门"正宗"建立的源头,很有可能就是南方传统所孕育的救世主情怀和千禧年梦想。这一梦想以实用的"全真北系"之名,在龙门正宗中留下了自己的烙印。

---

[1] 索安:《早期道教弥赛亚主义中完美统治者的形象:老子和李弘》,第218页。
[2] 索安:《早期道教弥赛亚主义中完美统治者的形象:老子和李弘》,第238页。
[3] 索安:《早期道教弥赛亚主义中完美统治者的形象:老子和李弘》,第234页。

五、结论

我们知道,"龙门正宗"既保留了丘处机这位理想中的祖师,也有意识地提升了王常月方丈的地位,视他为龙门律脉真正的继承人。通过建构龙门派制度化早期阶段"七位祖师"的传承体系,龙门派实现了"重回"丘处机响堂所在地白云观的历史叙事。自王常月开始,负责向全真道士公开传戒的方丈,多半要从龙门派弟子中产生。为确保这种特权,龙门派以全真道的谱系为原型,精心设计了自己的"道祖""祖师"谱系,从而形成了自己的"家族树",将自己塑造成了官方的、体制化的道派。然而,由于龙门派是在南方的文人圈子中逐渐型塑出来的,它仍然是南方道派吸收全真北派传统并与之长期糅合的产物。这一过程自元代全真道传入江南就已开始。明代,在正一道的监理下,为了推动南北道教传统一体化和标准化,新的融合方式出现了,这就是派字诗。事实上,龙门派及其分支岔派以各自的派字诗进行代际传承,倒更像正一派的做法,不像"典型"的全真道。

通过分析龙门诸祖的传记和探究其他的龙门派系,我们尝试在龙门派一体性的谱系大厦背后,找到另类的设计蓝图。尽管前七位祖师的传记已经具备了确立龙门传承"正宗"谱系的要素,但我们仍能注意到其中的一些巧合。创制龙门"正宗"谱系,以及用龙门"新祖"取代全真派人物,都蕴藏着与四川地区的千丝万缕的联系,而四川恰恰是救世运动的孕育之处,也是天师道的发源地。这一巧合的焦点就是东华帝君李亚这一人物:作为"全真龙门派"的创立者,他也是曾隐居四川龙门洞的神仙李八百的多个化身之一。这是否意味着,"龙门"之名来自李八百隐修的四川龙门洞,而非丘处机隐居的陕西龙门山?若此说成立,那么是不是可以说,龙门派在其源头上与天师道关系更为密切,而与全真道实际上并无关联?或者,这只是反映了龙门派一直存在的内在矛盾,以及龙门派在为自己从多个圣地中选定新圣地方面颇显踌躇?

李亚—李阿代替神仙李八百,可能暗示着龙门派与青城山的密切关系。青城山是未来的救世主李弘也即金阙帝君(东华帝君的师傅和先驱)未来现身的圣地。在《金盖心灯》前几位龙门祖师的传记中,四川与青城山的地位一再被强调。其中谈到,第三代祖师陈通微从华山南下青城山,龙门派的传教中枢也随之移到青城山;一直到第五代祖师张静纯,[1]阐教中心方又转至浙江天台山。据说,正是以天台山为中心,龙门派传播至中国南方各地。因此,《金盖心灯》虚构的龙门派传播线路,与被视为邪教的"李家道"之救世说的传播路线颇相类似;诚如索安所言,"李家道"皆发端于蜀中地区。[2] 因此,通过自身祖师传记的建构,龙门派表明了自己作为"南方传统"的真正身份;只不过,为了在清代成为正统,它宣称自己是"全真北宗"。

我们知道,《金盖心灯》是活动在浙江的龙门派大师闵一得指导完成的作品,闵一得毫无疑问是南方地方传统的继承人。尽管如此,南方人闵一得编纂的《金盖心灯》的内容,在清代竟然被全真北派所在的北京白云观所接纳。令人惊奇的是,全真—龙门北派的"正宗"系统是由南方道派群体创作出来的。虽有"北宗"之名,但这些南方道派与正一道的关系,远较与全真道的关系密切。但在这一悖论背后,却有合理的逻辑。毕竟,龙门派运动是从明代开始的,而明代是正一道占据控制地位的时期,全真道仅作为修身、隐居的标志而存在。是以龙门派这一新体系,很可能是在正一道的监管之下产生的;当然,由于清微派祖师刘渊然据说是丘处机再世,其受清微派的影响或更大一些。正一—清微派是南方道派的主要代表,可以想见,全真道在明代开始的更为广泛的整合与型塑活动(涵盖教义、道派和祖师),必然是在正一—清微派内开始的,而正一—清微派则是所有重要的南方传统的主要渊薮。由此,南方道派在后来的所谓龙门"北宗"身上打下了自己的烙印。明王朝抑制与蒙古人关系密切的"全真

---

[1] 译者按:张静纯,应为张静定。
[2] 索安:《早期道教弥赛亚主义中完美统治者的形象:老子和李弘》,第232—233页。

第二章 清代龙门派及其有争议的历史

北宗"而支持"南宗"。时至明末及清代,这一"北宗"又作为正统的"标志"而重获新生,并在今日中国道教协会驻地北京白云观确立了自身的正统地位。

后来被认定为官方版本的历史叙事与真实发生的历史之间存在很大差异,这一点是中国宗教的普遍特征之一。如果我们认定在清代有一场以龙门派之名兴起的"全真道复兴运动"的话,那么我们也要承认,这一复兴运动也是各种旧道派长期融合的结果。要了解龙门派"大厦"的"建构"(construction)过程,就要对相关"史料"中的龙门派体系进行"解构"(deconstruction)。本文对《金盖心灯》的研究正是出于这一目的。[1] 在道教中,我们发现了与禅宗祖师谱系相似的创作手法,这绝非偶然。《金盖心灯》阐发的历史是一种"事后追溯"(post facto)的历史,是"南方"和"北方"道派奇特的混合体。此外,龙门派的"建构史"通过"心灯"的编纂实现了恒常化,这看上去也不令人意外——毕竟在道教的叙事语境下,这种尝试几乎不会受到(真实)历史的牵绊。但是,在这些传记不朽的旋律中,在王常月一系震耳欲聋的旋律背后,我们仍可觉察到与这一叙事不同的有关早期龙门派历史的回音,回音中闪现出华山、崂山、青城山和武当山的洞府岩穴。

然而,龙门派的真实历史,仍然谜团多多,亟待更详尽的探究。对这一问题的探讨,将会揭示出其他很多地方传统之间错综复杂的糅合过程——而这些地方传统对龙门派的形成是具有根本性意义的。作为典型的新生道派,龙门派不仅具有体制化教派的自我形象,还体现了中国历史上早期的边缘化群体所抱持的一种梦想——他们希望明君带领他们在人间实现"太平"盛世。这一梦想已成为龙门派独特的核心教义,通过将它渗透到正统之中,(真正的)龙门派教义与白云观程式化的龙门派教义及

---

[1] 柳田圣山和伯纳德·佛雷对中国禅宗史进行了解构性的探究,有助于我们理解龙门派的形成过程。

标准化的清规戒律颇为不同。[1] 从明末的"宗师""律师"之两分,也可察觉到这一迹象。事实上,"宗师""律师"之分是又一个象征,象征着道教南北传统的根本差异,象征着道教在官方和边缘人群之间的恒久挣扎,象征着以南北传统为基砥追求"正统"的内在意志。

作者按:感谢陈耀庭教授。1989至1990年我在上海社科院访学期间,他向我讲解了《金盖心灯》,令我受益匪浅。感谢日本关西大学(大阪)的坂出祥伸教授邀请我赴日从事"日本科学提升基金会"的博士后研究工作,使我得以继续对龙门派历史的探究。感谢日本京都大学人文科学研究所的麦谷邦夫教授,他无私地将其个人收藏的书籍、论文借我阅览,并对我的文章提出了有益建议。感谢吴露世,他就此课题与我进行的探讨多不胜数,对我帮助很大。

---

[1] 有关龙门派"公开传戒"和"秘密授戒"的意义,参见本书第三章。有关龙门派的教义,参见莫尼卡《金盖山龙门派和〈道藏续编〉中的内丹法》和本书第三章。

第三章 清代中国的龙门派：教义理想与地方实践

全真道成立于1170年前后,在元代(1271—1368)得到了长足的发展,在明代(1368—1644)却似乎有些黯淡无光。明末,全真道龙门派却又呈现出"中兴"气象。清代(1644—1911)以降,龙门派最终发展成为最主要的道教宗派。由于龙门派拥有公开传戒之权力,所以它代表了从清代迄今最为流行的道教派别。[1] 因此,如果有人问道士他们属于哪一个派别,大多数道士仍然会回答属于龙门派,就像佛教僧侣往往自称属于临济宗一样。[2] 虽然它的重要性显而易见,但这个道教派别至今还没得到学者的重视,我们对其历史和教义仍不甚了解。此前我已考察过龙门派的历史和传承世系问题,[3] 下面我将集中讨论有关其教义的几个关键性问题。

龙门派的奠基据说可以追溯到丘处机(1148—1227),[4] 但是只有在王常月(?—1680,号昆阳)的领导下,龙门派才成为一个拥有正式谱系和宫观系统的道教派别。在1656年,作为北京白云观的住持,王

---

[1] 公开传戒意指集体性的"受戒"仪式,一般在具有传戒权的宫观中举办。唯有在这类宫观的戒坛上受戒之后,入道之人方成为正式的神职人员——道士。参见吉冈义丰:《道观的生活》,载尉迟酣、索安编:《道教面面观》,第235—236页;尉迟酣:《中国佛教的实践(1900—1950)》,第285—296页。

[2] 参见尉迟酣:《中国佛教的实践(1900—1950)》,第281、396页;吉冈义丰:《道观的生活》,第233、235—236页。有关龙门派的创立,参见莫尼卡:《清代龙门派及其有争议的历史》,载劳格文编:《宗教与中国社会:领域的转变》卷2,第621—698页。

[3] 参见莫尼卡:《清代龙门派及其有争议的历史》(亦即本书第2章)。

[4] 一般而言,"龙门"意指丘处机隐居修道的陇州地区(陕西西部)某地。然而,这并不能排除其他可能性——"龙门"之名或与华山(陕西)有关,也有可能与四川的一个洞窟有关。参见莫尼卡:《金盖山龙门派和〈道藏续编〉中的内丹法》,巴黎第七大学1993年博士学位论文,第144—154页;王志忠:《全真教龙门派起源论考》,《宗教学研究》1995年第4期,第9—13页;莫尼卡:《清代龙门派及其有争议的历史》。

常月实际上成为朝廷认可的重整道教戒律的主要推手。通过朝廷资助的传戒活动,他制定了一整套以规范行为为中心的戒律,其内容包含精神性学说,还带有佛教禅宗的印记。其中融合了颇具影响力的儒家伦理道德和佛教救世学说,为不同的道教派别提供了一套通用的"受戒指南"。在他的带领下,龙门派垄断了举办传戒法会的权力。这一"受戒指南"在全国范围内提升了道教教义的"龙门标准化"水平,今天仍然如此。[1] 然而,如果对王常月及其龙门派弟子的著作进行分析,我们会发现,在龙门标准化教义的背后,差异仍然是大量存在的。在同属龙门派的南北方仙山、宫观中,王常月的标准化龙门教义与当地古老的传统、仪式和圣贤交织在了一起。由此,清代以降的道教思想,与王常月的正统教义既有显著的一致性,也有不同的地方。这些教义与特定的地区和庙宇紧密相连,事实上它们也的确通过创建各自的支派确立了自身的认同架构。

那么,什么才是真正的龙门派教义呢？如果它存在的话,那么这种教义在龙门派不同地区的支系上是否形成了一些基本的特性呢？通过对王常月这一重要人物及其著作的了解,我将首先讨论龙门派的官方教义究为何物。为此,笔者将暂不讨论王常月为受戒道士所准备的一系列戒律文本,而是首先考察《碧苑坛经》中所体现的他的教义思想。继而,通过对比王常月的标准化教义与龙门派的一个分支——浙江金盖山支派的著作,来揭示龙门派教义的一些基本特征。金盖山这一龙门派地方支系之所以重要,是因为它自称在王常月仙逝后,因得到《金华宗旨》及《道藏续编》等典籍而接续了龙门派的正统。通过呈现该支派的创始宗师陶靖庵(1612—1673)以及《道藏续编》的编纂者闵一得(1758—1836)的生平和作品,我们就能较为全面地了解金盖山支派的发展历史。最后,我将简要考察《道藏续编》的相关问题,以此为基础

---

[1] 参见本书第1章。有关戒律体系的历史及其特点,参见莫尼卡:《创造性的道教》,2013年。

第三章　清代中国的龙门派：教义理想与地方实践

得出本文的结论。[1]

一、王常月：龙门派的改革家

　　王常月，龙门派第七代祖师，也是第七代律师（见图 3：龙门派宗师及律师系谱图），被认为是这一教派的主要改革者，也被尊为该派实际的创始人。据说他复兴了丘处机的古老道统——他重阐了道教戒律，建立了组织化的龙门世系，由此恢复了太上律宗。[2] 通过他的传记可知，他出生于山西潞安的一个道教信徒家庭。[3] 他曾经生了一场重病，最后却奇迹般地痊愈了，此后便开始迷恋上了道教医术。[4] 身体恢复后，他离开家乡，到各处名山去寻找得道之人。1628 年，他在河南王屋山见到了赵复阳[5]——第六代龙门派祖师及龙门律脉的传承

---

　　[1]《道藏续编》是一部道教内丹典籍的汇编。其具体内容，可参见本文的"附录"部分。有关道家内丹理论的基础性研究，参见巴德里安·胡赛因：《灵宝毕法——十一世纪的道教丹经》；戴思博：《赵避尘——卫生生理学明指》；李约瑟、鲁桂珍：《中国科学技术史》；玄英、史卡：《内丹》，载孔丽维编：《道教手册》，第 464—497 页；贺碧来：《内丹对道教和中国思想的创造性贡献》，载孔丽维、坂出祥伸编：《道教的存思与长生术》，第 297—330 页；贺碧来：《内丹研究——真元教》，《远亚丛刊》第 5 期，1989—1990 年，第 141—162 页；贺碧来：《道教内丹引论》；道格拉斯·威尔：《房中术：女性存思典籍中的性经典》，1992 年。

　　[2] 参见邵守善、詹守椿 1663 年为《龙门心法》所做的跋文，见《藏外道书》第 6 册，第 785 页；《碧苑坛经》卷上，第 1 章，《藏外道书》第 10 册，第 159 页。亦可参见《尹真人东华正脉皇极阖辟证道仙经》卷下，第 10 章，《道藏续编》第 1 册，第 5b 页。

　　[3] 有关王常月的出生时间，或说 1522 年，或说 1594 年。参见《金盖心灯》卷 1，第 16b 页。有关王常月的生平，参见《金盖心灯》卷 1，第 15a—17b 页；《道统源流志》下册，第 2 卷；《昆阳王真人道行碑》，载小柳司气太：《白云观志》卷 4，第 162—163 页；《长春道教源流》卷 7，第 163 页。也可参见莫尼卡：《金盖山龙门派和〈道藏续编〉中的内丹法》，第 91—101 页；莫尼卡：《清代龙门派及其有争议的历史》（即本书第 2 章）；卿希泰编：《中国道教》（4 卷本）卷 1，第 392—393 页；卿希泰主编：《中国道教史》（4 卷本）卷 4，第 79—100 页。

　　[4] 此事只有龙门派金盖山支派的代表人物闵一得谈过，或在表明改革家王常月对道教医术甚为赞赏。参见《金盖心灯》卷 1，第 15 页。据他说，王常月为张麻衣的神奇医术所吸引，而张麻衣号称"麻衣道者"，或即吕洞宾，亦即传说中传授太极图给陈抟（约 906—989）的人。

　　[5]《碧苑坛经》，王常月演，施守平纂，闵一得订，《藏外道书》第 10 册，第 186 页。

龙门正宗
LONGMEN ORTHODOX LINE

律师
VINAYA LINE

Generation 代

- 0 — 丘处机 Qiu Chuji (1148–1227)
- 1 — 赵道坚 Zhao Daojian (1163–1221)
- 2 — 张德纯 Zhang Dechun (活动于1312–1367)
- 3 — 陈通微 Chen Tongwei (活动于1387)
- 4 — 周玄朴 Zhou Xuanpu (活动于1450?)

宗师
DOCTRINAL LINE

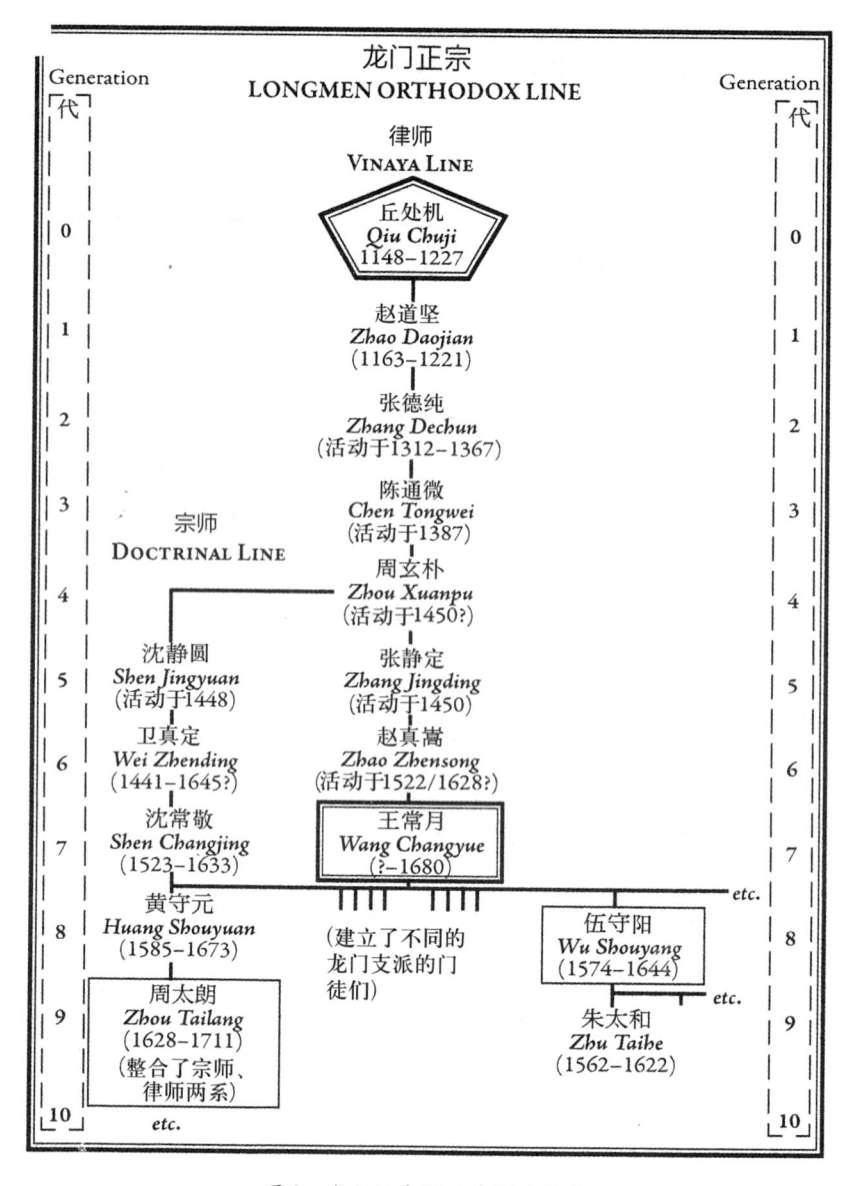

- 5 — 沈静圆 Shen Jingyuan (活动于1448) ｜ 张静定 Zhang Jingding (活动于1450)
- 6 — 卫真定 Wei Zhending (1441–1645?) ｜ 赵真嵩 Zhao Zhensong (活动于1522/1628?)
- 7 — 沈常敬 Shen Changjing (1523–1633) ｜ 王常月 Wang Changyue (?–1680) etc.
- 8 — 黄守元 Huang Shouyuan (1585–1673) ｜ (建立了不同的龙门支派的门徒们) ｜ 伍守阳 Wu Shouyang (1574–1644) etc.
- 9 — 周太朗 Zhou Tailang (1628–1711) (整合了宗师、律师两系) ｜ 朱太和 Zhu Taihe (1562–1622)
- 10 — etc.

图 3　龙门派宗师及律师系谱图

第三章 清代中国的龙门派：教义理想与地方实践

人。[1] 后来赵将祖师之位传给王昆阳并赐其法号"常月"。[2] 作为第七代龙门律师，王常月继续过着游历、苦修的生活，研习三教经典，并拜访其他宗师。之后，他再一次在湖北九宫山遇到了赵复阳，这次会面时赵预言王常月将会成为京师道教戒律的主要改革者。1655 年，这一预言被证实了，王被任命为全真教核心道观——北京白云观的住持。1656 年，他开始为初入道门的道童举办传戒法会，这些传戒法会的内容由王常月撰于 1656 年的《初真戒律》[3]和其弟子后来编订的《碧苑坛经》[4]予以奠定——这种做法很可能受到了禅宗六祖慧能《坛经》的启发。1663 年王常月在南京碧苑主持传戒仪式，《碧苑坛经》记述了当时他在传戒仪式上讲道的内容。仪式的重点在于教诲道士们培养修真悟道的远大理想。据说只有经历"三坛大戒"[5]才

---

[1] 有关赵复阳的生平，参见《金盖心灯》卷 1，第 11a—12b 页；《白云观志》卷 1，第 35 页；《道统源流志》下册，第 1 卷。按照《金盖心灯》的说法，龙门派自第四代祖师周大拙（约 1450 年去世）后分为两个传承系统，一个是张静定（号无我，活跃在 1450 年前后）的律师（Vinaya Master）系统，一个是沈静圆（号顿空）的宗师（Doctrinal or Founding Master）系统。参见莫尼卡：《金盖山龙门派和〈藏藏续编〉中的内丹法》，第 106—111 页；莫尼卡：《清代龙门派及其有争议的历史》（亦即本书第 2 章）。

[2] "派名"（Lineage Name）是和尚或道士进入祖师传承系统的标志，意味着与原先在家生活的剥离。龙门派的派名由两个字构成，第一个字来自龙门"派字诗"，每一代龙门弟子都要按照所处代位选用其中一个字，由此一代代传承下去。参见吉冈义丰：《道观的生活》，第 231 页。与道教派名相对应，佛家也有其"法名"，参见尉迟酣：《中国佛教的实践（1900—1950）》，第 279—285 页。

[3] 这一文本见于《重刊道藏辑要》第 26 册，张集七，第 25a—61b 页；《藏外道书》第 10 册，第 13—31 页。有关此文本的内容简介，参见戴思博：《初真戒律》，载玄英编：《道教百科全书》卷 1，第 284—285 页（亦可参见莫尼卡《创造性的道教》第 2 部分）。

[4] 此文本见于闵一得编撰的《古书隐楼藏书》第 1 卷。我所用的版本是《藏外道书》版（第 10 册，第 158—217 页）。这一文本尚有一以"龙门心法"为名的版本（《藏外道书》第 6 册，第 727—785 页），但二者颇有不同，有待于进一步探究。有关禅宗六祖慧能之《坛经》的影响，参见佛光山编：《宗教和文化视域下的〈六祖坛经〉》。"坛"或指戒律，或指戒坛，有关其意涵，参见格罗纳：《东亚佛教戒律传统语境中的〈坛经〉的受戒仪式》，载佛光山编：《宗教和文化视域下的〈六祖坛经〉》，第 220—222 页。

[5] 佛教中的"三坛大戒"是指分三个阶段授予的戒律及其行为规范，分别是：(1) 沙弥戒（the novice ordination）；(2) 比丘戒（the bhiksu ordination）/比丘尼戒（the bhiksuni ordination），也称具足戒（the complete ordination）；(3) 菩萨戒（the Bodhisattva ordination）。参见艾香德：《中国佛教教理及传统》，第 229—240 页。此处我颇为欣赏黄晓星逐字英译的文句，她说："Generally in China, the precepts of novitiate, complete ordination and Bodhisattva precepts are conferred in one unique session during the period called 'ordination of the threefold altar'."参见黄晓星：《铁像寺》，第 90 页。有关三坛大戒的更多介绍，参见莫尼卡《创造性的道教》第 2 部分。译者按：黄晓星译文的意思如下：一般来讲，在中国，在所谓"三坛大戒"的一个戒期之内，沙弥戒、具足戒和菩萨戒是同时传授的。

101

能真正悟道。下文我们将看到,王常月在三坛大戒的基础上为世俗修道者和宫观道士们设计了一套道教的传戒仪式,同时也迎合了统治阶层的需要。

(一) 作为成仙之方的戒律

王常月教义的关键词是"戒"字,它代表"降魔之杵""护命之符""升天之梯""引路之灯"等。[1] 王认为戒的意义在于每日进行的"降心顺道"的修行。就其真实的意蕴而言,它既不指涉僧侣的戒律,也不意味着外在的行为,而是指所谓的"真心":"持戒在心,如持物在手,手中之物,一放即失,心中之戒,一放即破。"[2] 用这样的心,来遵守戒律,修道者方能"登仙了道"。[3] 实际上,对戒的遵守被阐发为一整套体系化的方法,即通过身、心、意[4] 等不同层次的逐级修炼,最终实现最上乘的天仙大道。在他看来,达到这一目标需要接受"三坛大戒":

(1) 初真戒。针对新入道的男女道徒以及信男信女。主要由以下几部分组成:

(a) 皈依道、经、师三宝;[5]

---

[1] 《碧苑坛经》,《藏外道书》第10册,第168页。

[2] 《碧苑坛经》,《藏外道书》第10册,第169页。除非特别指出,这类中文原典的英译由我自己完成。译者按:莫尼卡将此处的"持戒在心,如持物在手,手中之物,一放即失,心中之戒,一放即破"译为:"Keep the precepts in your mind, as you would keep something in your hand; once you let go of it, it gets lost. Likewise, once the precepts in your mind are abandoned, they are broken."

[3] 《碧苑坛经》,《藏外道书》第10册,第161页。王常月认为由于"仙佛本一心",是以"登仙"(attaining of immortality)与"见性"(enlightenment)是一回事。参见《藏外道书》第10册,第208页。

[4] 关于这三个概念,参见贺碧来:《道教内丹引论》,第193—195页。饶有兴味的是,王常月将身、心、意称为"三宝"(Three Jewels),并将它们与道士所皈依的"三宝"(道、经、师)相关联。参见《碧苑坛经》,《藏外道书》第10册,第160页。在内丹修炼中,"三宝"则是指道教修炼的三种基本元素:精、气、神。

[5] 《碧苑坛经》,《藏外道书》第10册,第159—162页;《初真戒律》,《重刊道藏辑要》第26册,张集7,第34a—b页;《藏外道书》第12册,第17页。

第三章　清代中国的龙门派：教义理想与地方实践

（b）归根五戒；[1]

（c）初真十戒；[2]

（d）女真九戒。[3]

（2）中极戒。包含三百条戒律，这些戒律是六朝以来道士所遵行的，据佛教之戒律编纂而成。[4]

（3）天仙戒。它从理论的角度对上述戒律的内容进行了重新阐发，[5]并且指出，唯有得受所有三级戒律者，方可传戒于他人。

据王常月说，初真戒是"教你们拘制色身，不许妄动胡行，起止无常"；中极戒在于"教你们降服幻心，不许妄想胡思，七心八意"；[6]天仙大戒则是"教你们解脱真意，不许执着粘缚"。

（二）王常月救世教义所体现的禅宗思想

王常月将"三坛大戒"和禅宗六祖的"戒、定、慧"相对应，认为"初真

---

[1]《初真戒律》所说的"五戒"，题为《太上老君所命积功归根五戒》，《重刊道藏辑要》第 26 册，张集 7，第 34b—35a 页；《藏外道书》第 12 册，第 18 页。这五条戒律包括不杀生、不盗窃、不邪淫、不妄语、不饮酒，与佛教类似。

[2]《初真戒律》所说的"十戒"，题为《虚皇天尊所命初真十戒》（《重刊道藏辑要》第 26 册，张集 7，第 35a—45b 页；《藏外道书》第 12 册，第 17 页），对应于《道藏》的"虚皇天尊十戒文"（《道藏》第 784 册，涵芬楼线装本第 77 册）。参见森由利亚：《全真教龙门派系谱考》，载道教文化研究会编：《道教文化展望》，第 197—198 页。唐代，这些戒条构成了出家人的"初真戒"（Precepts of Initial Perfection），参见施舟人：《敦煌抄本中的道教戒阶》，载兰多夫夫：《东亚宗教与哲学：施泰宁格六十五寿辰纪念文集》，第 130 页；戴思博：《初真戒律》。

[3]《女真九戒》，参见《重刊道藏辑要》第 26 册，张集 7，第 58a—b 页；《藏外道书》第 12 册，第 29 页。有关"女真九戒"的译文，参见戴思博：《中国古代的女仙》，第 147—155 页。

[4]"中极戒"给出的 300 条戒律，题为《中极上清洞真智慧观身大戒经》（《重刊道藏辑要》第 26 册，张集 7，第 62a—79b 页；《藏外道书》第 12 册，第 31—40 页），这不由得让我们联想到《上清洞真智慧观身大戒经》（《道藏》第 1364 册，涵芬楼线装本第 1039 册）。参见施舟人：《敦煌抄本中的道教戒阶》，第 131 页；山田利明：《灵宝派》，载孔丽维编：《道教手册》，第 248 页。

[5]"天仙戒"的戒条并未出现在王常月的著作中，反而在署名刘守元的《三坛圆满天仙大戒略说》中出现了。有关《三坛圆满天仙大戒略说》，参见《重刊道藏辑要》第 24 册，张集 7；《藏外道书》第 12 册；也可参见闵智亭：《道教仪范》，第 86—116 页。

[6]《碧苑坛经》，《藏外道书》第 10 册，第 180 页。"幻心"，《碧苑坛经》原作"顽心"。《龙门心法》（《藏外道书》第 6 册，第 750 页）则以"幻心"（illusory mind）取代"顽心"（vain mind），我认为"幻心"更为妥当，据改。

戒是戒字,中极戒是定字,天仙大戒是慧字"[1]。他说,所有的这些戒律意味着"设此戒定慧、降服身心意的功夫"[2];持守戒律就可以出世超凡,就可以得到金丹妙宝。

"定是家,戒是路,慧是主人,世间万物、万事、万境皆是客。"[3]因此,在王常月的教义中,"戒"是最根本的。他之所以对"戒"如此推崇,是因为"定"和"慧"方面的精神长养皆以"戒"的持守为基础。须知,不同的丹道和仙术都是通过"定"和"慧"实现的,因为二者都指涉人的本性或真心。[4]

据此,王常月认为修性才是"最上无上大乘"的修炼,并认为"最上无上大乘"与"全真"的本意若合符节——"全真"是一种传统的存思之道,清静无为是修行的关键。[5] 相对而言,各种丹术实属"小乘"或"小道"——它们不能使人彻悟其本有心性。[6] 他批评丹法及其所用的语言,因为它们很容易让大师和修道者误解其意,将象征当做了实在。[7] 相反,修道者应先放下妄心再专心修行,先了却"爱缘"再冥思打坐,否则就是在"盲修瞎坐"。[8]

(三)儒家的修身与佛家的济世:一位道士眼中的"人道"和"仙道"

王常月认为,因为人身无常,所以必须严格按照戒规进行修行,而修

---

[1] 《碧苑坛经》,《藏外道书》第10册,第181页。由此可知,这些戒律已经取代了金丹(即内丹道)的原初意义。

[2] 《碧苑坛经》,《藏外道书》第10册,第180页。

[3] 《碧苑坛经》,《藏外道书》第10册,第183页。

[4] 《碧苑坛经》,《藏外道书》第10册,第181页。

[5] 《碧苑坛经》,《藏外道书》第10册,第176、194—195页。有关道教存思术中"清静"的作用,参见姚道中:《全真:十二、十三世纪中国北方的新道派》,亚利桑那州立大学博士学位论文(1980)。

[6] 《碧苑坛经》,《藏外道书》第10册,第194页。

[7] 王常月宣讲教义的方式是口语化的,他运用掌故和寓言布道,拒绝晦涩艰深。参见高万桑:《语录》,载玄英编:《道教百科全书》,卷2,第1200—1202页。

[8] 《龙门心法》,《藏外道书》第6册,第746页。

第三章 清代中国的龙门派：教义理想与地方实践

行的起点就是持守初真戒。"色身"（body of form）是由地、水、火、风四种元素组合而成，借由父精和母血之结合而来，它是侵染本真的渊薮，会掩盖人的真性或"法身"（absolute body）。在他看来，法身虽在色身之中，但若能不断地修行，法身就可以成为色身的主宰，引导其行善。[1] 这种持久的修行需要可靠的教育手段作为保障。王常月通过整合儒家和佛家理论来达到这一目标，重点强调了"戒"在以"人道"恢复人的本来样貌之中发挥的作用。像孔孟一样，他也强调由自我修炼和"自明诚"[2]构成的纯正教育的重要作用。如果孟子说"反身而诚，乐莫大焉"，[3]那么王常月会说"这诚字，即戒也"[4]。由于"道在心头，不在书"[5]，因此虔心遵奉践履儒家伦常（概括起来就是"三纲五常"）便可得道。这样一来，儒家的"三纲五常"就成了成就"仙道"的具有根本性意义的先决条件。如他所说：

> 欲修仙道，先修人道。人道未修，仙道远矣。儒门曰："先齐家，而后可以治国。"齐家犹人道，治国犹仙道。[6]

在《初真戒说》中，他又宣称："明有王法，幽有道法。道律治己，王律治人，二者表里以扶世教。"[7]

这种对世俗伦理的提倡，是为了得到统治阶级的支持，因为统治阶级希望不管是世俗之人还是僧人道士都要遵守社会的规范。事实上，王常

---

[1]《碧苑坛经》，《藏外道书》第10册，第180—181、199页。
[2]《孟子》第6A篇，第15页；《中庸》，第21页。转引自郑学礼：《〈坛经〉中的心理学、存在论和救济论》，载佛光山编：《宗教和文化视域下的〈六祖坛经〉》，第105—106页。
[3]《孟子》第7A篇，第4页。转引自郑学礼：《〈坛经〉中的心理学、存在论和救济论》，载佛光山编：《宗教和文化视域下的〈六祖坛经〉》，第106页。
[4]《碧苑坛经》，《藏外道书》第10册，第206页。
[5]《龙门心法》，《藏外道书》第6册，第747页。
[6]《碧苑坛经》，《藏外道书》第10册，第193页。王常月说此语出自一位普通的仙人，而闵一得则认为是吕祖所说。
[7]《初真戒律》，《重刊道藏辑要》第26册，张集7，第30a页；《藏外道书》第12册，第15页。

月通过"世法与出世法,只在一心"[1]之解释,进一步协调了在家和出家二者之间的关系。他认为"圣人要出世法,将世法炼心"[2],"你们有心要去做出世的道(作为宗教之道的道教),是王道(作为世俗之道的儒道)"[3]。从这一角度来看,儒、道之间的差异就消失了,"人道"和"仙道"都着眼于人本有的真性或真心,而且都是人复返其原始真性的方法。

通过与正统新儒家思想之间的协调,王常月实现了道教教义真正的变革。根据当时的时代背景,[4]他强调宗教行持的重要性,并通过以"戒"为根本基砥的"三坛大戒"创设了一套可操作的济度之方。这套方法重申了以佛教禅宗为原型的全真道的理想,强调了清修的重要性(通过云游天下、参寻名师等),同时反对炼丹术和疗疾之术,认为这些对于追求长生是毫无益处的。在他看来,人的"色身"是会死亡的,唯一永恒的是"法身"。一旦明白了这一点,通过"定"和"慧"的修炼,最终就能成就最高的天仙大道。"天仙"是领受过全部三坛大戒的道士——像佛家的菩萨和儒家的圣人一样,他们已经超越了内外的一切束缚,主要使命是济世度人。

二、王常月之后龙门派系的创建

在王常月的努力下,龙门派在北京白云观站稳脚跟,并成为道教内部负责南北方道众传戒的最主要道派。王常月本人也曾赴北京、南京、杭州

---

[1]《碧苑坛经》,《藏外道书》第10册,第174页。另可参见《龙门心法》,《藏外道书》第6册,第741页。后者文字表述与《碧苑坛经》略有不同。

[2]《碧苑坛经》,《藏外道书》第10册,第191页。

[3]《龙门心法》,《藏外道书》第6册,第766页。此句中的"王道"在《碧苑坛经》(《藏外道书》第10册,第194页)中作"正道"。

[4] 16世纪末17世纪初,中国思想界开始注重经世致用之学。晚明思想家对精神修养的实践方法甚感兴趣,认为与实践无关的理论空谈毫无意义。参见狄百瑞的文章《晚明思想中的个人主义与人道主义》《新儒家的修身与十七世纪的"启蒙"》及其著作《儒学的困境》。王常月就是在这一背景中完成其作品的,其在佛家的对应者是云栖袾宏(1535—1615)。袾宏与王常月同时代,他在晚明复兴了汉传佛教的戒律。参见于君方:《中国佛教的复兴:袾宏与晚明的宗教融合》,第2—8页。

以及其他很多地方为众多弟子受戒。正是借由他的努力,龙门派渐成道教的主流派系,到今天仍然如此。[1]

在王常月的带动下,多个龙门派支系建立起来。尽管有的支派诞生于传统的知名道派——如上清派、净明派、灵宝派等——的宫观,但也有一些产生于那些不太出名的道教庙宇。以杭州为例,那里的支系有天柱观支派、金鼓洞支派和大德观支派。浙江天台桐柏山有桐柏宫支派,浙江湖州金盖山有云巢支派。龙门支派在中国西南地区也有发展,如云南鸡足山有西竺心宗支派。西北地区的甘肃则出现了龙门派第十代祖师刘一明(1734—1821)创立的龙门支派。[2]

如今已经很少有人了解龙门各支派之间存在的差异——研究其差异不仅有助于我们深化对龙门派形成历史的认识,而且对于研究不同支派的教义理论、修炼方法及其创派祖师也具有非常重要的意义。在此,笔者仅介绍龙门派金盖山支派第十一代祖师闵一得(1758—1863)的著作。他撰有多部关于龙门派历史的文本,是龙门派典籍最重要的编纂人。

三、金盖山地方传统及其创派祖师

据闵一得的《金盖心灯》可知,大约在明代晚期,通过陶靖庵(1612—1673)和黄赤阳[3](1595—1673)两位祖师,金盖山终于归属于龙门派系统。据说黄、陶二人是龙门第七代祖师王常月的亲传弟子。陶靖庵在1658年拜访了北京白云观并见到了王常月,王很快就认可陶为龙门派弟子,传授其戒律并赐派名"守贞"。通过律师的传授,陶继承了龙门派的

---

[1] 参见龙起潜于1674年为《初真戒律》所作的序言(《重刊道藏辑要》第26册,张集7,第37b页;《白云观志》第31—57页、163页)。王常月从清廷得到"国师"之号,仙逝后获赠"抱一高士"之号。有关王常月创立龙门派的问题,参见莫尼卡:《清代龙门派及其有争议的历史》(或莫尼卡著《创造性的道教》第1部分)。

[2] 卿希泰主编:《中国道教史》,卷4,第100—181页。

[3] 分别参见《金盖心灯》中赵虚静和王常月的传记。有关这两个传记的具体分析,参见莫尼卡:《清代龙门派及其有争议的历史》,载劳格文编:《宗教与中国社会:领域的转变》卷2,第625—631、647—654页。

正统,并被道众尊为龙门金盖山支派的创派祖师。《金盖心灯》记载了王常月在1658年将道教的戒律和经文传给陶靖庵一事,力图坐实陶靖庵金盖山支派的合法领袖地位。[1] 一年后,陶带着道士黄赤阳又一次到了白云观,使黄有幸见到王常月,并且直接从他那里获得了戒律和派名[2],因此黄赤阳被认定为龙门派杭州大德观支派的创派祖师。但是黄赤阳这一支派的住持之位只有通过陶靖庵的传法才得以确立——据说陶临终前将王常月所传的戒律传给黄赤阳的弟子周明杨,由此周成为后来的龙门派金鼓洞支派的创派祖师。[3]

闵一得的《金盖心灯》通过记载这些祖师在白云观的多次会面和传奇性的戒律传承,不仅使金盖山和白云观之间有了直接联系(这种联系是王常月和两位龙门金盖山支派祖师之间的联系),而且也赋予了金盖山在整个江南龙门派中的辐射中心的地位。在创派祖师陶靖庵的协调下,金盖山的权威很快就扩展到了江南其他地区,比如杭州的大德观和金鼓洞。

与白云观戒律授受的神话相呼应,当地的两位著名人物陶靖庵和黄赤阳也出现在了《金盖心灯》中,他们还是金盖山吕祖宗坛(该宗坛在宋代末年为奉祀吕洞宾而建)的主持人。这座宗坛是吕洞宾通过金盖山扶乩活动降示道教经典的中心据点。据说,在其主持吕祖宗坛时,陶黄二人再一次见到了王常月。这次的会面发生在杭州的宗阳宫,在那里律宗祖师王常月认为陶和黄是吕洞宾所传精义的正统传承人。正如陶黄二人的弟子、金盖山宗坛的传承人陶太定所回忆的那样:

时为康熙戊辰秋,律师自北南来,馆于杭城宗阳宫。靖庵隐真往谒,呈上此书。律师郑重其仪,拜而阅之,曰:"太上心传,备于此矣。

---

[1]《金盖心灯》卷2,第21b页;《藏外道书》第31册,第195页。值得注意的是,《道统源流志》(卷下,第3—4页)虽未谈到陶和王在白云观的会面,但也说陶从王处得受戒律。
[2]《金盖心灯》卷2,第23a—26b页;《道统源流志》卷下,第4页。
[3]《金盖心灯》卷2,第18b—19a页;《藏外道书》第31册,第194页。

第三章　清代中国的龙门派：教义理想与地方实践

是乃即世圆行之功法……二三子毋自欺，亦毋自恃，大行正有待也。"乃命小子识之。今故付梓于后，后学者勉之。太定谨白。[1]

通过与陶、黄的这次传奇性会面，王常月被推举出来，作为《金华宗旨》的见证人，他肯定据说由吕洞宾所传的基础性文本《金华宗旨》直接传承了太上老君的救世观念。在这篇文章的最后，提到了作为陶、黄金盖山吕祖宗坛继承人的陶太定（常被称为"陶石庵"）在《金华宗旨》刊行之际纪念这一事件，借以勉励后学。因为这是一个追忆的事件，而非历史的记述，由此我们就很容易理解为什么这件事发生在1688年。事实上，这次传奇性会面的三位主角——律宗祖师王常月和他的两位龙门派继承人陶靖庵和黄赤阳当时都已经辞世（至少依据《金盖心灯》中三人的传记是如此）。这次会面并不是令人感到脊背发凉的过世之人的"真实"的会面，而是为了纪念金盖山吕祖宗坛之《金华宗旨》的降示时间而设计的，由此构造了一种借由传奇性的龙门派弘扬者王常月而将其合法化的历史记忆。[2] 通过这一理想化、合法化的认定，金盖山的吕祖宗坛及其所降之神启（一如《金华宗旨》所言）就被认可成为江南道教正统的"以心传心"的承载者。于是，与吕洞宾崇拜及其传说密切相关的金盖山地方道派，被纳入到了一个更为普遍的道教正统的图景之中。这个所谓的道教正统，就是白云观的龙门律宗。金盖山吕祖宗坛的双重身份也可以从下面《金盖心灯》的文字中得到很好的体现：

上承吕卫之宗，不替丘王律派。[3]

这句话中的"吕卫之宗"，暗示了金盖山的地方传统既与吕洞宾崇拜

---

[1]《金华宗旨》，《藏外道书》第10册，第338页。
[2] 参见《金盖心灯》中此三人的传记。1664年或亦为闵一得选定的一个特殊年份——恰恰在这一年，按照《金盖心灯》的一条注释（卷2，第4a页第3—4行），王常月来到了杭州宗阳宫，陶、黄二人其时尚在世。亦可参见下文。
[3]《金盖心灯》卷3，第10a页，《藏外道书》第31册，第213页。

有关,也与卫富益的儒学传统有关。卫富益是一位与金盖山有密切关系的知名人物,一位贤能的儒者。他致仕后在石泾塘创建了私人书院"白社书院",并于宋朝末年归隐金盖山,建立"书隐楼"这一藏书楼。[1] 闵一得将其更名"古书隐楼",并继承了其典籍搜集工作,由此金盖山成为藏书圣地——闵一得在此刊行了他整理的《古书隐楼藏书》。通过这种方式,金盖山的地方社会就可以宣称自己集地方性的身份认同与一般性的龙门派旗号于一身。这也就意味着,金盖山的地方社团,颇愿将其特有的吕祖宗坛的地方性崇拜,安措于具有象征意义的同时也更具普世性的白云观龙门派的权威之中。白云观的这一权威有两个典型的代表人物,一个是金元时期传奇性的道教领袖及龙门派理想的创立者丘处机,一个是在京城被授权阐扬龙门律宗的王常月。

四、龙门派典籍的主要编纂人——闵一得

闵一得出生在吴兴(今浙江湖州)的一个显赫家族。[2] 他的父亲闵良甫是河南省的举人。闵一得小时候体弱多病,父亲对此很担心,便带他去天台山桐柏宫看病。[3] 在那里,龙门桐柏宫支派的第十代祖师高东篱[4]将导引之术传给了这位年轻人。此外,闵一得还遇到了高东篱的弟子沈一炳(1708—1786),沈后来成为闵一得最主要的导师并教授他龙门

---

[1] 《金盖心灯》卷7,第15—16a页,《藏外道书》第31册,第303—304页。

[2] 有关闵一得的传记,参见《金盖心灯》第1、10页。也可参见莫尼卡:《金盖山龙门派与〈道藏续编〉中的内丹法》,第127—134页;《清代的道教(1644—1911)》,载孔丽维编:《道教手册》,第630—631页。

[3] 尽管接受过儒家正统教育,但闵一得的父亲闵良甫对送儿子到道士们那里疗疾并无反感。道士们一般被认为有治疗疾病的技能,且有长生之方,因此颇受文人欣赏。参见巴德里安·胡赛因:《宋代文学界的道教信仰——苏轼(1037—1101)及其延生术》,《远亚丛刊》第9期,1996—1997年,第15—53页;柳存仁:《明代思想中的道教自修》,载狄百瑞编:《明代思想中的个人与社会》,第291—326页;柳存仁:《道教对明代新儒家的渗透》,《通报》第57期,1971年,第31—103页。在下文中我们会看到,这些技能已经成为道教教义的重要组成部分。

[4] 高东篱是崇道观的住持,南宗祖师张伯端(984—1082)曾在崇道观修道。有关高的传记,参见《金盖心灯》卷4,第11a—14a页;莫尼卡:《金盖山龙门派和〈道藏续编〉中的内丹法》,第118—119页。

第三章 清代中国的龙门派：教义理想与地方实践

派的基本要义。[1]有趣的是，闵一得所接受的龙门教义不仅包括戒律，还包括导引之术，而且正是通过这一道术，他才重新恢复了健康。身体康复后，闵遵照父亲的意愿完成了学业，之后还出任过云南某地的州司马职务。据说，在1790年，他遇到了传奇性人物野怛婆阇(Yedaposhe)[2]。野怛婆阇可能来自中亚的月氏部落，然而据说他从元代开始就一直生活在中国，在云南以"鸡足道者"而闻名。野怛婆阇是王常月的亲炙弟子，曾在1659年至京师白云观观光演钵。之后，王常月就将野怛婆阇视作中国人，并赐其姓"黄"，名"守中"。如此一来，作为龙门派第八代弟子和云南鸡足山西竺心宗道派的创始人，野怛婆阇就成为了龙门派中的一员。闵一得一再声称野怛婆阇曾将一种特殊的密法——"斗法"传授给他[3]。下文我们会看到，野怛婆阇在推动闵一得丹道理论的发展方面发挥了重要作用。

五、闵一得在龙门云巢支派圣地金盖山的著述

在乃父过世之后，闵一得辞去了官职，并四处参访宫观庙宇，最后归隐金盖山，潜心从事龙门派典籍的编纂工作，最终撰成《金盖心灯》这一

---

[1] 这些要义包括：(1)忍辱；(2)仁柔；(3)止敬；(4)高明；(5)退让；(6)刚中；(7)慧辩；(8)勤；(9)信；(10)廉。参见《金盖心灯》卷4，第37a页。这些要义是对王常月所讲教义的总结和提炼，参见《碧苑坛经》，《藏外道书》第10册，尤其202—204页。有关沈一炳的传记，参见《金盖心灯》卷4，第31a—44b页；莫尼卡：《金盖山龙门派与〈道藏续编〉中的内丹法》，第119—122页。沈一炳亦曾得正一派道法真传，参见卿希泰主编：《中国道教史》卷4，第114页。

[2] 有关野怛婆阇的传记，参见《金盖心灯》卷6，第1a—2b页；莫尼卡：《金盖山龙门派与〈道藏续编〉中的内丹法》，第390—391页。如闵一得所言，"野怛婆阇"译为中文是"求道士"的意思，参见《吕祖师三尼医世说述序》，《道藏续编》第2册，第1a—b页。我在此用汉语拼音来拼写(即英文原文中的"Yedaposhe"——译者按)，但它的原始发音很可能与此不同。这一称呼或与藏缅语系有关，可能来自诸如"Ye bdagpo rje""Ye btang-pa'i rje"之类的称谓。然此问题尚有待进一步探究。参见莫尼卡：《金盖山龙门派和〈道藏续编〉中的内丹法》，第250页，以及注释212。

[3] 在很大程度上，这一密法是由仪式性文本构成的，它强调念诵由梵文转写为中文的咒语，突出真言(dhāraṇī)与仪式的神秘力量，如与"斗姆"(Mārīcī)有关的真言与仪式。闵一得编的《古书隐楼藏书》包含这类文本，参见《古书隐楼藏书》卷9和卷11；莫尼卡：《金盖山龙门派和〈道藏续编〉中的内丹法》，第132—133页。

龙门派的基础性文献。在这本书中,闵一得介绍了龙门派祖师和龙门派系的发展历史,并特别阐发了龙门金盖山支派的发展历程。这一支派是由龙门第八代律师陶靖庵所创——陶于1658年从王常月受戒之后,即被认可为金盖山云巢支派的创始人。[1] 此外,作为第八代律师的陶靖庵,据说还得到了吕洞宾的真传,担任金盖山吕洞宾道坛——"吕祖宗坛"的守护者一职。[2] 通过他的努力,金盖山云巢支派与龙门派其他支系(特别是龙门西竺心宗一系)建立了密切的联系。西竺心宗的祖师们经常来到金盖山听陶靖庵讲道,并参加金盖山举办的各种宗教活动。

就这样,闵一得与金盖山有了不解之缘。这不仅是因为金盖山近其桑梓且与其师沈一炳(1708—1786)[3]颇有渊源,更因为金盖山与西竺心宗有着密切的联系。作为一位古籍收藏家,闵一得在管理金盖山藏书楼时编纂了大量的经典,并将它们刊行于《古书隐楼藏书》[4]中。《古书隐楼藏书》收录了王常月的《碧苑坛经》以及闵一得接触到的不同道派的

---

[1] 陶靖庵派名守真,他与另一位道教大师黄赤阳(1595—1673)一起从王常月受戒;黄是杭州大德观支派的创立者。然而,陶靖庵是唯一一位自称得传《金华宗旨》之人。参见《金盖心灯》卷2,第9a—22a、25a页;莫尼卡:《金盖山龙门派和〈道藏续编〉中的内丹法》,第139—143页。然而,黄赤阳后来在陶靖庵的弟子兼侄儿陶石庵(？—1692)的帮助下,编纂了有关道教救世思想的一部重要典籍。

[2] 他与黄赤阳共同掌管吕祖宗坛。参见《金盖心灯》卷2,第9a—22a页;莫尼卡:《金盖山龙门派和〈道藏续编〉中的内丹法》,第138、139—143页。"宗坛"之"宗"字有多重含义,可以指"宗庙",也可以指"祖先"、"宗祖"、"宗派"等。它还会让我们联想到"家庙"与"丛林"的区别(有关这一区别,参见尉迟酣:《中国佛教的实践(1900—1950)》,第129—141页)。同时在龙门派中,"宗"字与"律师"一系和"宗师"一系两脉传承有关。《道统源流志》在其"凡例"中解释说:"凡承受戒法后确能遵守戒律者,称律师;凡承宗传道,品学兼优者,称宗师。"(参见莫尼卡:《清代龙门派及其争议的历史》)后面我们会看到,"宗"也指涉龙门宗师一系家庙式宫观与律师一系丛林式宫观的并立,尤其是金盖山龙门派道观与白云观道教丛林之并立。唯有丛林方有公开传戒的道坛,律师可在此举办传戒法会。与此形成对比的是,"宗坛"也可赋予宗师及其宗庙创设戒坛、开坛演戒之权威。吕洞宾的道法以《金华宗旨》("金华宗旨"之"宗",亦是"宗旨"之意)为归依;得其传承并看护吕祖宗坛的所谓"宗师—度师"有权传授一种与丛林戒律不同的戒法。幸而有了《金华宗旨》,龙门金盖山道观可以进行所谓的"宗坛传度"——这标志着通过创设吕洞宾乩坛,吕祖宗师系统得以确立。

[3] 沈一炳及其弟子陈樵云(1730—1785),一起统筹了金盖山道观的修复事宜,且一起守护吕祖宗坛。

[4] 《古书隐楼藏书》以藏书楼最初的名字"书隐楼"命名。"书隐楼"由卫富益初建于元代(1279—1367)初年。参见《金盖心灯》卷7,第15a—16a页。

第三章 清代中国的龙门派：教义理想与地方实践

修炼方法。[1] 由于闵一得对内丹法甚为重视，这使得内丹法在《道藏续编》中占据了突出的位置。

闵一得编纂的《道藏续编》收有二十三部典籍，这些典籍构成了《古书隐楼藏书》最初刊本的主体内容。[2]《道藏续编》的特点是收录了那些与龙门派经典教义有关的道书。对闵一得而言，"律祖三传而道遂绝"[3]，故此金盖山支派的创派祖师陶靖庵和他的弟子们的使命就是让这一法脉传续下去。闵一得编纂《道藏续编》（注意：书名中含有"道藏"一词）的目的，是为了保证龙门派的延续性和正统性。而继承这一中断了的传承脉络的正是位于金盖山的吕祖宗坛——作为全真道北宗"五祖"之一的吕洞宾可在金盖山以扶乩的方式传播其道法。[4]

由此，闵一得创立了一种全新的龙门教义，以此取代了王常月的传统教义。与王常月及其追随者创立的带有理想主义色彩的纯粹的龙门教义不同，[5]这套新的教义是从以下几个方面汲取养分而完成的：一是吕祖

---

[1]《古书隐楼藏书》初刊于1834年，是以金盖山（在浙江湖州）所藏刻版为底本刊行的，最初收录典籍二十余种（参见莫尼卡：《金盖山龙门派和〈道藏续编〉中的内丹法》，第133页注释28）。我所用的是上海图书馆藏1904年版（分14卷，含35种典籍）。卿希泰《中国道教史》（第4卷，第116页）谈到，《古书隐楼藏书》有1894年和1916年两个刊本。1993年广陵古籍刻印社重刊了1904年的版本，后收入《藏外道书》第10册。该书所收纳的科仪文本和西竺心宗支派的秘密教法，尚有待进一步探究。

[2] 1834年，《道藏续编》木刻本在金盖山首次刊行（莫尼卡：《金盖山龙门派和〈道藏续编〉中的内丹法》，第453—459页）。丁福保（号守一子，1874—1952）曾重刊此书（上海：医学书局）。最近的版本是1989年刊本（北京：海洋出版社）和1993年刊本（北京：书目文献出版社）。有关其具体内容，参见本文的"附录"部分。

[3]《皇极阖辟仙经》第10章（《道藏续编》第1册，第5b页）。另可参见森由利亚：《认同与宗派：〈太乙金华宗旨〉与晚清中国的吕祖扶乩崇拜》，载孔丽维、罗浩编：《道教认同：历史、宗派与科仪》，第181页。

[4] 扶乩始于唐代，至宋代臻于完备。其着眼点在接受神人、仙人或已故文化名人的书面讯息，因为只有他们"拥有书写技能，可以随心而书"。参见焦大卫、欧大年：《飞鸾：中国台湾民间宗教面面观》，第38页。这一法术在帝制中国晚期很受学者和文人喜欢，他们颇热衷此道。参见莫尼卡：《清代的道教（1644—1911）》，载孔丽维编：《道教手册》，第652—654页。亦可参见莫尼卡：《创造性的道教》，第211—215页。

[5] 陈铭珪在《长春道教源流》的序言（《藏外道书》第31册，第1页）中，坚称王常月之言不虚，即认为龙门派创始于全真七子之一的丘处机（1148—1227）。据陈铭珪说，龙门派区别于其他道派的关键，在于其德性和教义旨趣，而非丹道与长生术，亦非科仪与符箓。如今我们知道，他的看法既与龙门派真实的历史相悖，又与全真道的历史事实不合。参见姚道中：《全真：十二、十三世纪中国北方的新道派》，亚利桑那州立大学1980年博士论文；苏德朴：《早期全真教的信仰与实践》，不列颠哥伦比亚大学1989年硕士论文。在谈（转下页）

113

崇拜及与其相关的扶乩活动;二是内丹理论和修养技能;三是吕洞宾所揭示的普度众生的信仰。这样说来,王常月所传龙门派戒本《碧苑坛经》没有被闵一得所编《道藏续编》收录,也就不是一种巧合了。实际上,署名为吕洞宾所作的另一部典籍《金华宗旨》取代了《碧苑坛经》的地位,在《道藏续编》中占据了核心的位置。

六、闵一得之龙门教义的新载体——《金华宗旨》

《金华宗旨》为西方所了解,应归功于卫礼贤(Richard Wilhelm)和荣格(C. G. Jung)两位学者——前者将该书翻译到了西方,后者则为其做了注解。[1] 在清代,许多道派将此书奉为经典。据我所知,这本书现存六个不同的版本,每个版本都与某一道派或扶乩团体有关。[2] 最早的《金华宗旨》版本出现在邵志林(1748—1810)编《吕祖全书》(1775)中,是由净明道的信众在1688年通过扶乩写就的。后来,在1688年之后,其他的道派也宣称在纪念吕洞宾的活动中通过扶乩方式接收了这部典籍。据说,第九代龙门律师陶石庵(?—1692)将这一典籍的刻板保存在了金盖山龙峤山房,后来闵一得将其收录到其编纂的1834年版《道藏续编》中。[3] 与其他版本一样,闵一得的《金华宗旨》也是十三章——但其他版本有多篇序言、跋文及附录,而闵一得本只有一篇写于1831年的序和他自己所做的引论。闵一得所订《金华宗旨》的主要特色是第一章,其第

(接上页)到"真人"的时候,我用的是"perfected"而不是"authentic",是因为"真人"之"真"在于他超越了主客二元对立,进入了真实(Reality)之境界,回到物我二分之前的本原状态,即所谓的"先天"(Before Heaven),那么本真的状态就在他面前如实展开。这就是真人与凡人的区别所在。真人体现了真实的、原初意义上的完美(perfection),他自身的存在状态也是超越二元对立的。

〔1〕 卫礼贤:《金花的秘密:中国的生命之书》。曾由Cary F. Baynes译为英文,出版于1931年。另一英译本见李约瑟、鲁桂珍编《中国科学技术史》第5卷第5分册。有关《太乙金华宗旨》的文本和历史,参见莫尼卡《创造性的道教》第4部分。

〔2〕 有关这六种版本及其与不同道教派别及扶乩团体的关系,参见莫尼卡:《〈金华宗旨〉的版本及其与龙门派的关系》;莫尼卡:《龙门派与〈金华宗旨〉版本来源》。

〔3〕 有关陶石庵的传记,参见《金盖心灯》卷3,第7a—11a页。

第三章 清代中国的龙门派：教义理想与地方实践

一章名为"天心"，与其他版本的第一章几乎完全不同。[1] 而且闵一得所订版本的每一章后面都有简短的评注，这些评注均来自金盖山龙门祖师的口口相传。这些评注之所以十分重要，是因为其中羼入了金盖山支派的一些具体事件和关于道教内丹修炼的建议。[2]

值得注意的是，《金华宗旨》的任何一个版本都宣称自己出自吕真人之手，而且是通过扶乩这一方式传承下来的。通过扶乩这种直接承接道书的方式，多个道派团体都可成为吕洞宾的嫡传弟子，乃至创立一个道教派别。[3] 龙门金盖山支派也是如此——因当地建有一座供奉吕真人的宗坛，金盖山就被尊为吕洞宾崇拜的圣地。[4] 闵一得收入《道藏续编》的绝大多数龙门典籍实际上都是在金盖山的吕祖宗坛上通过扶乩写成的。此外，在闵一得看来，《金华宗旨》之所以成为龙门派教义的基石，不仅因为它直接承传自吕真人，更重要的是它得到了龙门派改革家王常月的认可。闵一得曾讲过下面这段故事：

> 时为康熙戊辰秋，律祖自北南来，馆于杭城宗阳宫。靖庵隐真往谒，呈上此书。律师郑重其仪，拜而阅之，曰："太上心传，备于此矣。"[5]

上述北京白云观的龙门派领袖王常月和金盖山龙门支派创立者陶靖

---

[1] 有关闵一得版本的《金华宗旨》与其他版本相同的内容，参见莫尼卡：《金盖山龙门派和〈道藏续编〉中的内丹法》，第 164 页注释 20。

[2] 如《道藏续编》(第 1 册，第 5b 页)中就有对《金华宗旨》第三章的评注性文字。

[3] 无论南方还是北方，不同的道教派别和扶乩团体都自称得到过《金华宗旨》，这反映了吕洞宾崇拜在全国的普遍性。参见森由利亚：《〈太乙金华宗旨〉的编定与变迁》，《东洋的思想与宗教》，第 15 期，1998 年，第 43—64 页。

[4] 据《金盖心灯》(卷 8，第 2a、6a—8b 页)，从宋代起金盖山就有吕洞宾的塑像，一直是吕祖崇拜的圣地，很多学者、道士都到此参加扶乩法会。参见莫尼卡：《金盖山龙门派和〈道藏续编〉中的内丹法》，第 135—138 页；《〈金华宗旨〉的版本及其与龙门派的关系》，《国际东方学者会议纪要》第 43 号，1998 年，第 100 页；莫尼卡：《龙门派与〈金华宗旨〉版本来源》。另可参见森由利亚：《〈太乙金华宗旨〉的编定与变迁》，《东洋的思想与宗教》第 15 期，1998 年，第 59—60 页；森由利亚：《认同与宗派：〈太乙金华宗旨〉与晚清中国的吕祖扶乩崇拜》。

[5] 《金华宗旨》第 8 章，《道藏续编》第 1 册，第 10b 页。

庵二人的会面显然是虚构的,因为在1688年两人都已辞世。不过,闵一得想通过这件事情来确认金盖山龙门支派作为老子之道传承者的合法身份。通过这一事件,由乩笔得来的渊源自吕洞宾的传承法脉,就借由王常月而被认定为正统。或许,闵一得选择1664年作为会面时间会更为合适,因为据《金盖心灯》可知,这一年王常月确实来过杭州宗阳宫,他和陶靖庵在这一年会面是有可能真实发生的。[1] 然而,1688年这个年份对闵一得来说比所谓真实的历史更为重要,因为据说正是这一年,在金盖山龙峤山房吕洞宾的宗坛上诞生了《金华宗旨》一书。[2] 尤为重要的是,闵一得试图通过虚构该会面事件来表明这样一种主张,即《金华宗旨》在金盖山上一出现就立即被龙门派的领袖人物认定为龙门经典。借助这一权威印可,龙门派的祖师们就可以用其取代正统意义上的戒律的传承——据说"律祖三传"之后,这些戒律就已经失传了。

但是为什么龙门金盖山支派的祖师们似乎更喜欢《金华宗旨》而不是同样被闵一得收入《古书隐楼藏书》的《碧苑坛经》呢?除了众多道教团体认为《金华宗旨》是吕洞宾所著,从而体现出了一种认同感和教派意识之外,[3] 金盖山支派的祖师们还认为这部典籍体现了金盖山支派新的救世思想的根本所在,即所谓的"医世张本"(blueprint for healing the world)。虽说作为龙门金盖山支派救世思想之核心的"医世"一说并未出现在《金华宗旨》中,但闵一得将其视为金盖山支派救世思想的根本所在。在他看来,正是出于医世的目的,吕洞宾才撰成《金华宗旨》一书并将其传给了龙门金盖山支派。[4] "医世"思想的首要特点在于,它是为"大根大器"之人进行存思修炼准备的。通过这一方法,他们就能领悟自己本具之真心,且可以济世度人。[5]

---

〔1〕《金盖心灯》卷2,第4a页3—4行。闵一得可能将戊辰(1688)和申辰(1664)两个年份搞混了,但我认为闵一得是有意这么做的。参见森由利亚:《认同与宗派》;〈太乙金华宗旨〉与晚清中国的吕祖扶乩崇拜》。

〔2〕 参见闵一得为《金华宗旨》作的序言和导论式注释,《道藏续编》第1册,第1a页。

〔3〕 参见森由利亚:《认同与宗派》;〈太乙金华宗旨〉与晚清中国的吕祖扶乩崇拜》。

〔4〕 参见闵一得为《金华宗旨》作的序言,《道藏续编》第1册,第1a—b页。

〔5〕 参见《金华宗旨》第6章,《道藏续编》第1册,第8b、9b页。

第三章　清代中国的龙门派：教义理想与地方实践

（一）龙门金盖山支派的秘密传戒

闵一得将内丹道（即一整套颇有效验的医世妙方）与王常月以"三坛大戒"形式提出的"伦理-精神之法"有机地整合了起来。值得注意的是，龙门金盖山支派的祖师们几乎重写了《金华宗旨》第一章的全部内容，龙门派以心传心的所谓"心传"被概括为"存诚"二字。乍一看，这个表述似乎是出自儒家强调的"自明诚"或者是王常月对"诚即是戒"的重新解释；但实际上，它可能与丹诀的传承密切相关。这种丹诀由三个点组成，即∴，这三个点由梵文简化而来，代指梵天[1]，也与湿婆神的三只眼睛有关[2]。在道教的语境中，这个符号象征着日、月、天罡（就宏观而言），也象征左眼、右眼和中眼（就微观而言）：

> 乃于万缘放下之时，唯用梵天∴字。以字中点存诸眉心，以左点存左目，右点存右目，则人两目神光，自得会眉心。眉心即天目，乃为三光会归出入之总户。人能用三目如梵伊字然，微以意运如磨镜，三光立聚眉心，光耀如日现前。既即以意引临心后关前。此一处也，按即玄牝之门。以意引之，光立随临，而毋忘"若如"二字玄义，天心必自洞启。[3]

文中的"天目"与"天心"同义，而"天心"是《金华宗旨》第一章的标题。"天目"象征着龙门派的"心传"（mind-to-mind transmission）之道要，

---

[1] 有关"梵天"（Brahmā）的具体含义，参见戴密微等编：《法宝义林》，第1—2册，第113—121页。

[2] 参见苏慧廉、何乐益编：《中国佛教大辞典》，第200页之"伊"字条。一如《金华宗旨》序言的注释性文字（《金华宗旨》第1章，《道藏续编》第1册，第2a页）所说，这一符号与梵文的"伊字三点"相对应。按《中国佛教大辞典》的说法，这个三角形的符号（∴）代表"非一非异，非前非后"。《涅槃经》认为这三个点分别代表法身（dharmakāya）、般若（prajnā）和解脱（vimoksa），并视之为实现涅槃之条件。

[3] 《金华宗旨》第1章（《道藏续编》第1册，第2b页3—6行）。感谢陈耀庭教授帮我英译了这段文字。

通过其修炼可以复返真我——"自我的内核"(center of self)。一旦从这个角度审视现实世界,修道者就可以进入物我无二的一体性境界,恰如透过双筒望远镜观察事物时双眼的视野会合二为一一样。

虽然共同的目标是明心见性,但闵一得提出了一种不同于王常月三坛大戒的秘密道法。修炼这一道法时,修道者通过思考∴字,使三光汇聚于天心,从而达到物我无二无别之境界。[1] 对龙门金盖山支派而言,"天目"或者"天心"代表了龙门金盖山支派对"天仙大戒"的直接心传,这种秘密心传是为上乘根器的龙门派弟子准备的,他们可以通过顿悟而证入"天心"之境界。这是一种在金盖山支派内部传承的存思方法,或与来自野怛婆阇西竺心宗的密教戒律有关。[2]

但是,对于那些不能通过顿悟《金华宗旨》要诀修炼"天仙大戒"的中下根器的弟子而言,金盖山支派提出了入门路径不同的另外一种修炼方法。这主要是一套建立在身心之术基础上的内丹法——龙门金盖山支派以此来取代传统的"初真戒"和"中极戒"。龙门金盖山支派精心构筑了一套自己的理论体系,以便证明这些原先在王常月看来属于"小道"的修炼方法也是有其合理性的。

(二) 性命双修

龙门金盖山支派借闵一得之口指出,《金华宗旨》的最上乘教理必须与出自成都青羊宫的《尹真人东华正脉皇极阖辟证道仙经》(译者按:下文简称《尹真人仙经》)抄本的理论协调一致。作为"医世张

---

〔1〕 字符观想的法术让我们想到密教在禅修过程中扮演的重要角色,以及"阿字观"的影响。参见佛雷:《正统的意志》,巴黎高等研究实践学院科学宗教部1984年博士论文,卷1,第230、246页。有关密教传入金盖山龙门派的另外一例,即名为《二懒心话》的典籍,参见《道藏续编》第3册,第1a—7a页;其法文译本参见莫尼卡:《金盖山龙门派和〈道藏续编〉中的内丹法》,第390—440页;意大利译本参见莫尼卡:《呼吸的炼金术》。

〔2〕 野怛婆阇被王常月印可为嘱哆律师(Vinaya Master of dhāraṇī),因其曾将天仙大戒概括为简要的密咒(dhāraṇī)。据说闵一得得此"戒易法",故也自称"律师"。参见《金盖心灯》卷6,第34a—b页;莫尼卡:《金盖山龙门派和〈道藏续编〉中的内丹法》,第132页。译者按:"嘱哆"即 dhāraṇī 的中文音译。

118

第三章　清代中国的龙门派：教义理想与地方实践

本",这两本典籍共同构成了所谓的"太上心传"[1];两者是一体之两面,目标都是实现"性命双修"[2]。如果说《金华宗旨》更关注以存思之法修性——颇似禅宗和全真道北宗——的话,那么《尹真人仙经》则更关注修命,即通过身心之术进行修炼,因而更接近于全真道南宗。[3]按照《金华宗旨》,修炼者始终观想"天心"(即真己所在之所)即可证悟大道,而《尹真人仙经》则要求聚焦于脐——命原所在之所,也称为"天心"。[4]这即是说,尽管修炼的起始点一为存思之法,一为身心之术,但二者之价值皆是临时性的,其最终之鹄的是达成"天心"这一"无二无别"的境界。因此,修道者可根据自身特质来决定采用哪种方法,但这些方法都只不过是用来觉悟"性命双修"、实现身心无二无别之境界的途径罢了。

通过《金华宗旨》,龙门金盖山支派确认了存思法在龙门派精神修炼过程中的重要性。踵续王常月对"定""慧"的强调,金盖山支派引入了包括内丹术和观想术在内的众多修炼方法,从而发展出了自身的教义理论。在他们看来,由于身、心是内在统一的,因此一套完整的修炼体系应当包括身心之术在内。这也是金盖山支派将《金华宗旨》和《尹真人仙经》熔铸在一起的原因所在。申言之,通过《尹真人仙经》这一典籍,金盖山支派表达了这样一种意愿,也即要将那些不被王常月的官方教义所接受的各种身心之术整合到龙门派的教义之中。

---

[1] 参见闵一得1831年为《尹真人东华正脉皇极阖辟证道仙经》作的序言,《道藏续编》第1册,第1a页5行。

[2] 参见闵一得为《金华宗旨》作的序言,《道藏续编》第1册,第1b页,第3行。道教不同内丹派别之间出现的这一融合趋势,与佛教"禅净双修"的合流态势相映成趣。参见于君方:《中国佛教的复兴:袾宏与晚明的宗教融合》,第3、29—63页。

[3] 从教义理论层面来看,全真道南北宗都主张"性命双修",但就实践操作层面而言,二者颇有不同。参见陈兵:《金丹派南宗浅探》,《世界宗教研究》1985年第4期,第35—49页;贺碧来:《道教内丹引论》,第179—191页;玄英、史卡:《内丹》;横手裕:《全真教的南宗与北宗》,载野口铁郎等编:《道教的生命观和身体论》,第180—196页。

[4] 内丹修炼的入手部位是被称为"天心"的下丹田,位于肚脐之内,也称"脐轮"。参见《尹真人东华正脉皇极阖辟证道仙经》,《道藏续编》第1册,第1a页;莫尼卡:《金盖山龙门派和〈道藏续编〉中的内丹法》,第190—191页。在《金华宗旨》中,"天心"一语指的是"心",即所谓的"中丹田"。

119

（三）有双重身份的尹真人：金盖山的圣人及其"中道"教义

事实上，不同传统的道法在龙门金盖山支派这里实现了整合，尹真人的例子很好地说明了这一点。尹真人是一位传奇性的人物，据说《尹真人仙经》是他所作，他还被视为金盖山当地的一位圣人，也是他首次将"金盖山"之名刻在石崖之上。[1] 据说尹真人曾在不同的历史时期现世——东汉时期（25—220）他以"屈祯"为名生活在浙江一带，元明时期则被人称为"尹蓬头"。[2] 尹真人是隐士阶层的代表，这种人虽然活在世间，但是凡人很少能够见到他们。[3] 尹真人不禁让我们想起了那位"善内学，常服精华，阴德修行，时人莫知"的关令尹喜。[4] 然而，在以"屈祯"（道号"无我"）为名住世的时候，他的形象更接近于方士，因为他擅吐纳、明占卜，可以从事画符、祈雨和治水等活动，从而赢得了崇高的声望。[5]

由此可知，尹真人这一形象可以视为不同的道教传统融入龙门金盖山支派的象征。在这一整合性体系中，古代方士所用的各种礼拜仪式、法术和医术传统（后来为"天师"所垄断）与许多归隐文人及道教隐士所采用的更具精英主义色彩的存思之术嵌合在了一起。[6] 事实上，非唯尹真

---

[1] 他被称为"蓬莱长史"，其传记载《金盖心灯》卷8（下），第37a—37b页。也可参见莫尼卡：《金盖山龙门派和〈道藏续编〉中的内丹法》，第154—155页。

[2] 《尹真人东华正脉皇极阖辟证道仙经》卷下，《道藏续编》第1册，第7b页。

[3] 《道藏续编》中署名"尹蓬头"所撰的文本有两部；其中的《尹真人东华正脉皇极阖辟证道仙经》显然受到了题名尹真人高弟所作的《性命圭旨》的启发。有关《性命圭旨》的德文译本，参见马丁纳：《性命圭旨——内丹之书》；莫尼卡：《金盖山龙门派和〈道藏续编〉中的内丹法》，第184—226页。

[4] 参见康德谟：《〈列仙传〉：古代道教仙人的传奇性传记》，第66页。

[5] 据《金盖心灯》说，此人道术高深，到访金盖山时曾与同行之人一起阻止太阳的正常运转。参见《金盖心灯》卷8（下），第37a页。

[6] 有关正一天师对道教科仪的渐进式垄断，参见史卡：《宋元时期的仪式运动、神灵崇拜和道教的转型》，载孔丽维编：《道教手册》，第413—463页；德宝仁：《明代的道教（1368—1644）》，载孔丽维编：《道教手册》；莫尼卡：《清代的道教（1644—1911）》，载孔丽维编：《道教手册》。相反，在白云观这一龙门派祖庭，"那些持有异端邪说者，抑或是有从事符水疗疾、算命、占星以及占卜嫌疑的人，是被拒绝入道的"。参见吉冈义丰：《道观的生活》，载尉迟酣、索安编：《道教面面观》，第238页。

第三章　清代中国的龙门派：教义理想与地方实践

人的双重身份是这种结合的具体体现，他宣讲的教义也体现了这一整合，因为据说他曾传授过一种名为"黄道"或"黄中"的特殊道法。[1]"黄中"一词让我们想到了《易经》中著名的"黄中通理"，它指的是人体内的一条辅助性通道，可以作为内丹修炼的绝佳路径。[2] 黄道位于"督脉"（或称"黑道"）和"任脉"（或称"赤道"）之间，是龙门金盖山支派教义的核心词汇。借由黄道，修道者可以在转瞬之间悟得内丹道的真正原理。通过阐发尹真人所说的"三道"，龙门金盖山支派提供了一种特别的"中道"修炼法——这一方法具有统合性的特征，它通过吐纳和存想来达成修道目标，由此超越了道、佛教诸派系在修炼方法上的矛盾和冲突。[3] 这一方法尽管置身于更具身-心性的视域中，但它却进一步提高了《金华宗旨》中"天目"或"天心"之秘传法诀的地位。显然，在《金华宗旨》的修炼方法中，"三道"的"密宗瑜伽"（Tantric Yoga）扮演了核心角色，其与道教医学理论中的"奇经八脉"理论，以及《易经》"黄中通理"的正统说法很好地融合在了一起。[4]

闵一得将此修炼术的含义阐发如下：

---

[1]《泄天机》，《道藏续编》第 1 册，第 2b 页 8 行。参见莫尼卡：《金盖山龙门派和〈道藏续编〉中的内丹法》，第 230 页。

[2] 参见《易传·坤文言》对六五爻的解释，载《尹真人东华正脉皇极阖辟证道仙经》卷上，第 1 章，《道藏续编》第 1 册，第 2b 页。相反，"黄道"之说见诸《汉书·艺文志》，是指太阳运行的轨道。在上清派典籍中，"黄赤之道"之说是指修行者在观想中吸取日月之精华，抑或日月在天空中的运行轨道。参见贺碧来：《道教史上的上清降经》，第 175—176 页。这一术语首次应用于内丹道，或即在《悟真篇》中。有关这一术语的详细解释和阐发，参见莫尼卡：《回归源头：明清内丹术字典之成立》，载斯卡尔帕尼主编：《中华文明研究资料汇编》，第 110—111 页。

[3]《泄天机》，《道藏续编》第 1 册，第 2a 页。这一修炼法术开始于"阴跷"；"阴跷"既指会阴部的一个穴位，又指贯通人体所有阴脉的所谓"奇经八脉"。

[4] 就近来的道教身心修炼术而言，内丹功法以三脉修炼为主，即"督脉"、"任脉"和"中脉"；三者皆归属于"奇经八脉"。参见戴思博：《中国古代的女仙》。这种修行方法很可能受到了印度密教瑜伽之"三脉"（即 idā，代表"右""日""红"；pingalā，代表"左""月""白"；susumnā，代表"中""天""蓝"）的启发。参见南怀瑾：《静坐修道与长生不老》；阿瑟·阿瓦隆：《邪恶的力量》。各式各样的密法在唐代大量涌入中国，参见周一良：《中国的密教》，《哈佛亚洲研究杂志》，第 8 期，1944—1945 年，第 241—332 页；司马虚：《咒语和官僚——中国的密教》；坂出祥伸：《密教和道教的早期关系》，载立川武藏、赖富本宏编：《中国的密教》，第 153—169 页。

丹家理气,原有三道,曰赤,曰黑,曰黄。赤乃任脉,道在前,心气所由之路。心色赤,故曰赤道。而赤性炎上,法必制之使降,则心凉而肾暖。黑乃督脉,道在后,肾气所由之路。肾色黑,故曰黑道。而黑性润下,法必制之使升,则髓运而神安。原斯二道,精气所由出,人物类以生存者,法故标曰人道。丹家医家详述如此。黄乃黄中,道介赤黑中缝,位在脊前心后,而德统二气,为阖辟中主。境则极虚而寂,故所经驻,只容先天。凡夫仙胎之结之圆皆在斯境。虽有三田之别,实则一贯,法故标曰仙道。[1]

(四)闵一得的"人道"和"仙道"

按照王常月的教义,"人道"与恪守儒家伦常相对应,"仙道"则与持守天仙大戒相对应。相比之下,闵一得将"人道"和"仙道"解释为特定的内丹功法:"人道"相当于所谓"小周天"丹功的身心修炼之术,其作用是精、气的炼化(译者按:即"炼精化气"和"炼气化神")。而"仙道"则相当于所谓的"大周天"功法,着眼于神的修炼(译者按:即"炼神还虚")。[2]

在修炼"小周天"或"人道"时,修道者要选取身体的不同部位作为修炼的起点。这些部位就像是"指月之指",在修炼的初期扮演重要的角色。但对这些身体部位不可执持,待修炼完成,它们的使命也就结束了。龙门修道者不可执着于此,方能进入没有执着与束缚的境界。[3] 这也意

---

[1] 《泄天机》,《道藏续编》第1册,第2b页1—6行。参见莫尼卡:《金盖山龙门派和〈道藏续编〉中的内丹法》,第229—231页;莫尼卡:《回归源头:明清内丹术字典之成立》,载斯卡尔帕尼编:《中华文明研究资料汇编》,第111页。闵一得为《上品丹法节次》所作的注释(《道藏续编》第2册,第6b页)中称,"黄道"来自地之色,而"意"实属于地。还应看到,闵一得对"黄道"之核心思想的阐发,与王常月所宣讲的教义是一致的,如王常月对"中极戒"之"中"的解说。参见《碧苑坛经》,《藏外道书》第10册,第181页。

[2] 有关大小周天的描述,及其与内丹修炼进阶之关联,参见戴思博:《赵避尘——卫生生理学明指》,第41—43页;莫尼卡:《金盖山龙门派和〈道藏续编〉中的内丹法》,第73—82页。

[3] 可参见《金华宗旨》第3章的注释,《道藏续编》第1册,第5a—b页。

第三章 清代中国的龙门派：教义理想与地方实践

味着他们可以跨越"小周天"或"后天"（这一维度以人道轨则为其准则）的宇宙论之限制，让超自然的、更高的维度"大周天"的境界自在开显。这种"先天"境界只能透过非人为造作的"无为"（non-action）方可实现，这便是闵一得所说的"仙道"的意涵。在闵一得看来，"仙道"指的是超越时空的、无所不在的"中点"（center），然而这一"中点"只能透过"人道"的参与方可在体内真切地体验到。[1] 根据修炼者个性和资质的不同，这一"中点"体现的方位也不同，既可以是"夹脊双关"（在脊柱二十四节之正中）处[2]，也可以是"黄道"（即内丹中的坎离交媾处，借由它，"三关"可以立聚于"泥丸"[3]）处。[4]

然而，龙门金盖山支派对丹功的诠释并不排斥传统意义上王常月对"人道"的见解——王常月甚为重视受儒家启发而引入的"人道"（即伦常修养）之路。[5] 实际上，龙门金盖山支派在确定自我身份认同的同时，也找到了一条与王常月官方教义相整合的道路。王常月在佛教"戒""定""慧"三学的启发下，大力宣扬"三坛大戒"。闵一得及其龙门金盖山支派则将修道者的初级、中级、高级三级戒律与他们提出的丹法相对应。这些丹法又分为渐、顿两类。[6] 其中渐修主要适用于初、中级修道者，包括以炼"气"（通过炼气可逐步打通任督二脉——"小周天"的"黑道"和"赤道"）为核心的身心之术。[7] 在修炼渐法时，也当时时凝守心念，使

---

[1] 闵一得为《上品丹法节次》所作的注释中有"欲修仙道，先修人道。人道未修，仙道远矣"（《道藏续编》第2册，第7a页）一语。王常月也曾引用过这段话，但闵一得认为这句话出自吕祖之口。也就是说，闵一得和王常月对这句话的阐释并不相同。

[2] 《尹真人东华正脉皇极阖辟证道仙经》卷上，第1章，《道藏续编》第1册，第2b页。

[3] 《上品丹法节次》，《道藏续编》第2册，第6a—b页。

[4] 《金华宗旨》第11章，《道藏续编》第1册，第13b—14a页；《上品丹法节次》，《道藏续编》第2册，第6b—7b页。

[5] 这是《道藏续编》中两个受新儒学影响的文本的核心主题；这两个文本分别是作于1678年的《就正录》和1697年完成的《与林奋千先生书》。参见《道藏续编》第2册；莫尼卡：《金盖山龙门派和〈道藏续编〉中的内丹法》，第241—245页。

[6] 这或与南宗修真的三个层次有关；这三个层次分别是"地仙"、"人仙"（或"水仙"）、"天仙"。参见《修仙辨惑论》（署名白玉蟾撰）《道藏精华录》下册，第3a页；莫尼卡：《金盖山龙门派和〈道藏续编〉中的内丹法》，第36—38页。

[7] 对龙门金盖山支派之修行实践的详细讨论，参见莫尼卡：《金盖山龙门派和〈道藏续编〉中的内丹法》。

之聚焦于"眉心"。[1] 与渐修不同,顿修则适用于高级修炼者,他们的修炼只是对"我之中点"(the Center of Self)的一种自然观想,"我之中点"表现为"夹脊双关",象征着内在的一元性的自然显现(即"大周天"中"中道"或"黄道"的瞬间开启),修炼者会立刻获得意象,并意识到自己可以通过修行救世,并实现无上的天仙之道。这就是《金华宗旨》和《尹真人仙经》之教义所指出的最高层次的成就。尽管两部典籍所阐述的修炼方法有所不同,但二者都体现了龙门修道者在最终目标上的一致性。

王常月认为,"大乘之道"只有通过"三坛大戒"才能实现,而身心修炼之术只能算作"小乘"或"小道"。相比之下,闵一得和金盖山支派的祖师们却反复确认,这些所谓的"小道"对于修证天仙大道是十分重要的。

(五)"医世说"及其系列典籍

在龙门金盖山支派看来,成就天仙大道就意味着全身心投入到救世的行动当中,这一点与王常月的正统教义并无二致。然而,龙门金盖山支派却为未来的天仙构造了一套不同于三级戒律的别具一格的理论,这就是所谓的"三尼医世说"。这一理论是龙门金盖山支派教义的核心,它在《金华宗旨》和《尹真人仙经》中都有体现。以这一理论为基础所形成的系列典籍,据说是通过吕洞宾降笔传下来的。这些典籍存在一个共同的特点,那就是标题中都含有"三尼医世"一语;因为吕洞宾声称自己从上天的"三尼"——孔子("仲尼")、老子("青尼")、如来("牟尼")——获得了"医世"之道。[2] 后来,金盖山吕祖宗坛的龙门派大师们通过扶乩获得了"医世"之道。[3]

---

〔1〕《尹真人东华正脉皇极阖辟证道仙经》卷上,第4章,《道藏续编》第1册,第6a页;莫尼卡:《金盖山龙门派和〈道藏续编〉中的内丹法》,第200—201页。"眉心"部位被称为"山根"。在《尹真人东华正脉皇极阖辟证道仙经》(卷上,第1章,《道藏续编》第1册,第1b页)中,还谈到修炼这一法门必须保证心念不离开所谓的"夹脊"。参见莫尼卡:《金盖山龙门派和〈道藏续编〉中的内丹法》,第190—193页。

〔2〕 这一说法也出现在《心印妙经》(《重刊道藏辑要》箕集10,第5b—6a页)中:"青尼致中,仲尼时中,牟尼空中。"

〔3〕 参见陶石庵1664年为《吕祖师三尼医世说述》所作的序言,《道藏续编》第2册,第1b页。译者按:"1664",原文误作"1604"。

第三章　清代中国的龙门派：教义理想与地方实践

闵一得在其撰于 1828 年的《吕祖师三尼医世说述》[1]的序言中提到，他的师父高东离(？—1768)曾见过王阳明(1472—1529)的"簧中之书"，这些典籍据说是传自伏羲和黄帝的救世之书。[2]"簧中之书"的发现及其完整的传承都与王阳明这一重要人物有关，表明理学在"医世"思想的传承过程中占有重要的位置。此外，神话传说中的人物伏羲和黄帝的出现不仅强调了那一远古时代的伟大和"医世"之说的正统性，也昭示了由不同时代的大师们构成的"医世"传承谱系的始终一贯性。这就增强了向"黄金时代"(the Golden Age)回归的可能性——在中国，"黄金时代"是指从伏羲、黄帝开始到汉代结束的这一历史时期。多亏了吕祖的请求和三尼的阐发，太平之世方有再现之可能。"三尼"阐释"医世"说的内容和传承如下：

> 此道传自羲、黄，仲尼、牟尼、青尼三大圣人阐以立教。三家之徒各述其入门之径，集成一编。或曰"说述"，或曰"心传"，或曰"功诀"，或曰"功用"。今散佚矣。[3]

不出所料，龙门金盖山支派拥有了所有关于"医世"教义的典籍，其中最重要的是龙门第九代律师陶石庵所编之《吕祖师三尼医世说述》，而其他一些典籍也多是由李泥丸、沈一炳(1708—1786，闵一得之师)这类杰出的人物传承下来的。[4] 这些典籍，包括《吕祖师三尼医世功诀》《天

---

[1]《道藏续编》第 2 册，第 1a—7b 页。该文末尾有闵一得所撰《读吕祖师三尼医世说述管窥》。有关这些文本的内容，参见莫尼卡：《金盖山龙门派和〈道藏续编〉中的内丹法》，第 259—267 页；卿希泰主编：《中国道教》卷 2，第 184—186 页；卿希泰主编：《中国道教史》卷 4，第 117—119 页。

[2] 闵一得谈到的这一道经文本，让我们想起所谓的"簧中纬书"。参见索安：《皇家宝藏和道教圣物——伪书中的道教根底》，载司马虚编：《密教与道教研究文集：献给石泰安教授》，第 316—318 页。

[3] 出自《吕祖师三尼医世说述》之序言，《道藏续编》第 2 册，第 1a 页。

[4]《金盖心灯》卷 8(下)，第 48a—49b 页。李泥丸是金盖山的另一位神异人物（莫尼卡：《金盖山龙门派和〈道藏续编〉中的内丹法》，第 244—154 页）。他常向沈一炳、伍守阳(1563—1644)等祖师传授秘密道法，参见莫尼卡：《金盖山龙门派和〈道藏续编〉中的内丹法》，第 119—120 页；莫尼卡：《清代龙门派及其有争议的历史》（即本书第 2 章）。事实上，李泥丸也被视为行五雷法的大师，参见莫尼卡：《金盖山龙门派和〈道藏续编〉中的内丹法》，第 119—120、144—154 页；莫尼卡：《清代龙门派及其有争议的历史》（即本书第 2 章）；鲍菊隐：《十至十七世纪道教文献通论》，第 198 页。

仙心传》等。我们注意到,在上述引文所说的四类典籍中,有三种可确定所指:"说述"是指《吕祖师三尼医世说述》,"心传"是指《天仙心传》,"功诀"是指《吕祖师三尼医世功诀》。

《吕祖师三尼医世说述》可以视为《道藏续编》中最重要的一部内丹典籍。依据内丹经典文本的模式,这部典籍提出了一套以十二消息卦为象征的逐级进行的修炼方法。[1]

《吕祖师三尼医术功诀》是对《大洞真经》之"功"的一种注解。《大洞真经》是上清派的根本典籍,是天师在正式的授箓仪式上使用的最高经典。[2] 标题中的"诀"是指"玄蕴咒",它是今日道士诵经仪式中最先被念诵的一段咒诀。[3]

对修证天仙而言,《天仙心传》是最后传授的文本。这一典籍还包含一种特殊的科仪文本(名为"玄科"),其结尾部分则是两位杰出的龙门大师的法言。[4] 按《天仙心传》的说法,修证天仙是金丹之道的预定目标,[5] 而金丹之道也须与王常月主张的恪守道德规范的理念相一致。《道藏续编》收录了《天仙道戒忌须知》和《天仙道程宝则》这两部辅助性典籍,很好地说明了这一点。如果说,这种包含道德规范

[1] 玄英:《〈周易参同契〉的时间表征》,《远亚丛刊》第8期,1995年,第163—164页。有关《三尼医世说述》中的内丹术的概括性说明,参见莫尼卡:《金盖山龙门派和〈道藏续编〉中的内丹法》,第259—260页。

[2] 苏海涵:《庄法师的学说》,第58—59页。有关上清派《大洞真经》的研究,参见贺碧来:《〈大洞真经〉之真伪及其在上清经中的地位》,载司马虚编:《密教与道教研究文集:献给石泰安教授》第2册,第394—433页。龙门金盖山支派重在阐说《元始大洞玉经》(1583年刻本,《重刊道藏辑要》第3册,氐集3,第12a—18b页,题为"文昌帝君传")之"大洞玉章"篇。这篇文字也见于题为"魏华存(252—334)疏"的《大洞玉经坛仪》(《重刊道藏辑要》第3册,氐集4,第18a—19a页)。另可参见闵一得的《雨香天经咒注》(《古书隐楼藏书》卷9,《藏外道书》第10册,第474—497页)。

[3] 此咒语见于清代科仪文本《太上玄门早坛功课经》(《重刊道藏辑要》第23册,张集1,第4b—5a页),其内容包括道士早上要做的功课,参见吉冈义丰:《道教:对永生的追求》,第220页。该文本的部分内容也见于《道门功课》,《重刊道藏辑要》第23册,张集1,第3b—4a页。

[4] 有关《天仙心传》的内容,参见本文附录;也可参见莫尼卡:《金盖山龙门派和〈道藏续编〉中的内丹法》,第268—275页。

[5] 这一说法当是参考了《悟真篇》中的经典表述:"学仙须是学天仙,唯有金丹最的端。"参见克里瑞英译本《悟真篇》,第28页。

126

第三章　清代中国的龙门派：教义理想与地方实践

和功课戒律的"天仙之道"清楚地表明了龙门金盖山支派与龙门正统派（通过龙门标准化传戒体系及其单纯的戒律而修证天仙）的联系的话，那么龙门金盖山支派也在其中加入了自己对"天仙之道"的诠释。除了有权传承最高戒律天仙大戒的龙门律师所印可的正统的济度思想之外，闵一得的救世典籍还阐明了，通过修炼内丹可以实现个人之救赎。

（六）天仙在人世间的功效

闵一得和他的金盖山支派不但接受了"天仙"一词本来具有的与神秘体验有关的含义[1]，而且还意识到，必须使之与时代的迫切要求以及王常月的龙门正统教义相适应，亦即天仙的达成必须要在现实生活中体现出来，并展现其功效。

天仙不应局限于对"虚无"（emptiness）的体悟和"与道合一"的神秘体验，还必须回归现实世界，引领越来越多的修道者觉悟大道。为此，闵一得所编的龙门派典籍在传统的内丹修炼三阶段的基础上，又追加了一个步骤——龙门修道者在完成了"精""气""神"的炼化，实现了精神与道合一并体验到真正的"虚空"之后，还必须返回现实世界，全身心投入到济世度人的活动当中。[2] 龙门金盖山支派主张修成天仙者要返回世俗世界，这表明他们的教义理论已经整合了王常月引入的儒家学说（他以此协调了道、俗两界），同时也反映了清初的一种时代潮流——这一潮流的特征是重视实践，强调作为财富之本的人民最

---

〔1〕　这类神秘体验与《抱朴子》所描述的南方精英传统颇为相似，用《抱朴子》原文的话说，就是"我命在我不在天"。参见贺碧来：《佛、道之间基本矛盾之初探》，载兰契奥蒂编：《三至四世纪亚洲宗教研究》，第232—233页。

〔2〕　参见《尹真人东华正脉皇极阖辟证道仙经》卷下，第10章，《道藏续编》第1册，第5a—7b页；莫尼卡：《金盖山龙门派和〈道藏续编〉中的内丹法》，第217—221页。《道藏续编》收录有女丹功法，因为龙门派的救世体系认为女子通过修行也可悟道；参见《道藏续编》所收《西王母女修正途十则》和《泥丸李祖师女宗双修宝筏》两个文本。这两篇著作的英文翻译，参见道格拉斯·威尔：《房中术：女性存思典籍中的性经典》，第192—201、204—212页；法文翻译，参见莫尼卡：《金盖山龙门派和〈道藏续编〉中的内丹法》，第280—374页。有关女子内丹功法的研究，参见戴思博：《中国古代的女仙》。

清代的道教

为尊贵[1]。此外,按照龙门金盖山支派的观点,天仙不单单是一个践履了王常月教义体系之戒律的修道者,他还必然是一个通过内丹修炼掌握了各种修行技术——无论是道教的还是佛教的,无论是异国的抑或是本土的——从而可以在世上救度尽可能多的民众的人。

与通常所说的"治世""济世"或"度世"不同,"医世"乃是一种综合性的救世方法。如果我们从医治(medical)的角度来理解"救世"(salvation)的话,那么这种解读不仅与道教及其救世传统相关,而且也适用于一般意义上的佛教和内丹修炼。[2] 事实上,通过"医世"这一术语,内丹术得以复兴,并因引入诸如观想梵天或修炼"黄道"等特定的修炼方法而更加丰富。通过"医世"这一术语,闵一得将《金华宗旨》和《尹真人仙经》提升到了至高无上的位置。如魔法棒一般,龙门金盖山支派借助"医世"一词认可了许多有着不同渊源的道术,并将其转化为救世妙方。[3] 申言之,对龙门金盖山支派而言,"医世"一词乃是他们"嫡传谱系"(direct lineage)的基石。这一谱系是通过吕洞宾崇拜和扶乩之法为人所知的,它含摄儒释道三教,同时确认了龙门金盖山支派与全真教南北二宗以及太上老君乃至伏羲和黄帝的紧密联系。通过《金华宗旨》一书(它确立了"医世张本"这样一套道教思想),金盖山支派复兴了从王常月开始已经失传的法脉,并且使"无上上乘"的天仙大道可以"以心传心"

---

[1] 诚如谢和耐所言:"重视实践、把人民作为财富之本的主题几乎出现在17世纪所有思想家的理论中。内向的16世纪与外向的17世纪形成鲜明对比。"参见谢和耐:《十六和十七世纪中国思想的系列主题》,《法兰西学院年鉴(1992—1993)》,第675—676页。向实用知识的回归是清代初期的一大特色,这当与西方耶稣会士传来西方科学技术的刺激有关。参见狄百瑞:《晚明思想中的个体主义与人道主义》;狄百瑞:《新儒家的自我超越与十七世纪的"启蒙"》;陈卫平:《论明清间西方传教士对中西哲学之比较》,《世界宗教研究》1989年第1期,第12—18页。

[2] 参见吉瑞德:《早期道教中的神话和意义——"混沌"之主题》,第298页。有关医术在佛教中的重要作用,参见戴密微等编:《法宝义林》,"病"词条(第3册,第224—270页)。

[3] 因此之故,闵一得无容置疑地被尊为龙门支派——"方便派"的创始人,参见这一支派的第十八代弟子陆永铭编撰之《龙门正宗觉云本支道统薪传》卷24。觉云支派是闵一得的弟子费拨云创立的。陈耀庭教授在《藏外道书》(第31册,第419—473页)刊行这一文本之前,就提供了一份副本给我,谨此致谢!

第三章 清代中国的龙门派：教义理想与地方实践

(mind-to-mind)地传续下去。

龙门金盖山支派的道众认为，在王常月公开传戒的戒坛上正式受戒之后，天仙就成了"医世者"，并且可能帮助汉族光复天下。天仙的神圣只能来源于至高无上的吕祖宗坛，其职能是按照古代圣贤的范型塑造的；这些贤人就像儒家的帝师一般，可以教导"新王"平治天下。

在此意义上，以"医世"一语来表达龙门金盖山支派的救世新教义就很容易理解了。事实上，"医"是千禧年运动的关键词，与古代普度众生的宇宙政治论密切相关。这一理论还与空想主义者和士大夫阶层共同鼓吹的末世论的太平盛世愿景有关——太平盛世代表着中国人对黄金时代的古老梦想。[1] 在三教主要代表人物的指点下，龙门派祖师们在金盖山吕祖宗坛"受戒"之后，就可从事身心的修炼和伦常的修行，以便指导上天所眷顾的圣王开创一个崭新的世界。

值得注意的是，闵一得宣称，自己有关医世思想的宇宙政治论基础直接来源于野怛婆阇这一人物。[2] 在为《吕祖师三尼医世说述》所作的序文中，闵一得将野怛婆阇描述为"天人感应"（即自然现象与人事活动具有相关性）这一古典学说的倡导者。众所周知，这一学说主要是由儒家学者董仲舒（约公元前179—公元前104）提出来的，通常用来为新王朝的建立提供理论支持。据此，只有新王朝和天道相一致时，它才能得到支持。通过引用儒家经典及其预言性的解释，以及《道德经》中的名句（如"道大，天大，地大，王亦大"），野怛婆阇清楚地表明了其意图，即要把帝王提高到真正的万民之师的位置。[3] 野怛婆阇虽然是一名外国人，但他

---

〔1〕 索安：《早期道教弥赛亚主义中完美统治者的形象：老子和李弘》，《宗教史》第9期（1969—1970），第216—247页；索安：《皇家宝藏和道教圣物——伪书中的道教根底》，载司马虚：《密教与道教研究文集：献给石泰安教授》，第291—371页；孔丽维：《东亚太平盛世说的肇始和文化特征》，《日本宗教》，第23号，第1—2期（1998），第29—51页。

〔2〕 在闵一得1828年为《吕祖师三尼医世说述》作的序言（《道藏续编》第2册，第1b页）中谈到，野怛婆阇作为龙门支派——龙门西竺心宗的创立者，在宣扬医世教义方面发挥了很大作用，而且被认为是《吕祖师三尼医世说述》文本最初的传承人，他可以通过念诵咒语疗治百病。

〔3〕 参见闵一得为《吕祖师三尼医世说述》作的序言，《道藏续编》第2册，第1a—2b页。有关其详细内容，可参见莫尼卡：《金盖山龙门派和〈道藏续编〉中的内丹法》，第247—254页。

已完全融入了汉文化之中,并且也得到了一个十分夸张的汉名"黄守中"[1]。对清代统治者而言,他就像这一普度众生的医世说的真正传人一样,不断地提醒他们认识到采用汉法治理天下的重要性。

事实上,在构建普度众生的"医世"理论和其他类似"黄道"的具体教义思想时,龙门金盖山支派精心选择了与中国文化传统紧密相连的词汇。例如,他们对颜色的选择就代表了龙门派的"三道",尽管也有可能是受到了密教之影响。"三道"的颜色("赤""黑""黄")在中国传统的表征理论中占有重要的地位,其中"黄"象征着"中"(center)和"中国"(China)。实际上,对龙门派而言,"黄道"和"医世"说意味着双重的回归:一是向内丹传统和救世路线的回归,以此取代王常月受佛教影响提出的三级戒律,回归的方式则是重新引入各种道术;[2]二是向伏羲、黄帝黄金时代的回归。总而言之,恰恰是在置身异族统治下的危急时刻,龙门派祖师们又一次弘扬了这一"正统"。

七、结论

王常月在公元17世纪提出了龙门派的"官方图景"(official vision)。与之相并立的另一套龙门派教义也开始在19世纪闵一得及其金盖山支派所编撰的道书中成型。我所说的"官方图景"是指王常月引领下的龙门派形象——它呈现为一种清修的传统,即注重严格的纪律和戒法的持守——他们既不举办道场法会,也不进行内丹和长生术修炼,仅仅通过清静、纯一和"无为"的存思来进行修炼。修道主要通过从佛教接引而来的"三坛大戒",即通过戒、定、慧的三级训练来进行。禅宗的模式被引入到

---

[1] 有关"黄守中",参见上文注释。
[2] 在详细阐发其救赎性的医世教义的过程中,道教对佛家和儒家进行了批评。参见陶石庵1664年为《吕祖师三尼医世说述》所作的序(《道藏续编》第2册,第1b页,第5—10行)。这篇序言的英译,可参见莫尼卡:《金盖山龙门派和〈道藏续编〉中的内丹法》,第255—256页。

第三章 清代中国的龙门派：教义理想与地方实践

了龙门派的传戒程式当中，如是，戒律就成了修证天仙、明心见性的手段。但是，按照这一设定，"天仙"这一概念好像就和丹道无关了，而是成了那些全身心投入到救世行动中的佛教菩萨的道门同修。天仙的救世志愿也被纳入了受儒家影响的以遵守纲纪为特征的伦理系统之中。

相比之下，龙门金盖山支派认为，成就天仙乃是长期进行丹术——包括来自道教和其他传统的各种秘传法术——修炼的结果。金盖山支派并未排斥戒律和儒家价值观念，但为了成就天仙，他们复兴了长生之术、法术科仪和其他一些特定仪轨。金盖山支派的科仪有待进一步研究，但我们不难发觉这样一种信号，即金盖山支派意图通过创设自己的救世方案，从王常月标准化的、理想的龙门教义中独立出来。我们可以将龙门金盖山支派的救世方案概括为以下三个方面：

第一，恢复私设的传度仪式。

在龙门金盖山支派看来，不仅位于道教丛林的龙门戒坛能够为修道者授天仙大戒，崇奉吕祖的金盖山私人宗坛也可以进行天仙戒的授受。后者的传度仪式不是通过渐次递进的"三坛大戒"（即"初真戒""中极戒"和"天仙戒"）的形式来完成的，而是通过一种简易的秘传道法。这一秘法包括最高层次的天仙大戒和吕祖《金华宗旨》的无上教义。这让我们想到借咒语方式进行的密教戒律之授受——据称这套密教戒律是由龙门西竺心宗的大师野怛婆闍传入金盖山支派的教义之中的。此外，金盖山支派私开传度仪式的做法虽是在道教的背景中举行的，但却通过扶乩从吕洞宾崇拜中汲取了力量。他们还从吕真人那里直接接取了许多道经，并以此为根基提出了一套特殊的、或可取代王常月正统教义的救世方案。不过，如果没有王常月的教义理论和受禅宗"无相戒"启发而创制的戒律，龙门金盖山支派很可能也难以形成自己的教义思想。

第二，确认道教的三级修炼。

受佛教戒、定、慧三学启发形成的三级戒律被置于道教的背景中，并在龙门金盖山支派那里得到了进一步的发挥。首先，在金盖山支派看来，王常月教义中通过严守戒律来"拘制色身"的初真戒，有类于金盖山支派通过运用各种身心技术来控制身体及其功能。其次,王常月教义中通过守"定"以保证"降服幻心"的中极戒,在金盖山支派则意味着对内在身心的"无二无别"的更深入的悟解。这就是金盖山支派的"性命双修",作为"医世张本"的《金华宗旨》和《尹真人仙经》对此作了很好的阐发。在龙门金盖山支派看来,上述两个渐进的控制身、心的阶段,就构成了所谓的"人道"(path of men)。对中、下根器的龙门修道者来说,因为他们不能顿悟内在的"无二无别"境界,所以以上两级修炼对他们是适用的。

最后,在龙门金盖山支派看来,最高阶段的天仙大戒或者"仙道"(path of immortals)代表了"顿悟之天仙无上上乘"(Sudden Highest Vehicle of the Celestial Immortality)。王常月教义中的天仙大戒是通过"慧"修成所谓的"解脱真意"境界,而且只有在持守了前两个阶段所有戒律之后才能传授。与之相比,龙门金盖山支派则为上等根器的人提供了通过《金华宗旨》所说以修炼顿悟达成最高层级成就的秘密教法。这种"顿悟天仙"象征着完美的生命(a Perfected Being),他们可以在瞬间领悟《金华宗旨》的秘法,同时打通"黄道",进行完整的内丹修炼,由此成为医世之人。

第三,作为"医世者"的龙门天仙。

我们最终会发现,"医世天仙"这一形象是不同教派长期融合的产物。在吸纳南宗金丹道传统和据说由王常月复兴的全真北宗的戒律体系之后,原本由天师代表的道教神职,现在以一种全新的样貌出现在了金盖山支派的龙门教义之中。这一形象的出现,是金盖山这一地方道派的创举——它重申了可以引领汉人恢复正统的圣明君王统治的太平盛世的救世理想,只不过这一理想须在龙门天仙的辅佐下达成而已。[1]

实际上,龙门金盖山支派精心建构的这套终极的、弥赛亚式的救世教义,是官方龙门派内外诸多早期道派长期融合的产物。它充分体现了江

---

〔1〕 莫尼卡:《金盖山龙门派和〈道藏续编〉中的内丹法》,第 144—154 页;莫尼卡:《清代龙门派及其有争议的历史》。

第三章　清代中国的龙门派：教义理想与地方实践

南文化传统的复兴,闵一得及其龙门金盖山支派则是这一复兴的代言人。金盖山支派的另外一个显著特征是它深受传奇性人物野怛婆阇所传密教教义的影响,并吸收了地方崇拜和当地圣人(如尹真人)。这一切在龙门金盖山支派的身份认同和谱系的确立过程中,都得到了充分的展现——其内在驱动力则是这样一种意志,即通过创立真正的教义和特定的仪法来完善王常月的龙门教义和戒律系统。金盖山支派宣称他们独立于王常月在北京白云观开创的所谓官方龙门教义,继而表达了这样的一种期望,即金盖山将成为龙门新教义和新世界的"创生"(creation)中心。

作者按：感谢玄英先生校对本文,并提出有益建议。感谢吴露世将我的英式法文译为英文,他还与我就一系列问题进行了深入探讨,使我更深刻地了解了禅宗和龙门派的高度相似性。

附录:《道藏续编》[1] 所收典籍内容一览

第 1 册

1.《吕祖师先天虚无太一金华宗旨》

简称:《太一金华宗旨》

13 章,第 1a—15b 页

蒋元庭(1755—1819)辑

闵一得(1758—1836)订正

闵一得序(1831)并注

这一典籍主要关注所谓"性功"("性"意为"心"或"本心")的修炼问题,可视为有关本心(Nature of Mind)的密传戒律。基本的修行方法是"返光"或"回光"。文本将天台宗和禅宗的术语置于道教语境中加以阐发,属于龙门派"医世"典籍之范畴。[2]《道藏续编》本《金华宗旨》与其他版本的不同,主要表现在序言、第一章和注释三个方面。

2.《尹真人东华正脉皇极阖辟证道仙经》

简称:《皇极阖辟仙经》

3 卷,10 章

(1) 卷上,第 1 至 4 章,第 1a—6a 页

---

[1] 闵一得编撰,1834 年刊 4 卷本。另有三个主要版本:上海:医学书局,1952 年;北京:海洋出版社,1989 年;北京:书目文献出版社,1993 年。译者按:医学书局本刊印于民国年间,具体年份不详。

[2] 有关这一文本的历史、版本及其翻译,参见莫尼卡:《创造性的道教》,第四部分。

第三章 清代中国的龙门派：教义理想与地方实践

(2) 卷中，第 5 至 6 章，第 1a—3a 页

(3) 卷下，第 7 至 10 章，第 1a—7a 页

成都青羊宫钞本

尹蓬头传

闵一得订正

闵一得序(1831)并跋

这一典籍主要关注"命功"的修炼。按入手体位的不同，文本对内丹的阶段做了鉴别和区分。全书的核心鹄的在于将观想之术引入内丹修炼，从而明确肉身修炼之术在祛除心思昏沉中的重要作用，这一点与明代的《性命圭旨》[1]颇为类似。据说两个文本都是尹蓬头所传。[2] 内丹修行者被分为下等、中等和上等根器三类——下等和中等根器的人，需要按照身心修炼之术进行渐进式修炼，而上等根器的人则可通过顿悟完成修炼。上等根器的人可以直接修证最高的果位，然后投身于"医世"之大业。

卷上包括以下章节：

(1) 添油接命章。此章论及婴儿初生、脐带剪断之时刻，即人的第一声啼哭(文中用"囡地一声"加以描述)，标志着人与本来之我(egotic-self)的疏离。代表"命"的所谓"一点元阳"参与了生命的创化历程，但在人出生之后却隐藏在脐轮之后。通过修炼，这虚灵之一点便可重新开启，方法就是所谓的"添油"。"添油"包括凝神观想"山根"，即两眼之间。其重点在两个方面：

a. "夹脊"的作用，位在肩胛骨内；

b. "黄道"，即克服身心二元性的核心通道之确定。

(2) 凝神入窍章。此章介绍了太上观心之方法，具体包括内观、外观和远观。内观，是要观生活中的虚妄之心，即我们追逐外物的迁流之心；

---

[1] 《性命圭旨》有德文译本，即马丁纳：《性命圭旨——内丹之书》。
[2] 参见上文。

外观,是要观"道心"或明照之心(即非虚妄之心);远观则关注所谓的"天心"(与"气穴"意同),它代表了呼吸与思维二者的联结。

(3)神息相依章。本章关注所谓"胎息"的控制问题。它用生理学上"两肾汤煎"之说,来形容胎息的效果,这标志着第一道关口的突破。这一关的打开,文中以禅宗的比喻"照见本来面目"来形容。须知,整个《皇极阖辟仙经》的奇特之处,在于将身体部位的修炼及其相应的体验纳入精神视域中进行阐发,据此说明妄心乃是人类追逐物欲的根源。这就为下一章的炼精化气并发现未生前之本来面目奠定了基础。

(4)聚火开关章。通过"吸""舐""撮""闭"四个概念说明所谓"小周天"的修炼过程。这种修炼适合中、下根器的人,当然也要跟第一章的凝神观想相结合。

卷中包括以下章节:

(5)采药归壶章。本章的主题是所谓的"采药"——采取未生前的先天大药。这包括觉察修炼的最佳时刻以便适时进行修炼,达到心灵的极乐状态。

(6)卯酉周天章。本章讨论左右旋转之"收功"。通过"乾坤合一"的隐喻来说明所谓的"炼气化神"过程。

卷下包括以下章节:

(7)长养圣胎章。"长养圣胎"与"五气俱朝于上阳""三花皆聚于乾顶"等说法都是用来形容所谓第三阶段的修炼。文中透过"丹熟珠灵"的比喻来说明纯阳愈炼愈长、阴滓愈炼愈少的过程。正如一位女子在知道自己怀孕之后要对子宫中的胎儿小心照料一样,修道之人在这一阶段也须时时关心,不可松懈。

(8)乳哺婴儿章。"乳哺婴儿"是一种隐喻,用以指称修行中所结之胎儿在孕期结束后之降生。此后胎儿尚需"圣母"(Holy Mother)和"灵父"(Numinous Father)之养育,才能慢慢长大,直到能够独立活动。

(9)移神内院章。这是在讲通过"抱一冥心"以"了性"。本章重在讨论"无作无为"(Non-action, Non-being)之修炼,同时也探讨了"六通"

第三章　清代中国的龙门派：教义理想与地方实践

问题。

（10）炼虚合道章。这是内丹修炼的第四个也是最后一个阶段。除以上三阶段的修炼外，龙门派还强调在人间行善积德，即回到世俗世界度化众生的重要作用。一如佛教的菩萨和儒家的圣人，龙门派有成就的修行人也要回到尘世，将他们所领悟的大道运用于社会。普度众生也是龙门派"医世"（curing the world）教义的核心理念之一。

3.《尹真人廖阳殿问答编》

简称：《廖阳殿问答编》

6章，第1a—12b页

成都青羊宫传钞本

闵一得订正

（1）升座篇。本章起始，众弟子在散斋致斋之后，齐聚廖阳殿。之后问答开始，围绕"生死阴阳之理""前三田""后三关""太极之理"等主题展开。

（2）此章无标题。论及仙人保命丹诀"十六锭金"，聚焦于"通三关"的方法。

（3）始基篇。讨论内丹修炼的筑基工作，即通过"内观"之修炼达到见性明本之功效。

（4）神室篇。神室即"元神"（the Original Spirit）或"元性"（the Original Nature）。

（5）河车篇。"河车搬运"是开通督脉三关的另一种说法。

（6）秘授篇。包括七个部分：a. 治心；b. 返观内照；c. 下视脐内；d. 聚火冲关；e. 行卯酉周天之法；f. 长养圣胎；g. 圣胎炼化（回返无极或大道）。

4.《泄天机》

第1a—6b页

李泥丸口授

无名氏述

闵一得重纂并跋(1833)

(1)"金液大还直指"。讲解修炼的最终成果,即回归虚无大道。

(2)"筑基全凭橐龠"。讲解道家所谓的"三道"(即"赤道""黄道"与"黑道")。

(3)"炼己须用真铅,金水铸剑采先天。""己"指土,代表"真意"(True Intention)。"剑"代表散乱奔驰之心和难以遏制的情欲活动。所用的方法被称为"既济"(《易经》第六十三卦之卦名),象征水火之间的动态平衡。

(4)"得药方施烹炼,抽添火候不忒,方为陆地神仙。"修道者当区分"小药"与"大药"——"小药"只能得地仙之果,"大药"方可证天仙或金仙。

(5)"再求大药证金仙,火候修持九转。"解说所谓的"温养圣胎十月"(也称"九月之功"。参见《皇极阖辟仙经》之"长养圣胎章")。

(6)"九年面壁绝尘缘,始合神仙本愿。"这是修炼的最后一步,通过这一步可以跳脱世间生死流转,从而达到神仙之境界——神仙与佛教的菩萨一样,也要普度众生。

5.《古法养生十三则阐微》

简称:《十三则阐微》

1a—5b 页

闵一得著并跋(1818)

这是《道藏续编》中唯一一部阐发导引之术的文本,且特别强调在其健身功能之外,对内丹修炼之见性有潜在之促进作用。

(1)两手握固,闭目冥心;

(2)舌抵上颚,一意调心;

(3)神游水府,双擦腰肾;

（4）心注尾闾,频耸双肩;

（5）目视顶门,叩齿搅口;

（6）静运双目,频频咽气;

（7）澄神摩腹,手攀两足;

（8）俯身鸣鼓,数息凝神;

（9）摆腰洒腿,两手托天;

（10）左右开弓,平心静气;

（11）无人无我,心如止水;

（12）遍体常暖,昼夜充和;

（13）动静不二,和光同尘。

第 2 册

6.《上品丹法节次》

第1a—2b页

李德洽原述

闵一得续纂

闵阳林校订

据李德洽说,该典籍属于衡阳派。在强调南北宗皆为吕洞宾祖师所传的前提下,该派宣称自身处在南北宗的中心位置。其内容与《皇极阖辟仙经》颇为相似。

（1）炼己存诚;

（2）筑基培药;

（3）坎离交媾;

（4）采药归鼎;

（5）周天火候;

（6）乾坤交媾;

（7）十月养胎;

（8）移神换鼎；

（9）混九养慧；

（10）炼神还虚；

（11）炼虚合道；

（12）与道合真。

7.《管窥编》

第 1a—2b 页

闵一得著

作为南宗祖师,白玉蟾在《道藏续编》所收典籍中常被提及。《管窥编》即闵一得就白玉蟾《修仙辨惑论》所发表的个人观点。

其将内丹道区分为三个层次：最高的层次是将自我完全炼化,升天得证"天仙",这种道法只能以心传心,秘密授受。次一等的可以证得"水仙"或"人仙",这一层次的仙人可有形,可无形,可自由来去,其道术也只能口口传授。最下一等的是所谓的"地仙",他们的道法可形诸文字而流传。在最下一个层次,精、气、体液构成了修炼的基本物质。吐纳、闭气、咽津、导引、按摩都成了所谓的"火候"(fire time),其方法可以概括为精气的循环或小周天的修炼。

8.《就正录》

第 1a—5a 页

陆世忱著

陆世忱序(1678)

袁继序(1697)

文中多处引用历代儒家圣哲的言论,如孟子(约公元前 372—公元前 289)、邵雍(1011—1077)、陆九渊(1139—1192)、杨慈湖(1141—1226)、王阳明(1472—1529)等。其核心理念是来自孟子的"求放心"(《孟子·告子上》);而要达到"求放心",就必须按照大师们的理论进行修养。文

第三章 清代中国的龙门派：教义理想与地方实践

中强调了"静心"和"集义"(《孟子·公孙丑上》)的重要作用。

9.《与林奋千先生书》

第 1a—6b 页

陆世忧著

黄廷跋(1697)

文章在赞赏儒家"中庸"之内在德性的同时，将焦点放在了"觉"这一概念上。正是这种内在的"觉"，将觉悟与虚妄、生与死、人与动物区分开来。在探究儒家德性的同时践行儒家的心性修养，对于龙门派的内丹修炼是不可或缺的。

10.《吕祖师三尼医世说述》

第 1a—7b 页

黄赤阳(1595—1673)题

陶石庵(卒于1692)辑

闵一得疏

沈阳一校

陶石庵序(1664)、闵一得序(1828)

文章运用"十二消息卦"之说将内丹修炼划分为六个阶段。与一般以"复"卦(阳气初生之象，于时为冬至，于身为尾闾关)为内丹修炼的起点不同，该文以"大壮"卦(阳气长旺之象，于时为春分，于身为夹脊关)为起点。在历经不同卦象表征的内丹修炼诸步骤之后，以"泰"卦(平和之象)象征修炼之完成。

（1）第一阶段：大壮；

（2）第二阶段：夬、乾；

（3）第三阶段：姤、遁、否、观、剥、坤；

（4）第四阶段：复；

（5）第五阶段：临；

（6）第六阶段：泰。

11.《读吕祖师三尼医世说述管窥》

第 1a—5b 页

闵一得著

闵一得跋（1828）

与上一文本不同，该文是更具宇宙论特色的作品，其内容分为七个部分，但不再与卦象相联系。文章以《淮南子》之清浊二气变化形成天地的宇宙论为依据，将先前内丹文本中的道术归结为修"性"与修"命"。文中谈到了具体的道教典籍及其作用，如：《参同契》和《悟真篇》可以"了命"；《大洞真经》可以"化凡"；《唱道真言》可以"炼心"；"医世"类文本则可以"证果"。

12.《吕祖师三尼医世功诀》

第 1a—5b 页

沈一炳（1708—1786）授

闵一得重述并注

本文是对《大洞真经》之"功"的注疏。《大洞真经》是上清派的典籍，处于天师所授官方戒律的最高位阶。所谓"诀"指"玄蕴咒"，是道士早坛持诵的全真科仪文本开篇的内容。

13.《大仙心传》

第 1a—15b 页

闵一得两序（1832、1834）

该文主要包含五个部分，是《道藏续编》之"天仙"系列文本的开篇。它概述了医世的教义及其所证位阶。内容包括一段四字韵文（及其后之注释）、一篇科仪文本、两则法言。

（1）正文，第 1a—4b 页。沈一炳授，闵一得编。分为《内篇》、《外

第三章 清代中国的龙门派：教义理想与地方实践

篇》、《圆诀》、《续篇》(附闵一得 1833 年跋)、《大涤洞音》(附闵一得 1833 年跋)、《自警篇》(附闵一得 1834 年跋)几个部分；

(2)正文之注释,第 1a—7a 页。包括《内篇》注(沈一炳授,闵一得述并注)、《外篇》注(沈一炳授,闵一得述并注)、《圆诀》注(闵一得述,薛阳桂注)三部分；

(3)《玄科》,第 7b—12b 页。沈一炳授,闵一得述,闵一得跋(1833)；

(4)《神人李蓬头法言一则》,第 13a—b 页。定梵氏(闵一得)述并跋(1834)；

(5)《真师太虚氏法言一则》,第 14a—15b 页。定梵氏(闵一得)述。

第 3 册

14.《天仙道戒忌须知》

第 1a—10a 页

李泥丸授

沈一炳述

懒云氏(闵一得)纂

返真子订

该文本旨在阐述天仙之道。与较低级的地仙境界不同,天仙大道的心学修炼可以达到"圆觉"的境界。文中详细列举了十六条禁令和戒律,每条后都有李泥丸的解说。

15.《天仙道程宝则》

第 1a—7a 页

李泥丸授

沈一炳述

懒云氏(闵一得)纂

返真子订

该文本给出了修行天仙的九条"宝则",由李泥丸分别予以解释。这九条宝则是:

(1) 圆明;

(2) 圆净;

(3) 圆精;

(4) 圆庸;

(5) 圆一;

(6) 圆寂;

(7) 圆照;

(8) 圆觉;

(9) 圆镕。

16.《二懒心话》

第1a—7a页

闵一得著

闵一得跋(1818)

这一文本属于龙门派的兼具道教与密教色彩的支派,即来自云南的"龙门西竺心宗"的典籍。尽管文章没有提及作者姓名,但我们可以推测其为闵一得所撰——文章以"懒翁"和"大懒"二位大师之间的对话展开,而闵一得声称他在云南接受了西竺心宗的教义,"懒云"为其名号之一。文本的核心主题是"内照"的修习及相关的内丹修炼步骤。这一道法与致力于开发体内之"拙火"的亢达里尼瑜伽术(kundalini yoga techniques)或西藏的法术颇多相同之处。其内容分为三章:

(1) 萍逢。介绍两位名号中带"懒"且都属于西竺心宗的大师的相遇。

(2) 善问。将"内照"法分为九个阶段:

a. 洗髓;

b. 洗心;

144

第三章　清代中国的龙门派：教义理想与地方实践

c. 净土，即黄中（脾、胃）；

d. 靖海；

e. 龙从海底现（海底，即会阴。以密教的术语言之，精子的激活即亢达里尼[kundalini]的唤醒）；

f. 虎从水底翻（即炼精化气，气沿脊柱上升）；

g. 黄河水逆流（即火降水升的逆向运动）；

h. 还精补脑（一种古老的与性活动有关的养生术，也被称为"含蓄性交"[coitus reservatus]；描述精子上行至头顶的循环过程）；

i. 照耀全体，彻上彻下。这是内照法的效果，即文中用"圣日圣月，照耀金庭"和"水在长江月在天"所形容的境界。在这种体验中，只有一光闪耀，已不再感觉到身体的存在，主客对立已被超越（即文中所说的"我身已不觉有焉"）。

（3）善疑。此部分探究与体内行气有关的问题，指出了修行路上可能出现的困境以及相应的生理反应。同时，给出了与体内行气相关的医学建议及其解说，以便应对可能出现的情况。

17.《三丰真人玄谭全集》

第1a—10a页

闵一得纂并校

张三丰序

这一典籍聚焦于古代的"黄白术"，通过图示阐发对修炼的看法，署名张三丰真人作。张三丰在明代的道教和朝廷之间扮演了根本性的纽带作用。很可能因此之故，闵一得与龙门派决定将这位重要的人物放到《道藏续编》中来。值得注意的是，这是《道藏续编》中唯一一部使用"内丹"这一术语的典籍（其他文本皆使用"金丹"的说法）。

文本以象征先天内在本质（Inner Nature）的圆圈，即"释氏外景图"来代表"空"的意象。接下来是"道家内景图"，象征着包裹胎息的身体，这被解释为人类意志的踪迹，通过它，人们自身的"命"的意识得以显现。

145

闵一得评论说,透过两者的结合,医世的教义方得以凸显。与《道藏续编》中的其他典籍不同,该文本将"中性"视为修道之本,并引用佛家、道家和儒家的各不相同但又彼此相似的概念予以说明:"夫道,中而已矣。儒曰'致中',道曰'守中',释曰'空中'。而内丹之所谓中,窍中之窍也。窍中之窍,乃真中也。"

18.《如是我闻》

第1a—5a页
无名氏授
天水子述
闵一得重订

该文本属南宗典籍,强调黄道修炼的核心作用,其修炼法在上述《泄天机》和《管窥编》中已经出现。尽管标题"如是我闻"是佛教典籍的常见开篇语,但该文本引言部分指出了此处"如是我闻"的含义:"如是"指所授的功诀,"我"是无名氏自称,"闻"是指通过口授得来。内容分三部分:

(1) 金丹说。金丹的关键,全在"静定"(平静其心)。

(2) 开关法说。主要讲解背后三关和三丹田的具体位置。

(3) 金丹要旨。指出"中道"(黄道)所在,因为这是修炼天仙之通则。黄道超越了二元对立,因此这一通道在修道者完成其内丹"大作"(opus)的过程中,常常用"龙虎""铅汞"等来表述,统括以"性命"二字。

19.《西王母女修正途十则》

第1a—6b页
吕洞宾申正、重题
孙不二(1119—1182)补述
沈一炳授

第三章　清代中国的龙门派：教义理想与地方实践

闵一得注

沈阳一校

该文本原名"女金丹诀"，是1799年之后的作品。在解释女丹修炼的十条轨则之前，它先阐说王常月所撰之龙门派的传戒戒本《初真戒律》（撰于1656年，收于《重刊道藏辑要》第24册，张集7，载《藏外道书》第12册，第13—31页）中的"女真九戒"。然后分别介绍西王母"金口"宣讲的十条法则，指出其目的在于觉知"性原"，理解"女命"。修炼的方法包括修经、斩赤龙[1]、胎息、揉乳、吐纳、静坐冥想等。一直到文本最后，都在强调修炼的最高鹄的不仅在于一己之心寂境界的达成，而且还包括崇高的"医世"理想的实现。

20.《泥丸李祖师女宗双修宝筏》

第7a—12b页

沈一炳述并注

闵一得订

闵一得跋（1830）

该文本的副标题为"女功指南"，暗示它要为女子修炼提供指导。这九条轨则以传奇人物李泥丸的口吻呈现，以"止念""调心"为开端，继而介绍一系列身心修炼之术。据说通过这些修炼，可以静寂心灵、开启智慧，实现内在的觉悟。

21.《金丹四百字注释》

包括以下几部分：

（1）《金丹四百字自序注》，张伯端（？—1082）序，闵一得注（1835）；

（2）《金丹四百字正文》，张伯端撰；

（3）《金丹四百字注释》，彭好古（活跃时间：1599）注解，闵阳林

---

[1]　有关这一修行方法以及女丹的问题，参见本书第四章。

释义;

(4)《金丹四百字释义跋》,闵阳林撰(1832)。

22.《琐言续》

沈一炳口传

闵一得述

陆柳溪刊

薛心香订

闵一得序(1826)

该典籍所说的"传承"是指南宗的传承序列。按其所说,这一序列从著名的李少君开始,经列子、淮南子(公元前180—公元前122)、魏伯阳(汉代人)、葛洪(约283—343)、许逊(3—4世纪人),一直传承至龙门派(通过李泥丸)。文本内容包括四季修行法及其各自的优先性(依据不同的情形),以及十二时辰修行法。

(1)冬-春功法。谈论"气机"的发现。这一功法可根据"火候"划分为阳(冬季,冬至过后,阳气滋长)、阴(春季,春分时阴阳二气达成平衡,之后阳气生长至于顶峰,然后开始下降)两个修行阶段。

(2)夏-秋功法。讨论夏天和秋天代表的"文火"阶段。修道者关注于从胸部下行的"气",这象征着炼气化气。因此,这一阶段的特点是"无为功里施功"。

(3)尽管对四季对应的四个修行阶段一一作了阐发,但修道之人必须以综合性的眼光对待它们。如果只关注于夏-秋功法,那就有寒气内聚的风险;如果只进行冬-春功法,那就有热气过积的危险。哪个功法优先,应取决于修炼者自身的特点。

(4)四季修行法被归结为一日之十二时辰。重在确定"气"的意象(修行者的生理学体验)——以"气"的循环为依据,每两个小时对应于一个生理学上的具体体验。

第三章　清代中国的龙门派：教义理想与地方实践

第 4 册

23.《修真辩难前后编参证》

刘一明(1734—1821)著

闵一得参证

前编,第1a—39a页

后编,第1a—29a页

闵一得跋(1829年)、刘一明跋

这是一部长篇著述,占据了《道藏续编》整整一册的篇幅。作者是龙门派第十一代弟子刘一明。刘一明对《易经》《参同契》《悟真篇》《阴符经》等著作都做过注释。在该著作中,刘一明将"金丹"分为三个层次：

(1)最高层次：修炼者能力卓越,可以通过顿悟事物的自然(self-so)本性完成修炼。

(2)中等层次：修炼者能力中等,以修性为起点,通过渐进的、修命的方式完成修炼；或者相反,先修命,后修性。

(3)最低层次：修炼者能力较差,必须经过严格的身心苦修,方能成功觉知本心或本来面目。

逐步修行的方法,实际上是性命双修的方法。这一修行方法构成了该典籍的主体部分。从"筑基"(包括收束狂心、祛除昏沉等)开始,通过炼精化气(按照《悟真篇》的理论和白玉蟾的法术),到达炼神还虚的最后阶段。闵一得在其注释中,强调了刘一明功法的独特性：澄清了与金丹修炼有关的疑惑,并指出内丹之修炼与迷信活动有着本质上的不同。

第四章

斩赤龙：女丹的关键

大约在清代(1644—1911)初期,出现了一类新的内丹文献,即所谓的"女丹"典籍。这类文献旨在向女性讲解内丹修炼的身-心技术。[1]尽管其基本原理和普通内丹法并无二致,但因男女生理结构之不同,女丹道也颇有独特之处。[2]一般说来,女丹的修炼强调女性与月亮的相似性——月亮规律性的圆缺转换,与女性月经的生理周期颇相仿佛。女子经血的来去循环,恰似女子的"生""死"变奏曲,"生"时倏然解脱,"死"时为锢为苦。因此,对女性而言,"修经"(Cultivating the Menses)[3],即通常所说的"斩赤龙",就是女丹道的基本功法。这是本文讨论的核心,也是女丹修炼的关键,同时也是男女丹法的基本区别所在。

　　在《道藏续编》(1834年刊4卷本,1989年海洋出版社重刊)中,女丹文本仅有两部:一是《西王母女修正途十则》[4],二是《泥丸李祖师女宗

――――――

　　[1]　中国早期内丹典籍的清单,参见戴思博:《中国古代的女仙》,第291—302页。按照戴思博的观点,最早的女丹文献完成于1743年(参见该书第163页);然而涉及女丹的文献,其出现则要早得多(参见该书第79页)。

　　[2]　有关女丹道,参见戴思博:《中国古代的女仙》;道格拉斯·威尔:《房中术:女性存思典籍中的性经典》(尤其是该书第192—219页);莫尼卡:《金盖山龙门派和〈道藏续编〉中的内丹法》(尤其是卷1,第280—374页);莫尼卡:《女丹》,载若盎·塞尔维耶编:《神秘主义批评词典》,第51—52页。

　　[3]　"经"在汉语中有多种意思,诸桥辙次所编《大汉和词典》说,"经"指女子之月经,进而指女子月经一月一行的规律性。参见诸桥辙次编:《大汉和词典》,卷8,第1072a页。引申言之,"经"又指所谓的"常道"(constant way)、准则或轨则。参见《汉语大辞典》,卷9,第859页。下文我们将会看到,"常"/"常道"的概念揭示了女丹修炼过程中月经的意义所在,它跟特定戒规的持守有关,也跟女性月经周期的"重整化"(regularization)有关。正是有了这些修持轨则,女才能借由自身对月经的感受来体会月亮消长变化的规律性。此外,月经的规律性来临,也使得女子能够理解世间阴阳消息之周期的真正意义,一如其身体所映显的那样。

　　[4]　《道藏续编》第3册,第1a—6b页。对这一文本的详细介绍,参见莫尼卡:《清代中国的龙门派:教义理想与地方实践》的附录部分。

双修宝筏》[1]。下面将以这两部文本为基础展开讨论。[2]

一、女性、月亮与经血

在女丹文献中,女子常被说成具有如月亮一般的"阴"质。[3] 这并不是由于她们有受孕产子之潜能,也不是由于其性情多变,而是因为她们身上有跟月亮的盈亏相对应的月经周期。[4] 在许多不同的语言中,这一生理周期都跟月亮有不解之缘——比如说,英文中的 menses(月经)一词来源于拉丁文 mensis,意谓"月"(month); menstruation(行经)一词来源于拉丁文 menstrua/menstruus,意思是"每月的"(monthly)。[5] 汉语中则常用"月经"或"月事"来指称这一现象;"月事"一词跟农业生产有密切关系——人们根据月亮的圆缺规律来确定良辰吉时,以便播种五谷。又如在法国,月经被人们称作"月亮的时刻"(le moment de la lune);据说欧洲的农民相信,月亮圆缺周期的月亏时段会给人以不祥的感觉——古老的民间传说认为,在这一时期,殷红的天堂之血,即"月亮之血"(moon blood)会从天上降落人间。[6] 事实上,"月经"(menses)一词不仅指称女性经血流失的生理律则,象征着其受孕的可能性,同时也表征着不成功的"产出"。一系列针对女性的禁忌和规戒由此而来——古人认为月经期

---

[1] 《道藏续编》第 3 册,第 7a—12b 页。该文本有副标题"女功指南"。对这一文本的详细介绍,参见莫尼卡:《清代中国的龙门派:教义理想与地方实践》的附录部分。有关女丹道中戒律的作用,参见戴思博:《中国古代的女仙》,第 147—152 页。

[2] 这两个文本的英文译本,参见道格拉斯·威尔:《房中术:女性存思典籍中的性经典》,第 193—201、204—212 页;其法文译本,参见莫尼卡:《金盖山龙门派和〈道藏续编〉中的内丹法》,卷 1,第 318—374 页。

[3] 《西王母女修正途十则》中说:"女子,阴质也,月象也。"参见《道藏续编》第 3 册,第 1b 页。

[4] "太阴月的周期,即月亮绕地球旋转的周期,与人类女性的月经周期关系密切。对重生和多产的召唤,以及月光的无私普照,使月亮含蕴了浓郁的情感意义。"参见理查兹:《时间绘图》,第 7 页。

[5] 参见罗伯特·布雷福特:《母亲》,卷 2,第 430—432 页。艾斯特·哈丁在其《女人奥秘古今谈》中也曾引用《母亲》中的这一内容。

[6] 艾斯特·哈丁:《女人奥秘古今谈》,第 55 页。如今,法语中指称月经的惯用词汇是 règles,它更为强调月经周期的规律性(regulation)。

第四章　斩赤龙：女丹的关键

间的女子有很强的传染性,因此处于经期的女子是不洁的,其待人接物应受到一定的限制。[1] 禁忌所针对的就是作为污染之载体的经血,古人认为那是一种由魔鬼附体带来的传染病。按照这一逻辑,月经期间的女子必须要隔离,甚至要遵守专为她们制定的戒规。[2] 禁食、隔离和申斥是常见的涤愆、赎罪手段。[3]

规矩和禁戒在中国的女丹文献里也占有十分重要的地位。上文谈到的《道藏续编》中的两部内丹典籍,其内容都是奠基在这类规戒之上的——这些规戒本身也是内丹修炼体系的一部分。尽管这类典籍认可女子从事内丹修炼,但同时也谆谆告诫她们,要恪守妇道、忠于夫君,要谦卑柔顺,要承担对社会的责任,如此等等。在从事内丹修炼之前,她们须按照这类戒律条文来忏悔罪业。[4] 因此,与"修经"有关的戒规在女子内丹修炼过程中扮演着极为重要的角色,被认为是女性"斩赤龙"的先决条件。[5]

许多研究都强调在古代文化中女子因其月经的存在带有了不洁和染污的性质,因而被认为是"低人一等"的,然而一旦语境改变,女性月经的象征意义则可能大不相同。在许多古代文化中,月经被认为是神圣的。尤其是在密教之反转的逻辑中,危险的、污染的月经之血反而拥有了极乐和解脱的性质。在密教中,女性的身体因代表了女神的形象

---

〔1〕 如月经期内的女子被禁止接触黄油、葡萄酒和肉类,参见艾米丽·马丁:《身体中的女人》,第97—99页。与月经禁忌有关的污染理论的详细阐发,参见玛丽·道格拉斯:《纯洁与危险》。在现代的某些文化中,这类禁忌或禁令仍然盛行,参见卡琳·卡帕蒂亚:《伊娃和她的姐妹们:南印度农村的性别、种姓和阶级》;露丝-英奇·海因茨编:《仪式的性质与功能:天堂之火》。

〔2〕 德尔玛·德席尔瓦在《僧伽罗女子的成年礼》(载《仪式的性质与功能:天堂之火》第84页)中说,在女子的第一次月经来临时将其隔离,是为了保护她们免受恶魔的侵扰,否则恶魔会进入她们的身体,带来疾病,或扰乱心神。

〔3〕 参见艾斯特·哈丁:《女人奥秘古今谈》,第57—59页。

〔4〕 《西王母女修正途十则》以女子应当恪守被称为"九戒"的妇德为开篇。这些戒律在当今中国全真道的道姑身上,仍然适用。有关这九条戒律,参见《道藏续编》第3册,第1a页;其英文译本,参见道格拉斯·威尔:《房中术:女性存思典籍中的性经典》,第193页;其对应的法文文本,参见戴思博:《中国古代的女仙》,第149—152页。

〔5〕 《西王母女修正途十则》中的第四条戒律尤其重要,参见《道藏续编》第3册,第2a页。

图4 三头六臂金刚亥母 出自《密达喇百法主尊像》之图52

而拥有了神圣性。[1] 在印度,阿萨姆人的密教修行者通常在八至九月份所谓女神的月经周期内,举行一年一度的集会活动。[2]

---

[1] 在古代的文化传统中,我们也可发现视经血为强有力物质的观念,而与污染观念没有关系。参见布洛金顿:《神圣主题:印度教的一贯性和多样性》,第147—148页;萨拉·波默罗伊:《妇女史与古代史》,第287页;卡琳·卡帕蒂亚:《伊娃和她的姐妹们:南印度农村的性别、种姓和阶级》,第70、76页。印度教性力派典籍中,有经血具有神秘力量的说法,参见马杜·康纳:《女神与女性:印度教性力派典籍中的混同》,载曼德伦特·博斯编:《古代、中世纪和现代印度女子的面孔》,第116—119页。这类传统往往跟印度密教的炼丹术修炼有关,参见大卫·怀特:《丹体》,第191—202页。在藏传佛教金刚乘(Vajrayāna)传统中,据说著名的空行母多杰帕嫫(Dakīni Dorje Pagmo)的经血形成了波德朗湖(Phodrang Kyomotso),成为密教修行者的圣地。参见托妮·胡贝尔:《扎日神山崇拜》,第96页。沙弥尼在修行时也需常观想空行母,以净化其性欲望,参见莫尼卡:《中国的大圆满传统:天目山道院走访记》,《威尼斯大学亚洲研究学报》第3卷,1998年,第221—224页(尤其是222页);莫尼卡:《南天目山的中国汉—藏传统:大圆满与道教光法之初比较》;莫尼卡:《密宗之禅》。

[2] 大卫·怀特:《丹体》,第195页及第451页注释67。

第四章　斩赤龙：女丹的关键

如果说在印度，女神的月经期被认为是举行集会和进行修炼的吉祥时段的话，那么在中国道教女丹修炼的语境中，这一时段也同样被认为具有特殊的重要性。事实上，女丹修炼也有与密教类似的反转逻辑，与对女性的伦理规戒一样，这种反转逻辑在女丹修炼过程中扮演着重要角色。诚然，讨论两种文化传统在这一方面的异同十分有意义——尤其是在学界对清代道教和密教之关系几未涉足的情况下。然而，鉴于本文讨论的范围仅止于女丹道，是以我仍将讨论的重点放在月经初期（"初经"）这一快乐的、具有潜在解脱性的重要时段上。

二、"初经"：女丹修炼"最初时刻"的觉察与"天癸"的作用

在中国的女丹典籍中，女子修炼的最恰当时机就是所谓的"初经"之时。"初经"是少女月经的第一次来临，是生理学意义上卵巢活动开始的标志。[1] 古代内丹文本的作者对此并不了解，而是认为在女性子宫内有所谓"如星如珠"之物，若不能适当持守，它就会每月化赤，变为经水流出。[2] 为避免此"先天至宝"蜕变遗失，女性就须修炼所谓的"天癸"。而欲使此"天癸"不化为经血，女性就应当持守自身的纯洁性，将这一创造性的能量炼化为仙胎胚芽。然而，在仙胎出现之前，她会经历象征着女性"实体妊娠"

---

〔1〕 参见《西王母女修正途十则》，《道藏续编》第 3 册，第 1b 页（原文为："自有一点初经，含于内牝，如星如珠，乃是先天至宝。藏于坤腹之上，位于中黄之中。……则此一物，得附性天，便成元一，不变赤龙，不化天癸"）及 2a 页（原文为："按初经命宝，不失知修，则附性天，而化元一"）。在许多文化传统中，月经的第一次出现被认为是一个重要的时刻，标志着女子性能力和生育力的成熟。今天，许多地方仍然有庆祝女性初次月经来潮的仪式。参见卡琳·卡帕蒂亚：《伊娃和她的姐妹们：南印度农村的性别、种姓和阶级》，第 70、95 页；维多利亚·贝克：《僧伽罗山的宗教仪式》，第 63 页；德尔玛·德席尔瓦：《僧伽罗女子的成年礼》，露丝-英奇·海因茨编：《仪式的性质与功能：天堂之火》，第 84—85 页。在中国的女丹文本中，有一点是引人注目的，即它们描述被视为既危险又有利的这一时刻是如何转化为女子内丹修行的组成部分。在此意义上，女丹的"初机"（也称"气机"或"初气"）就成为与"初经"相对应的概念，因为"初机"是"气"分化为阴阳两部分之前所呈现出来的短暂时刻。参见莫尼卡：《金盖山龙门派和〈道藏续编〉中的内丹法》，第 286—291、315—316 及 377 页。至于这些术语的宇宙论意涵，参见贺碧来：《第一动力与循环创生》，《道教文献》第 5 卷第 2 号（1994 年），第 29—70 页。

〔2〕 参见《西王母女修正途十则》，《道藏续编》第 3 册，第 1a 页（英文译本参见道格拉斯·威尔：《房中术：女性存思典籍中的性经典》，第 194 页）。

(ontological gestation)的月经中断。这意味着女性修炼内丹,也要跟普通女子怀孕一样,度过一个类似妊娠的月经中断的阶段。只不过,在内丹修炼的意义上,女性产下的不是一个胎儿,而是炼化出来的所谓"真我"(True Self)。

在内丹修炼过程中,男子必须要防止心神散乱和昏沉掉举,其方法是收摄心神,防止真阳外泄。与之相似,女子也要了解自身具有容易动情、情感多变的"阴性"(lunar nature),因此也须遏制内在情欲的干扰。"天癸"是女子创造性能量的渊薮,它有待于从女子的深层次生命中汲引(extraction)出来。这种"汲引"有赖于女子在内心确立与染污决绝的信念。因为一旦她驰逐于外在的欲望,经血就会奔流而出。

《黄帝内经·素问》第一篇就谈到了"天癸"一词,并将其与男女的生殖系统及其功能联系起来。[1] 具体而言,"天癸"表征着与肾脏之"气"的积聚紧密相关的生殖力的肇始(生命能量最强之时)。由于肾"气"与性功能有关,是其他重要的生命能量的基础,因此,掌控了它,也就掌握了长生之方。在此意义上,"天癸"就成了"元气"的同义词,在女丹修炼过程中意义重大。[2] 这就无怪乎《西王母女修正途十则》将女性的"本命"(destiny)跟"天癸"紧密关联了。[3] 然而深究起来,"天癸"这一术语有着相互矛盾的双重含义:一方面,它代表了人体创造性能量的巅峰时刻;另一方面,它也是"先天"(before heaven)遗传基因开始退化的起点。我们还可以将"天癸"一词分开来理解:"天"指先天的遗传基因,"癸"是中国传统中十天干的第十位,代表青春期,意指水的流动。此外,"天癸"还让我们联想到用以表达女性经血和行经过程的另外一个术

---

[1] 戴思博曾引用该文,参见《中国古代的女仙》,第218页。
[2] 明代医生张介宾(1563—1640)在其《质疑录》中,对《黄帝内经》中的"天癸"作了详细解释,参见张介宾:《质疑录》,第28页。与其他医学派别的解释相比,张介宾将"天癸"与"元气"而非精血联系起来(原文为:"天癸者,天一所生之真水,在人身是谓元阴,即曰元气。……则知天癸非精血矣")。参见莫尼卡《金盖山龙门派和〈道藏续编〉中的内丹法》,第1卷,第288页注释285。《道藏续编》中的内丹文本,将张对"天癸"的解释运用于女丹和一般的丹道修炼。参见《西王母女修正途十则》,《道藏续编》第3册,第1b、2a、3b页;《泄天机》,《道藏续编》第1册,第3b页;《张三丰全集》,《道藏续编》第3册,第5a页。
[3] 《西王母女修正途十则》,《道藏续编》第3册,第1b页。原文为:"盖以女命还在天癸,天癸不化,命何能保?"

第四章　斩赤龙：女丹的关键

语——"壬癸"[1]。在女丹典籍中，"壬癸"又可细分为以下两个阶段：

1."壬"的阶段。按照清代著名道士、龙门派第十一代弟子刘一明的解释，此阶段也称"天"，是指经前、经后出现的所谓"真元"（true energy）的时段。这是女子从事女丹修炼的恰当时机（"阴"中生"阳"，或"阳"中产"阴"），跟女性之妊娠及生产的潜能有关。

2."癸"的阶段。具有一般所说的"阴"的性质，表示经水的流动。女性修炼内丹，必须将第一个阶段作为能量的来源，因为该时段是元气积聚之时。由于内丹修炼不是繁殖后代，因此它不会遏制第二个阶段"癸"的发生，反而会被这一阶段所"打断"（interrupted）。第二个阶段的月经之流一般称作"月水""月经""经水"或"癸水"。这种"打断"也被认为具有快乐和解脱的性质。正是有了它，女性才能逐渐意识到自身能量之月复一月的规律性损耗，从而认识到内丹修炼的必要性。诚如丹道典籍所言，女性在月经来临之前，都有机会通过修炼将自己从行经的苦楚中解脱出来。如果要修炼内丹，月经来临前两天是最佳时刻，因为此时正是阳气转化为阴血之时。女丹典籍中称这一时刻为"信水"（Messenger Water）或"月信"（Monthly Messenger）。这两个术语都包含一个"信"字，意指月经"信息"（message）的到来，还指月经像信使（messenger）一样，并通过大家熟知的腰腿沉重、头痛等症状来宣告其到来。[2] 它所宣告的信息其实是一种"气"的来临，即"阳"中"真阴"（或"阴"中"真阳"）的发生。这是内丹修炼的最佳时机，因为一旦经水之流减弱，作为女性本命的血的阴质就会散失。此外，女丹文本还指出，月经之后两天半，女性可继续进行内丹修炼。[3]

---

[1]　清代道士刘一明（1734—1821）在其所著《象言破疑》（卷下，第42a页，载《道书十二种》，第205页）中谈到"壬水阳兮癸水阴"的说法；在讨论女丹斩赤龙之术时，刘一明又谈到"天壬地癸相见面"（《女金丹》，载《女丹集萃》，第304页）。这很好地解释了"天壬"和"地癸"之间的关系，同时也很好地说明了女丹修炼要超越二者表面之对立。

[2]　有关这些术语的解说，参见戴思博：《中国古代的女仙》，第153—256页。

[3]　参见《女金丹》（载《女丹集萃》，第302页）及《女丹合编》（载《女丹集萃》，第96页）。对于与女子初次月经有关的吉祥时刻，《奥义书》不乏溢美之词："毫无疑问，在月经结束时换却衣服的女子是最吉祥的。一旦她这么做了，那么就可以被接近，并可与人行房事。"参见《奥义书》，第88页。

女丹典籍中称女子的这种内丹修炼为"斩赤龙"。"赤龙"的象征意义，当与女子月经前后各两日半女子能量的基础有关。另外，在理解"经血"一词时，要将它与上文谈到的"癸"阶段的经水或癸水区别开来。只有在斩断赤龙之后，先天的元阳真气才能展露真容；这一过程可以用自"癸"至"壬"或自"癸"至"天"的反方向运动（即"壬"←"癸"或"天"←"癸"）来表示。[1]"赤龙"象征着元气的积聚，是能够转化为真元能量的内在动力。这样一来，我们就可以理解"赤龙"和"斩赤龙"的真正含义了。[2] 在下文中，我们将用"颠倒"（upside-down）这一概念对其作进一步探究。"颠倒"，即在逻辑上逆转（反转）的思想，是内丹修炼的基本原理之一。这一

---

〔1〕 此即刘一明所言"天壬地癸相见面"（参见本书第159页注释1）；也与下面的解释合拍："天，颠也，谓头顶颠。"参见《释名》，转引自何新：《诸神的起源》，第269页。在内丹修炼中，这是一种"界域颠倒"（upside-down world）的意象，是一种反转的逻辑。在这种情况下，经水不是如通常情况顺流而下，而是通过修行上升至天。这相当于从"后天"复返"先天"。有关内丹中"界域颠倒"的概念，参见贺碧来：《道教内丹中的界域颠倒》，《宗教历史杂志》第209卷，1992年第3号，第239—257页。

〔2〕 此处作为逆转的头部或掉落在地的头颅（即释"天"为"颠"，见上一注释）之意象的"颠倒界域"概念，让我们联想到中国古代神话传说中头颅被斩的英雄人物刑天。参见何新：《诸神的起源》，第268—269页。安妮·比勒尔在其所著《中国的神话》（第216—217页）中谈到这一神话的时候说，"为天所刑"（Punished by Heaven）或者"因天成形"（Shaped by Heaven）的无头英雄以乳为目，以脐为口，颇类似于当今医学上的所谓"移植"（transplants）术。这可视为女丹"斩赤龙"修炼中所宣称的身体改变的一种象征，因为女子应当首先将身体转变为与男子类似的身体（即《樵阳经》所说的"乳头缩而赤龙斩，变成男体"，参见《女丹集萃》第136页），最终将身体炼化为兼具男女两性特质的身体（详见本注释后文）。此外，斩断头颅也内蕴了重生的观念。《十洲记》（《道藏》第598号，涵芬楼线装本第330册，第2b页）记载一种怪兽，火不能伤，纵然头被砍掉也能复生。贺碧来曾在文章中援引之，参见贺碧来：《道教的静坐》，第276页。在中国文献中，斩龙或者杀死可怕动物的英雄俯拾皆是，而且他们往往被暗示为可以治疗疾病，或者驱除邪魔。颇有趣的是，印度神话中也有与女子月经有关的斩杀恶龙的神话故事，如魔鬼般的恶龙乌里特那（Vrtra）因为阻碍降雨而被因陀罗（Indra）斩杀。但与中国的神话传说不同，这一印度神话的晚出版本加入了新的内容——由于乌里特那是以婆罗门的形象出现的，因此在争斗中胜出的因陀罗必须要接受惩罚。因陀罗跑到了女人们那里寻求庇护，要求她们分担自己杀死婆罗门的罪过，后来女人们所承担的罪过就表现为月经。参见马especialmente·康纳：《女神与女性：印度教性力派典籍中的混同》，载曼德伦特·博斯编：《古代、中世纪和现代印度女子的面孔》，第117—118页。在密教逆转的逻辑中，也有印度女神斩杀恶魔的故事，如广为人知的杜尔迦（Durgā）斩杀化为公牛的恶魔。但女神的形象打破了对婆罗门的既定印象，她手持武器与恶魔鏖斗，她的血是神圣的，不再具有染污性。参见金·诺特：《印度教简介》，第45页；大卫·怀特：《丹体》，第190、191—202页。也可参见本书第156页注释1。还有一点要着重指出，即炼丹语境中通用的所谓"斩赤龙"隐喻，其原初意义是指石灰或金属硫化物的形成。参见李约瑟等编：《中国科学技术史》第5卷，第2部分，第8页。

第四章　斩赤龙：女丹的关键

点，既表现在男、女两性因身体结构之不同而互为"逆转的镜像"（inverted image），也体现在男、女两性颇具相似性的"逆则成丹"的修炼轨辙上。

三、作为男性镜像之逆转的女性

女性有其自身的特性和生理结构。如笔者所言，女性生命能量的根基是血液（blood），因此女性的内丹修炼必然以炼化这一物质为起点。在内丹修炼的第一个阶段"炼精化气"开始之前，女性首先需要"炼血化精"。因为对女性而言，每个月的月经，将使她损耗大量的创造性能量。因此，"炼血化精"即通常所说的"斩赤龙"，就成为女丹修炼的基础性环节。与女性的这一修行步骤相对应的，是男性对"精"的炼化。内丹文本《女金丹》描述男女两性内丹修炼的区别如下：

> 男子以阳生，为火，火回就水成功；女人以阴生，为水，水回就火成功。何为阴生？阴生者，潮信是也。男子炼气，女人炼形。男牵白虎，女斩赤龙。白虎者，神与气也；赤龙者，精与血也。男子阳生在子，女人阴生在午。子乃肾经，午乃心经。午是阴之根，子系阳之苗。男子外阳而内阴，女人外阴而内阳。男子夺外阳以点阴，女人夺外阴以点阳。此乃女人修仙之道。[1]

在此意义上，女性恰恰是男性镜像的逆转——"赤龙"一旦被斩断，就与男性的元气一般无二。"赤龙"代表了女性潜在的受孕和生产能力。[2] 女性的"赤龙"对应于男子的"白虎"："赤龙"含藏于女子胸腔之

---

[1] 此段文字见于《女丹集萃》第301—302页。在该书第132页有"女功炼己还丹图说"，旁有一段文字："午是阴之根，子乃阳之苗。男子外阳而内阴，女人外阴而内阳。男子夺外阳而点内阳，女子夺内阴而点外阳。"跟本段文字的后半部分相似。

[2] 作为精血的赤龙一旦被斩断（即颠倒其性质），就可以返回其本源，即天癸之府库（reservoir）。可参见张介宾在其《质疑录》（第28页）中所说的"天癸在先，而后精血之……"一段文字，也可参见上文第158页注释2和下文第162页注释1。

内,以不稳定的女性之火的形式表现出来;"白虎"则在男子睾丸之中,表现为易燃烧的男性之水。由此,男女内丹修炼的起手部位恰好相反。女子专注于两乳之间的乳溪,通过轻按乳房来启动血气的循环。[1]一旦炼化完成,女子之血会降至肚脐附近的"下丹田",从而转化为"精"。与此相反,男子则将其精神聚焦于生殖系统(肾脏/睾丸),即一开始就专注于所谓的"下丹田",从而积聚精元。一旦炼化完成,男子之"精"(并非精液/精子)就会转化为"气",并上升至头部的所谓"上丹田"。

在诸多内丹理论中,男女两性在能量区位点上也有不同。这些内丹理论往往以身体的、宇宙的乃至形而上的化育理论作为基础,进而指出女子的经血和男子的精元是内丹修炼的基本原料(ingredient)。然而,在内丹修炼之"逆转的世界"里,这些原料必须通过修炼返本归根,方能结成"仙胎"。与世俗世界的顺行规则相反,修炼内丹必须返回"先天境界"。具体而言,女子要在经血化为经水之前对其予以炼化,男子要在精元化为精子之前将其炼化。这些"纯正的"原料,是内丹修炼工程"第一原质"(materia prima)的源泉。

四、结论

由此可知,女丹修炼过程中女性的所谓"月经中断"现象,与男子在内丹修炼过程中的"精流中断"现象其实是相对应的。这种"中断"代表着世俗女性与修丹女性的重大区别——前者顺着普通女性的生命轨迹生儿育女;后者则能掌控并扭转这一进程,孕育出"真我"。

"斩赤龙"意味着女性对其身体和时间的充分控制,一如男性控制其精元的妄动一般。二者都需要严格控制情欲,避免神思昏沉和心猿意马。

---

[1] 恰恰是通过修炼来遮蔽其性别特征(如月经、乳房等),女子方能获得解脱。同样的逻辑也适用于男子及其性别特征。尽管在许多文化中,因男女身体性征之不同而将女性视为下劣的性别,但在女丹修炼之逆转的逻辑里,这类性别特征却成为女子修行以求解脱的资粮。

第四章　斩赤龙：女丹的关键

在"斩赤龙"过程中，女性将会体验到自身特殊的"阴阳消息"，理解自身生理周期如潮水般起落的价值所在，从而更好地体悟自身所具有的"成仙"资粮。通过这一修炼，女性可以从经水的外流中解脱出来，体会"真我"降临的快乐，这是女性复返"先天"的开始。自兹以往，她就可以跟男子一样进入其他的修炼阶段，也就是内丹典籍中常说的"炼精化气""炼气化神""炼神还虚"等。一旦女子进入到"中"的状态，一个全新的境界就会显现出来——在此境界中，所有的二元对立将被超越，男女两性的差异也得以消弭。无怪乎内丹典籍常说，内丹修炼成功的人往往缺乏单一的性别特征，或者集男女两性特征于一身——女子双乳缩小如处子，男子则出现所谓的"马阴藏相"。

最后要强调的一点是，一如女子受孕，"斩赤龙"是一个月经中断的

道 胎 图

图 5　道胎图

时间阶段。因此,若女子仅仅关注修炼的生理效果,那么这一阶段仅仅具有"小周天"的意义。要完成"仙胎"的孕育,女子必须继续从事"大周天"的炼化。一旦完成"大周天"的修炼,她就会萌发一种"默即说兮,这说处,元来有默"的奇特而神秘的体验。[1]

---

〔1〕 李道纯(活跃时间:1288—1306)说:"默即说兮,这说处,元来有默,只默说便是金丹秘诀。"参见《中和集》,《道藏》第249号,涵芬楼线装本第118—119册,卷6,第12a页。

第五章 清代道教与密教互动之一例:「龙门西竺心宗」

本章旨在探讨清代道教与密教(佛教密宗)之间的关系,以及清代儒、释、道三教的多面向关系。

清代道教的状况如何？其地位是怎样的？这一时期出现了哪些新的道教典籍？综观已出版的多种中国道教史著作,乃至晚近所出有关清代道教的著述,清代(1644—1911)道教往往被与明代(1368—1644)道教并而观之。按照这样一种观点,道教在长达五百多年的漫长时段内,一直是处于衰落状态的,甚至濒临消逝的边缘。通常而言,这些著作讨论的话题不外乎以下几个方面：道教在朝堂上居于次要地位；明清两代宗教控制政策颇为相似；以及道教信仰过分世俗化。它们认为道教已蜕变为"大众""民间"乃至"低等"的宗教,抑或受到了此类宗教之浸染,因而失去了原先的身份认同。公允而论,这些讨论涉及了帝制时代晚期中国道教的某些特征,但若要呈现这一时期道教的完整样貌,这些研究却仍力有未逮。需要指出的是,这些研究所依据之文献多是朝廷及其支持者所宣扬的官方文献,以及曾在明清时期旅居中国的西方传教士撰写的文献资料。后一类文献往往带有天然的缺陷,其观点多反映了他们与中国朝廷的关系、他们的传教策略以及他们对儒家思想的看法。由此,这些传教士或多或少地传递了某些带有儒家倾向的有关佛教、道教的观念。他们视佛道教为边缘化的宗教,认为它们与迷信颇有瓜葛,而与理性的、道德的、占统治地位的儒家思想形成巨大反差。有鉴于此,发掘、分析道教内部和朝堂之外的有关道教的文献资料,就很有必要。开垦道教研究的这块"处女地",对于加深我们对这一时期道教的认识,当会有意想不到的裨益。

在本章中,我将透过分析部分教内文献,展示道教在清代的另外一种

清代的道教

"面向"——即它与其他宗教尤其是密教的互动关系。在介绍这些文献之前,我要先谈一谈清代的"密教",以及清代帝王对它的特殊礼遇[1]。

一、清代的密教

有清一代,"密教"一语不但指可追溯到唐代(618—907)的早期密教实践,还用来指称藏传佛教和中国西部、北部僧人自元代(1260—1368)起从事的佛教修行模式。藏传佛教圣地山西五台山在明代(1368—1644)依然兴盛,这表明藏传佛教在汉地并未消失。[2] 藏传佛教的地位在清乾隆帝在位时期(1736—1795)达到了顶峰。在藏传佛教诸派系中,乾隆皇帝特别宠遇格鲁派(汉地称"黄教"),并邀请属于该派的达赖喇嘛至京。然而,乾隆帝的"国师"是来自青海、甘肃交界地安多地区的三世章嘉若贝多吉(1717—1786),乾隆帝在其指导下学习藏传佛教和梵文。[3] 因为这不是本章讨论的重点,所以我不打算详细考察藏传佛教在清代宫廷中的地位问题,而只是将与此话题有关的文献放在书末供有兴趣的读者参考。在下面的讨论中,我仅就与支持藏传佛教有关的清廷宗

---

[1] 已有的研究大多认为,满洲人支持藏传佛教,仅仅是为了取得其效忠,而非真正信仰它。然而,甘德星的研究(《十七世纪早期的满藏关系:重新评价》,哈佛大学 1994 年博士学位论文)表明,满洲人的信仰具有综合性的特点,除藏传佛教外,他们还信仰萨满教、道教和汉传佛教。他们对佛教的信仰当是真诚的——因为他们不仅将大乘经典译成满文,还在他们的言论中频繁引用佛教典籍(如萨迦班智达所作《萨迦格言》)的内容,并从他们的巫师那里接受类似于藏传佛教的灌顶。假若满洲人意图利用达赖喇嘛和藏传佛教来扰乱蒙古的话,那么后来格鲁派在西藏派阀斗争中胜出就是不可能的事情了。有关《萨迦格言》的翻译与研究,参见詹姆斯·鲍森:《格言宝藏:蒙藏双语〈萨迦格言〉》。

[2] 我们知道,藏传佛教从元代就开始影响中国的宫廷政治。参见傅海波:《蒙古统治下的中国》;傅海波:《中国元代的汉传佛教和藏传佛教:三项研究》;以及卢西亚诺·伯戴克:《十八世纪早期的中国和西藏》。有关西藏僧人在元代的形象,参见沈卫荣:《神通、妖术与贼髡:论元代文人笔下的番僧形象》,载克瑞斯托福·古博尔思编:《传统上西藏宗教与政权的关系》。该文的汉语版本见载于《汉学研究》第 21 卷第 2 号,2003 年,第 219—247 页。有关藏传佛教在五台山的兴盛发展,参见滕华睿:《当代五台山的藏传佛教》,《国际藏学研究会期刊》第 2 期(2006 年 8 月),第 1—35 页。

[3] 章嘉若贝多吉是章嘉转世系统中第二位来自安多地区的活佛。参见王湘云:《清代宫廷的藏传佛教:章嘉若贝多吉的生平与著述》,哈佛大学 1995 年博士学位论文;王湘云:《清代宫廷与西藏的联姻:章嘉若贝多吉和乾隆皇帝》,《哈佛亚洲研究杂志》第 60 卷第 1 期(2000 年 6 月),第 125—163 页。

第五章 清代道教与密教互动之一例:"龙门西竺心宗"

教政策作重点阐发,以便使读者更好地理解清代道教的状况,及其与藏传佛教的关系。

那么,道教与密教有过互动吗?假若有的话,那么道教对密教的态度又是怎样的呢?要回答这两个问题,就有必要分析龙门派第十一代弟子闵一得在其所撰《金盖心灯》中所呈现的龙门派历史。本文中,我将讨论的焦点放在闵一得的几个传记上,并撷取《金盖心灯》里的相关内容加以分析。事实上,这些材料将会显示出,闵一得不仅受到儒、释、道三教的影响,而且跟密教也颇有关联。但在展开分析之前,我要首先谈一谈道教全真龙门派的一些情况,以及这一派系在清初的重要地位;因为清代的道教是以龙门派的身份与密教发生互动的,而且最终导致了所谓"龙门西竺心宗"的形成。

二、清代的道教:作为道教传戒门庭的龙门派

有关清代道教派系龙门派,全真道士陈铭珪在其撰于1879年的《长春道教源流》[1]中说:

> 世称"龙门、临济半天下",谓释之临济宗、道之龙门派也。

临济宗是佛教禅宗的主流派系之一,其名称来源于唐代禅宗大德临济义玄(？—866)之名。尉迟酣(Holmes Welch)指出,帝制中国晚期和民国年间佛教僧人的戒律授受,都是按照临济宗的科仪进行的。因此,无论受戒僧人修习哪一法门,他们都称自己为佛教禅宗临济宗的弟子。[2]

---

[1] 参见《长春道教源流》卷6,第28b页;《藏外道书》第31册,第113页。陈铭珪是清代广东罗浮山酥醪观住持,自称"酥醪洞主"。
[2] 按照尉迟酣(《中国佛教的实践(1900—1950)》,第296页)的说法,临济宗"已成为一个制度化派系,不再具有教义方面的内涵。也就是说,若一名僧人属于临济宗,仅仅意味着他的戒师是临济僧人,并不意味着他一定会接受唐代临济宗创派祖师的学说,抑或必然采用其修行法门"。因此,归属于某派并没有教义上的规定性。这就可以理解,何以"几乎所有的中国禅宗僧人"都属于当时禅宗的两个主流派系——"临济宗"或"曹洞宗"(尉迟酣:《中国佛教的实践(1900—1950)》,第281页)。

清代的道教

与此相似,自清代迄今,由于道教龙门派拥有垄断性的传戒大权,[1]是以"龙门"也成为全真道士通用的标识。这种状况是怎样发生的呢?就道教而言,这一趋势可上溯至明代末年——当时,正一道虽仍在朝堂上占据主导地位,但全真道已取得了长足的发展,其境遇也渐趋转变。在清初,由于清廷更为青睐全真道,是以全真道的地位得到了很大提升。在"全真七子"中,丘处机最为著名,他因西行万里远赴中亚面见成吉思汗而声名显赫。[2] 据说在此次会面后,全真道取得了免除赋税和徭役的特权,因而进入了发展的黄金时期。因此,当时的丘处机成了整个中国北方宗教界的领袖,拥有掌管"天下所有出家人"的威权。[3] 虽说丘处机被追认为龙门派的创始人[4],但龙门派实际意义上的创立人和真正的振兴者则是晚于丘处机约四个世纪的王常月(号昆阳,?—1680)。

据闵一得(1748/58—1836)等人在19世纪编纂的龙门派史志文献,王常月作为全真道的改革家,强调道士应恪守清规戒律和伦理规范。由此,清政府认可并允准他以北京白云观方丈的身份在白云观公开传戒——他从1656年开始演戒,并指导针对道士们的宗教培训。王常月将

---

[1] 传戒是一种集体性的宗教仪式,一般在具有传戒资格的丛林寺庙中举办。道士或僧人在法坛上正式"宣誓",即成为受戒弟子,称"戒子"。参见吉冈义丰:《道观的生活》;尉迟酣、索安编:《道教面面观》,第229—252页;尉迟酣:《中国佛教的实践(1900—1950)》,第285—296页。

[2] 丘处机西行面见成吉思汗一事,见载于李志常撰《长春真人西游记》(《道藏》第1429号,涵芬楼线装本第1056册),李是随丘处机西行的"十八大士"之一。该文本的英译版本,参见亚瑟·威利:《一位丹道家的游记:长春真人应成吉思汗召请赴兴都库什山之旅》。该文本的内容概说,参见鲍菊隐:《十至十七世纪道教文献通论》,第66—68、157—159页。因其与统治者的密切关系,中国的官方史书《元史》也为丘处机作传。

[3] 姚道中:《全真》,载孔丽维编:《道教手册》,第572页。

[4] 传统上,"龙门"一语指的是陕西陇州龙门山,即丘处机隐居修道七年之处,参见《甘水仙源录》(《道藏》第973号,涵芬楼线装本第611—613册;《道藏》第19册,第734页)。然而,有学者认为,它也可能指陕西华山的某处,或位于四川的一个洞穴。参见王志忠:《全真教龙门派起源论考》,《宗教学研究》1995年第4期,第9—13页;莫尼卡:《金盖山龙门派和〈道藏续编〉中的内丹法》,巴黎第七大学博士学位论文,1993年,第144—154页;以及莫尼卡:《清代龙门派及其有争议的历史》,载劳格文编:《宗教与中国社会:领域的转变》,第621—698页。

第五章 清代道教与密教互动之一例:"龙门西竺心宗"

这些戒律的内容撰为《初真戒律》[1]一文,而他说戒的记录则由弟子整理成《碧苑坛经》[2]一书。王常月以龙门派的名义"重构"了道教的戒律,即所谓"三坛大戒"。而在王常月所处的时代,"三坛大戒"是佛教最常用的戒律程式,具体包括:

a. 沙弥戒法;

b. 比丘戒法;

c. 菩萨戒法。[3]

虽然我们无从确知,在传戒法会中组合运用以上三类戒法究竟始于何时,但在明末清初赴日阐教的佛教禅宗改革家的著作中已谈到了这一传戒程式,日本称之为"三坛戒会"。事实上,约在中国的明代,日本禅宗黄檗宗的大师们就在京都附近的宇治创建了万福寺禅院,并在禅院里举办了此类法会。而将这一统合性传戒模式引入日本的禅宗大师,很可能就是隐元隆琦大师(1592—1673)。[4]

在这一历史时期,龙门派或即借鉴了佛教的传戒程式,形成了自己的"三级戒律"。其具体戒律如下:

(1)初真戒,为初入道的道士、道姑而设。包括:

---

[1] 《初真戒律》见于《重刊道藏辑要》张集7,第25a—61b页;《藏外道书》第12册,第13—31页。有关这一文本的简要介绍,参见戴思博所撰词条"初真戒律",载玄英编:《道教百科全书》,第284—286页。

[2] 《碧苑坛经》见载于《古书隐楼藏书》第1册(1904年刻本,见《藏外道书》第10册,第158—217页)。该文本的另一版本名曰"龙门心法",载于《藏外道书》第6册,第727—785页。这两个版本有些区别,有待进一步研究。《碧苑坛经》据说是王常月在南京碧苑说戒的记录,其以"坛经"为名让我们联想到中国禅宗六祖慧能大师的《坛经》。有关六祖《坛经》的广泛影响,参见佛光山编:《宗教和文化视域下的〈六祖坛经〉》。有关"坛"(戒坛)的具体含义,参见格罗纳:《东亚传统佛教戒律语境下〈坛经〉的受戒仪式》,载佛光山编:《宗教和文化视域下的〈六祖坛经〉》,第220—222页。

[3] 参见艾香德:《支那佛教教理与源流》,第229—240页;尉迟酣:《中国佛教的实践(1900—1950)》,第285—296页。

[4] 参见长谷部幽蹊:《明清佛教教团史研究》,第155—173页;海伦·巴罗尼:《黄檗之禅》,第94—98页。

图6 三级戒坛 出自《释氏源流应化事迹》(1486)

a. 三皈依戒(皈依道、经、师);[1]

b. 积功归根五戒;[2]

---

[1] "三皈依戒"见载于《碧苑坛经》(《藏外道书》第10册,第159—162页)和《初真戒律》(《重刊道藏辑要》张集7,第34a—b页;《藏外道书》第12册,第17页)。实际上,这些内容在张万福(活跃时间:713年)于公元8世纪编成的《三洞众戒文》中皆可看到,只不过王常月为其增加了简短的注释而已。

[2] 《初真戒律》所言"五戒"(《重刊道藏辑要》张集7,第34b—35a页;《藏外道书》第12册,第18页)被冠以"太上老君所命积功归根五戒"之名,参见《太上老君戒经》(《道藏》第784号,涵芬楼线装本第562册。该文本的英文译本,参见孔丽维译:《太上老君戒经》,载《华裔学志》1994年第42期,第171—215页)。这些戒律与佛教的"五戒"内容一样:"一者,不得杀生;二者,不得荤酒;三者,不得口是心非;四者,不得偷盗;五者,不得邪淫。"

第五章 清代道教与密教互动之一例:"龙门西竺心宗"

c. 初真十戒;[1]

d. 女真九戒。[2]

(2)中极戒,包括三百条戒规,内容皆来自六朝古道经,形式则模仿佛教戒律。[3]

(3)天仙大戒,是古代道教戒文的汇编,只是更加突出了文本的精神性和教义性。能持守此戒圆满,方可得授"律师"或"方丈"之职。[4] 具备"律师"或"方丈"资格者才能在十方丛林主持受戒仪式,为其他道士授戒。[5]

据说自王常月开始,北京白云观传戒方丈的职位就由龙门派律师代代相传,龙门派的影响迅速扩大。应该说,龙门派的这一创举,连带自身传承谱系的建构,都为其广泛传播大开方便之门。[6]

---

[1] 此处的"初真十戒"出自《虚皇天尊初真十戒文》(《道藏》第180号,涵芬楼线装本第77册),不过加解释而已。《初真戒律》(《重刊道藏辑要》张集7,第35a—35b页;《藏外道书》第12册,第17页)中,这十条戒律被称为"虚皇天尊所命初真十戒"。参见森由利亚:《全真教龙门派系谱考》,载道教文化研究会编:《道教文化展望》,第197—198页。在唐代,这十戒是"出家"道士所应领受的"初真戒",参见施舟人:《敦煌抄本中的道教法位》,盖特·兰多夫等编:《东亚宗教与哲学》,第130页。有关"初真十戒"的英语译文,参见孔丽维:《宇宙与教团——道教的伦理维度》,第255—256页;莫尼卡:《创造性的道教》,第125—134页。

[2] "女真九戒",载《重刊道藏辑要》张集7,第58a—b页;《藏外道书》第12册,第29页。有关这些戒条的法文译本,参见戴思博:《中国古代的女仙》。

[3] 这三百条"中极戒"被冠以"中极上清洞真智慧观身大戒经"之名,载于《重刊道藏辑要》张集7,第62a—79b页;《藏外道书》第12册,第31—40页。这些戒律的内容让我们想起古道经《上清洞真智慧观身大戒文》(《道藏》第1364号,涵芬楼线装本第1039册)。有关此古道经的研究,参见施舟人:《敦煌抄本中的道教法位》,载《东亚宗教与哲学》,第131页。

[4] 这些戒律并未出现在王常月的著作中,而是见于柳守元撰《三坛圆满天仙大戒略说》(《重刊道藏辑要》张集7;《藏外道书》第12册);亦可参见闵智亭编:《道教仪范》,第86—116页。

[5] 小柳司气太所著《白云观志》(第70—73页)和吉冈义丰之《道教的实态》(第402—405页)中谈到,民国时期这三级戒律仍是白云观演戒之内容。然而,这三级戒律是否就是当年王常月传戒的内容,尚有待进一步探究。小柳司气太记录演戒过程如下:"凡分戒坛为三期。第一坛在大殿之前,宣示要目。第二坛为密坛,夜间人静时宣示之,不令外人知。过此坛后,新戒方为真正道士,发给戒衣、戒牒、锡钵、规之四种。第三坛宣示全真大戒,约一百余条。"

[6] 吉冈义丰:《道教:对永生的追求》,第199页。

173

三、龙门派历史和教义的基本来源：闵一得的《金盖心灯》和《古书隐楼藏书》

据说,有关龙门派系谱与历史的基本文献是托名王常月的《钵鉴》。该书据说已经佚失,当然也可能它本来就是虚构出来的。[1] 饶有趣味的是,这本被视为"龙门派基石"的文献是通过龙门派第十一代弟子闵一得(1748/58—1836)[2]编纂之《金盖心灯》的参考文献才为我们所知。《金盖心灯》是一部中国东南部龙门派大师的传记汇编,是研究明清龙门派历史的极为重要的教内文本。其中的传记多附著名学者鲍廷博(1728—1814)[3]的注释和鲍锟(活跃时间：1814)[4]的评论。《金盖心灯》1821

---

[1] 虽说《钵鉴》近来在学术研究中常被提及,但好像并没有人真正见过它。提及此书的研究,如陈兵：《清代全真龙门派的中兴》,《世界宗教研究》1988年第2期,第84—96页;森由利亚：《全真教龙门派系谱考》,道教文化研究会编：《道教文化展望》,第189页;卿希泰主编：《中国道教》(4卷本),上海：知识出版社,1994年,第3卷,第393页;卿希泰主编：《中国道教史》(4卷本),成都：四川人民出版社,1996年,第4卷,第81页;陈耀庭：《全真派戒律》,《道教文化资料库》(网址：http://www.taoism.org.hk/religious-activities&rituals/religious-discipline/pg5-2-3.htm)。听陈耀庭教授讲,北京白云观似收藏有这一文本,但却不对学界开放。

[2] 有关闵一得的生平,参见莫尼卡：《清代的道教(1644—1911)》,载孔丽维编：《道教手册》,第630—631页;莫尼卡：《清代中国的龙门派：教义理想与地方实践》,《中国宗教研究集刊》第29期,2001年,第199—203页(或参见本书第三章)。

[3] 鲍廷博,字以文,一字通纯,原籍安徽新安,后居浙江乌程,人称"浙之渊博士"。嘉庆年间(1796—1820)参加乡试中举,于1776年编成《知不足斋丛书》。参见孙念礼：《鲍廷博》,载恒慕义编：《清代名人传略》,第612—613页。1792年,他前往金盖山,负责《金盖心灯》的编辑工作。1811年,他与闵一得及其他龙门派弟子共同完成了此项工作。参见《知不足斋主人传》,《金盖心灯》卷7,第31a—32b页,载《藏外道书》第31册,第311—312页。据鲍廷博说,《金盖心灯》中的传记是以下列文献为基础的：(1)王常月(？—1680)所撰《钵鉴》;(2)第八代龙门律师吕云隐(活跃时间：1710)所纂《道谱源流图》;(3)杨慎庵纂辑之《杨氏逸林》,据说该书内容以王常月《钵鉴》为主要蓝本;(4)龙门派第九代宗师范清云(派名太清,1606—1748?)所撰《钵鉴续》,据传范太清1667年从王常月得《钵鉴》五卷,在其基础上增益为九卷;(5)吕全阳所作之《东原语录》。然而,除《道谱源流图》外,这些文献仅在《金盖心灯》的注释中留有踪迹。参见《金盖心灯》之《龙门正宗流传支派图》,第1a—7b页,载《藏外道书》第31册,第166—168页;《龙门正宗觉云本支道统薪传》,载《藏外道书》第31册,第427—446页;《金鼓洞志》,载《藏外道书》第20册,第189—299页;吉冈义丰：《道教的实态》,第231—232页。译者按：作者对鲍廷博生平的描述有误。鲍廷博未曾乡试中举,而是1816年由嘉庆帝钦赐举人。另,1792年,鲍廷博赴金盖山系为营建御书楼之事。1810年,闵一得将《金盖心灯》初稿出示给鲍廷博。1811年,鲍氏完成了对该书的集注。

[4] 鲍锟,余杭(今杭州)人,1814年他为《金盖心灯》作序。参见《金盖心灯》第1a—2b页,《藏外道书》第31册,第159—160页。

第五章　清代道教与密教互动之一例:"龙门西竺心宗"

年初次刊印于金盖山云巢道院的藏书楼古书隐楼,后刻版毁于火。1876年得以重刊(8卷,有附录),其中的一个刻本现存法兰西学院图书馆。此书还被收入杜洁祥编《道教文献》第10—11卷和《藏外道书》第31册。

闵一得初次雕版《金盖心灯》的地方——金盖山云巢道院曾遭焚毁,后来重建,今天仍矗立在浙江湖州。《道统源流志》中的两幅图表明,金盖山核心建筑被称作"古梅花观"。[1] 如今山下的乡民仍称它"云巢庙"。

图7　金盖山鸟瞰图　出自《道统源流志》(1929)

图8　金盖山古梅花观图　出自《道统源流志》(1929)

〔1〕《道统源流志》由严六谦(号庄严居士)编纂完成,无锡中华印书局刊印于1929年。

175

清代的道教

当我 1988 年第一次拜访金盖山和古梅花观时,这一圣地重新开放尚不足一年,里面任事的一些道士也已是垂垂老者(见图 9)。尽管遭受过破坏,但这一建筑群的总体布局仍然与《道统源流志》的描绘十分契合(见图 8)。

图 9　金盖山住持及道长

图 10　吕洞宾　出自《金丹大要》卷 2,第 52a 页

道院的中心建筑是奉祀吕洞宾祖师的纯阳宫。我在其墙上发现了一通有关纯阳宫历史的残缺碑文。这通碑刻的全文见载于《金盖心灯》附录[1]。在其他殿堂的墙上,赞扬毛主席的语句依然历历在目。然而,与《道统源流志》的两幅图具有显著差异的是,山顶上多了一座巨大的电视广播天线。这不禁让我疑惑——这是在接引那些据说曾徜徉于山间茂密竹林中的神仙呢,抑或是要阻止他们再次驻留于此呢?跟金盖山有关的最有名的神仙当属吕洞宾了(见图 10)。在闵一得来金盖山一事上,这位

---

[1]《金盖山纯阳宫古今迹略》,载《金盖心灯》卷八之后的"山略附"。

第五章 清代道教与密教互动之一例:"龙门西竺心宗"

神仙起到了至关重要的作用,一如沈秉成在为重刊《金盖心灯》所作的序中所言:

> (闵一得)所居金盖山侧,习闻山为回仙旧游地,因著为《心灯》一书,取释氏传灯之义。其书首列道谱,继叙龙门宗派。[1]

据此,闵一得选择隐居此地撰述《金盖心灯》,是因为这里跟"回仙"吕洞宾有密切关系。我们知道,佛教禅宗编纂的"灯史"将其源头追溯至佛教的创始人佛陀,透过禅宗历代祖师的"以心传心",佛陀的教外别传之法得以代代相承。这种做法在中国取得了巨大的成功——它催生的禅修运动使禅宗在中国佛教诸派系中取得了主导性地位。以佛教做法为镜鉴,闵一得在《金盖心灯》中以明确的系谱性术语勾勒出了道教的"道谱图",以此来呈现龙门派的源流发展。[2] 闵一得将龙门派的系谱追溯至"道祖"老子和"道宗"吕洞宾,从而使龙门派在道教内部具有了无可匹敌的高贵血统和身份,直到今天这一谱系仍然在发挥作用。与佛教禅宗相类,闵一得的《金盖心灯》还绘有一张精心编制的派系图,即"龙门正宗流传支派图"(见图11)。该图载录了龙门派前后相继的传承系统,上自龙门派最初的七位祖师,下至王常月之后江南龙门派的多个支系的祖师和弟子。[3]

熟悉禅宗"灯史"的读者或许会问:闵一得在撰著《金盖心灯》时,是

---

[1] 参见沈秉成撰于1873年的《重刊金盖心灯序》,载《金盖心灯》,第1b页。
[2] 参见《金盖心灯》之《道谱源流图》(第1a—7b页)。
[3] 龙门派初期的七位祖师被尊为"龙门正宗"的衣钵传人,这一说法不仅被白云观及其下属宫观所接受,而且也为后来的龙门派支系所认可。事实上,这一谱系在小柳司气太的《白云观志》和五十岚贤隆的《太清宫志》里也有谈到。参见《白云观志》,第32—35页;《太清宫志》,第64—65页。自清代开始,这一七代传承的系谱构成了白云观龙门方丈衣钵接续之正宗,后来逐渐为其他龙门派的丛林宫观所接纳。此外,王常月之后的龙门派支系也认可了这一传承序列。参见莫尼卡:《创造性的道教》,第一部分。

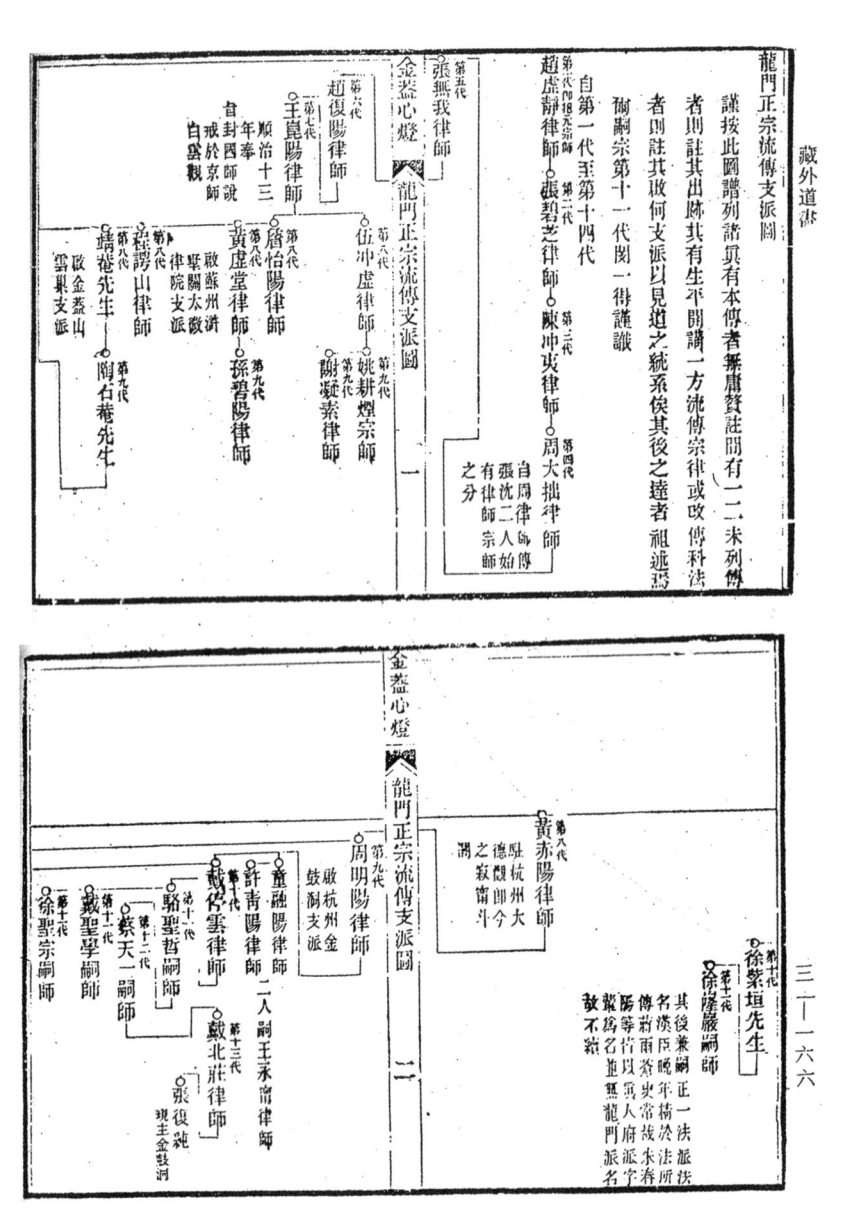

图 11　龙门正宗流传支派图　出自《金盖心灯》卷首

第五章 清代道教与密教互动之一例:"龙门西竺心宗"

否有提升龙门派至"护国"宗教之地位的意图呢[1]?对此,我们不敢妄下断言。但就事实而言,在闵一得指导下,通过学者和龙门派弟子的共同努力,一套完美的龙门"血统"和传承脚本的确问世了,而且还为后来的法嗣徒孙所接受。事实上,闵一得在提升中国南方"正宗"龙门派的自我形象方面发挥了至关重要的作用。在他的眼中,龙门派既是具有标准化戒律体系、修行规范、行为准则和宗教仪式的制度化教团,又是具有思想和教义传统的宗教,能够创生出包括宇宙论、自我修养论和伦理学在内的独特的宗教仪范和丹道法则。通过他编纂的第二部道教文献汇编《古书隐楼藏书》,闵一得实现了这种创造。[2] 正是在《金盖心灯》和《古书隐楼藏书》两种文献中,我们发现了与密教有关的文本,尤其是与"龙门西竺心宗"有关的文献,这也是本文关注的焦点所在。

卿希泰先生主编的《中国道教史》和《中国道教》都谈到,《古书隐楼藏书》至少有1834年、1894年、1904年和1916年四个刊本。[3] 其中,1904年刊本收书37种,因被《藏外道书》收录而广为人知。[4] 而卿希泰提到的1834年刊本很可能是由金盖山所藏木质刻版雕印而来,且只包含收于《古书隐楼藏书》的23种丹道典籍。另外,1834年刊本并不是以"古

---

[1] 有关禅宗"灯史"的作用,参见柳田圣山:《灯史中的系谱》,《日本佛教学会年报》第19卷,第1期(1954),第1—46页;柳田圣山:《灯史中的系谱之再探》,《禅学研究》第59卷(1978),第1—39页。也可参见施米特·格林策尔:《中国的佛教认同与佛教史的编纂》,第26—63页;福克:《禅宗及其在佛教清修传统中的地位》,密歇根大学1987年博士学位论文,第42—44、50—52页;戴尔·怀特:《佛教禅宗的传承故事及其近代编纂史》,《远亚丛刊》第7期,1993—1994年,第105—114页;魏雅博:《〈祖堂集〉和〈传灯录〉中的谱系和语境》,载斯蒂芬·海茵、戴尔·怀特编:《禅经》,第137—139页。然而,值得一提的是,明末清初,不同的禅宗派都在接续本派的"传灯"序列,从而在派系竞争中主张自己的优势地位。参见长谷部幽蹊:《明清佛教教团史研究》,第435—534页。正是在这一大背景下,道教"传灯"工程——《金盖心灯》之编纂也顺势出现。

[2] 《古书隐楼藏书》的核心内容是23种内丹典籍,闵一得又将它们编为《道藏续编》,于1834年刊印于金盖山。参见卿希泰主编:《中国道教史》(4卷本),第2卷,第184—186页。藏书家丁福保在1952年重印了《道藏续编》。译者按:丁福保铅印本《道藏续编》,一般著录为民国年间出版,作者之说似有误。

[3] 参见卿希泰主编:《中国道教史》(4卷本),第4卷,第116页;卿希泰主编:《中国道教》(4卷本),第2卷,第184页"古书隐楼藏书"条。

[4] 《藏外道书》影印复制了上海图书馆所藏14册的《古书隐楼藏书》。《中国丛书综录》(第一卷,第818页,第1092页)收录了1904年刊本《古书隐楼藏书》所收典籍的目录,但未收其附录部分的三种文献。《古书隐楼藏书》不同版本的比较亟待进行。

179

图 12　闵一得像　出自《古书隐楼藏书》

书隐楼藏书"为名,而是被冠以"道藏续编"之名。《道藏续编》颇为罕见,据说直到民国年间,学者、藏书家丁福保(号守一子,1874—1952)才得到一个刻本并将其铅印出版。[1] 该本分为四卷,印于 1952 年,名为《道藏续编初集》[2]。对比《古书隐楼藏书》1904 年刻本和丁福保 1952 年刊本,不难发现,丁氏的刊本仅保留了与内丹有关的道教文本。值得注意的是,在闵一得的多个传记中,并无一处提及《道藏续编》,而常谈到《金盖心灯》(1821)和《古书隐楼藏书》(1834)。分析后两种文本部分相关内容,我们会发现更多有关金盖山龙门派和龙门西竺心宗之关系的证据。接下来,我们先看一看《金盖心灯》中有关闵一得的几种传记。

---

[1] 参见《道藏续编》(1989 年重刊本)"编辑说明"和丁福保所作的说明。
[2] 上海:医学书局,1952 年。另有 1989 年重刊本(北京:海洋出版社)和 1993 年重刊本(北京:书目文献出版社)。译者按:丁福保铅印本一般被著录为民国年间出版,作者之说有误。

第五章　清代道教与密教互动之一例："龙门西竺心宗"

四、三种闵一得传记

　　初刊于1821年的《金盖心灯》卷八后附有三种闵一得（1758—1836）传记（这些传记在1876年《金盖心灯》重刊时被统称作"闵传附"）。这些内容也见于《古书隐楼藏书》的第一册，只是内容上稍有不同；一个晚近的《古书隐楼藏书》刻本尚录有署名闵一得作的闵一得自传一篇（题为"自述"），但其内容的真实性有待检验。[1] 另外，在处理《金盖心灯》序言中有关闵一得生平的内容[2]和闵一得为《古书隐楼藏书》中之典籍所写引言中有关他自己的内容时，我们也要慎之又慎。此外，《龙门正宗觉云本支道统薪传》也载有一篇闵一得的传记，内容以前述几种文献为基础。[3] 下面，我们首先看一下《金盖心灯》所附三种闵一得传记。

（一）晏端书[4]撰"闵懒云先生传"（《金盖心灯》附录第1a—3a页）

　　第一篇传记由清代翰林院编修晏端书撰写。其中谈到，闵一得名苕旉，字补之，一字小艮，道号懒云子，生于吴兴（今浙江湖州）之望族。其父闵大夏[5]曾中举人，后任河南息县县令，复任余杭（今浙江杭州）教谕。

---

　　[1]　参见《古书隐楼藏书》1904年刊本，载《藏外道书》第10册，第153—155页。《金盖心灯》版的闵一得传记与《古书隐楼藏书》版的传记的区别，下文将会谈到。名为"自述"的闵一得这一自传见于《龙门派丹法诀要》，载萧天石编：《道藏精华》第1集之8，台北：自由出版社，1982年，第235—240页。《龙门派丹法诀要》的内容，多录自《古书隐楼藏书》；然而，若《清规元妙》的跋文（《龙门派丹法诀要》，载萧天石编：《道藏精华》第1集之8，第271页）所言不虚，那么《古书隐楼藏书》这一刻本刊行的时间当是1917年，而非卿希泰先生所言之1916年。
　　[2]　译者按，此处原文为"闵一得为《金盖心灯》所作的数篇序言中的内容"（information contained in prefaces by Min Yide in Jingaixindeng）。考之《金盖心灯》，其前的四个"序"分别是沈秉成、鲍廷博、鲍锟和萧抡所作，内容上皆涉及闵一得。因此，正确的说法应为"《金盖心灯》序言中有关闵一得生平的内容"。参见《藏外道书》第31册，第158—161页。
　　[3]　《藏外道书》第31册，第469—471页。
　　[4]　晏端书，翰林院编修，与英杰合作纂修24卷本《扬州府志》（1874）。
　　[5]　据《道统源流志》（卷下，第13页）"陈樵云律师"条之注释，陈樵云曾于1785年在杭州见过闵大夏。

181

传记说,闵一得自小体弱,九岁还难以正常行走。于是家人送他到桐柏山依止高东篱(？—1768)。他从高东篱学得导引之术,不久身体竟日渐康泰。

据龙门派字谱,高东篱(派名清昱)为龙门派第十代弟子。[1] 他是桐柏宫的住持。[2] 据《道统源流志》(卷下,第9—10页)有关高东篱的简注,高曾造访杭州金鼓洞,从龙门派第九代律师周明阳(1628—1711)受戒法。[3] 后来,高东篱接续了天台山崇道观龙门支派开山祖师范青云的衣钵,范是天台崇道观的第一任住持[4]。又据范青云的传记,桐柏宫于雍正年间(1723—1735)敕令重修,更名曰"崇道观"[5]。1733年,雍

图 13 浙江天台山桐柏宫 莫尼卡摄

---

〔1〕 参见小柳司气太:《白云观志》,第 97 页;《金盖心灯》之《龙门正宗流传支派图》,第 3a 页。

〔2〕 有关高东篱(？—1768)住持桐柏宫之事,参见《高东篱宗师传》,载《金盖心灯》卷 4,第 13a 页。

〔3〕 《道统源流志》由严六谦(号庄严居士)编纂。也可参见《金盖心灯》之《龙门正宗流传支派图》,第 3a、7b 页。有关周明阳(派名太朗)的情况,参见《金盖心灯》卷 3,第 12b—15b 页。

〔4〕 参见《范青云宗师传》,载《金盖心灯》卷 3,第 45a—47b 页;《金盖心灯》之《龙门正宗流传支派图》,第 7b 页。

〔5〕 参见《金盖心灯》卷 3,第 46a 页,第 7 行;《金盖心灯》之《龙门正宗流传支派图》,第 7b 页。

第五章　清代道教与密教互动之一例："龙门西竺心宗"

正帝认为此处与南宗祖师、《悟真篇》作者张伯端有关,鉴于张氏融汇道教内丹与佛家禅修之作为,于是赠张伯端"禅仙"之号[1]。所以有如此关联,当是桐柏山独特的地理位置使然——桐柏山是天台山山脉中一个较为平缓的山峰,而天台山以佛刹众多而闻名。

闵一得造访的道院今天仍然存在,只不过 1980 年代曾因修建水库迁址。在 1986 年初次考察此地时,我仅看到一处小得可怜的被称为"桐柏宫"的道庵,有道姑叶高行居止于此。

图 14　桐柏宫住持叶高行与莫尼卡,在谢崇根道长之碑附近

显然,按照龙门派字谱,这位叶姓坤道住持属龙门派第二十七代。[2] 她告诉我,古桐柏宫在 1958 年被政府修建的水库淹没了。她带我绕过水库,到了古桐柏宫的另一侧,那里有叶道长为乃师谢崇根(？—1984)所立的碑铭[3]。可以想见,叶道长已竭其所能,使桐柏宫的道脉不至湮灭。诚如闵一得传记所言,桐柏宫以传承导引术和内丹

---

[1]　参见《金盖心灯》之《道谱源流图》,第 3b 页。
[2]　参见小柳司气太:《白云观志》,第 97 页。
[3]　按照龙门派字谱,"崇"字辈为第二十六代。参见小柳司气太:《白云观志》,第 97 页。

道著称。叶道长也将导引术传给了山下的一些年轻村民,所传内容皆出自当年谢崇根道长传给她的龙门"五息功",主要是以调身、调心和调息为主的气功技术。她还向我展示了谢道长以莲花坐姿表演高阶五息功法的照片。这一功法通过控制人的呼吸,显露出人体本具之"原息"——据说达到这一状态时,人的心跳会停止,身体将进入一种奇特的休眠状态。

图15 导引动作图 出自马王堆汉墓抄本,公元前2世纪。复制自玄英编:《道教百科全书》卷1,第335页

当然,从照片上我们无法看出这一功法的效果,也无从证实这就是古来功法的真容。然而叶道长说,这一龙门功法将道教的"行气"和佛

第五章　清代道教与密教互动之一例:"龙门西竺心宗"

教的"坐禅"襟连为一,其中还孱入了南宗祖师张伯端的功法,她颇以此自豪。这位坤道住持还强调说,桐柏宫如今仍跟天台山著名的佛教寺庙国清寺保持着密切来往。于是我们花了几个小时的时间翻越山岭,拜访了这一佛教古刹。如她所言,和尚们特别感激、尊敬她,因为叶道长常来给他们疗疾治病。事实上,叶高行道长原本就是中医出身,她靠自己的中医和针灸技能维持着她的小道庵,通过为村民和天台山的和尚看病维持着简朴的生活。我有幸用视频影像记录下了她用所谓"灵飞针"行医的过程。病人面向墙壁,叶道长将一根粗针近距离刺向其小腿。对我这个外行人而言,这一治疗方式显得有些血腥了。她还从师尊处传承了"三清画"一轴,"五岳真形图"一幅,将其奉为庵中至宝。

叶道长对闵一得在19世纪早期撰写龙门派历史一事一无所知;不过当我给她看《金盖心灯》的影印本时,她还是为书中记载了自己道派的历史而大感欢喜。当我在2001年最后一次拜访她的时候,她已经募捐到了一些资金,用于桐柏宫的修复和扩建。捐助者大多是她那些定居美国的弟子。这次拜访时,我惊讶地发现山上正在修路,以方便人们驾车来此。叶道长曾跟我谈起她重修道观的计划,并说她已经拿到了签证,要去美国看望她的弟子们。岂料在这次见面后第二年,我从她的一个弟子处得知,叶道长已在抵达美国后不久溘然离世。

让我们重新回到闵一得传记的话题上来。如今已被水库淹没的古桐柏宫,正是当年闵一得皈依龙门派并得派名"一得"之处。在以导引术驱疾之后,他归家读儒经,究性理。然而所有的闵一得传记都指出,闵一得之所以读书究理,并非是为了科举入仕,而是兴趣使然。25岁时,他遵父命踏入仕途,任云南某州司马。父亲过世后,闵一得绝意仕宦,四处访求奇人异士。在他遇到的高人中,最突出的当属高东篱的首座弟子沈轻云(1708—1786)[1]。

---

[1] 沈轻云(1708—1786),派名一炳,为龙门派第11代弟子,他兼传正一之法,是闵一得之师。参见《沈轻云律师传》,载《金盖心灯》卷4,第31a—44b页。也可参见《金盖心灯》之《龙门正宗流传支派图》,第3a—4b页。

闵一得学综三教,得高东篱真传。[1] 高东篱将示化时,闵一得亲往送别。之后他遵照高东篱的遗命,师从沈轻云继续学道。

尽管沈轻云与闵一得都是龙门派第十一代弟子,但事实上闵一得却是沈氏最卓异的弟子。沈轻云将大量的珍贵典籍传给闵一得,这些经书皆见载于《古书隐楼藏书》。[2] 传记如是描述闵、沈二人的关系:

> 其及门诸子,皆卓荦一时,先生独得其大。常守轻云"十义"之训,数十年不敢少懈。[3]

沈轻云的传记明确指出,所谓的"十义"是:(1)忍辱;(2)仁柔;(3)止敬;(4)高明;(5)退让;(6)刚中;(7)慧辨;(8)勤;(9)信;(10)廉。[4] 这些教义与龙门派传授道戒、授予道职的官方形象是完全吻合的。

此后,闵一得回到吴兴,归隐于城南金盖山。金盖山是陶靖庵(1612—1673)修真之所[5]。据其传记,陶靖庵乃龙门派第八代弟子,是金盖山云巢支派的创派祖师。1786年,沈轻云羽化,时方29岁的闵一得继续在此修道,以便延续陶靖庵一系道脉。

闵一得的此篇传记还谈到了闵氏在山修道时金盖山的情况——金盖山"法嗣陵替,屋宇倾颓"。面对此种情形,闵一得决定重振道风,扩建琳宇。后来,闵一得又在此编纂完成了《金盖心灯》8卷:

---

[1] 译者按:晏端书所撰闵一得传记云:"有沈子轻云者,东篱首座弟子也,学宗三教,得东篱翁真传。"因此,所谓"学宗三教"者应为沈轻云。
[2] 与沈轻云有关的文本主要有以下7个:《琐言续》《吕祖师三尼医世功诀》《天仙心传》《天仙道戒忌须知》《天仙道程宝则》《西王母女修正途十则》《泥丸李祖师女宗双修宝筏》。
[3] 晏端书:《闵懒云先生传》,载《金盖心灯》之"补遗",第1b页,第2—3行。
[4] 参见《金盖心灯》卷4,第37b页,第4—5行。
[5] 陶靖庵的传记,参见《金盖心灯》卷2,第9a—22a页。金盖山龙门派与鸡足山龙门派(即"龙门西竺心宗")真正产生关联,与陶靖庵不无关系。参见《金盖心灯》之《龙门正宗流传支派图》,第2b—7a页;《龙门分派西竺心宗流传图》,第1a页。

第五章　清代道教与密教互动之一例:"龙门西竺心宗"

> 所著《金盖心灯》八卷,沿流溯源,发潜阐幽。又《书隐楼藏书》二十八种[1]及《还源篇阐微》,以儒释之精华,诠道家之玄妙,言言口诀,字字心传,俾有志者循序渐进,自有为以造无为,不至昧厥旨归。[2]

这段内容揭橥了闵一得所传龙门教义的核心——混融三教,借由内丹道的实践,自"有为"渐修至"无为"。这里的"有为"指的是"命功",即"气"的修炼(如运气、控制身心功能等)。这类包含有"造作"和"意志"的修行过程,最终须回归到"性功"或"无为"上来,这就是所谓的炼"神"(精神性的活动,如默观冥思、体认本来等)。在闵一得的著述中,这一称作"先命后性"的内丹修炼进路,带有强烈的"南宗"色彩;而这一色彩在闵一得编撰的系列道籍中皆可窥见。[3] 有趣的是,前文谈到的叶高行道长从乃师谢崇根大师处传承的"龙门五息功",也遵循了这一修行次序。传记的结尾说:

> 先生生于乾隆戊寅十二月初二日,卒于道光丙申十一月初十日,住世七十有九年。[4]

有关闵一得在金盖山之活动的更多内容,我们将通过另外两篇传记深入介绍。

---

[1] 在《古书隐楼藏书》所收的同一篇传记(同样署名晏端书撰)中,这句话却作"《古书隐楼藏书》三十余种"(《藏外道书》第 10 册,第 154 页)。有趣的是,在《天仙心传》末尾一条(落款为 1834 年)中,闵一得提及,他将刊行《古书隐楼藏书》,包含典籍二十种,并列出了它们的标题。《道藏续编》所收《天仙心传》中则没有这一条。

[2] 《金盖心灯》之"补遗",第 2b 页,第 1—4 行。

[3] 如闵一得编纂的《道藏续编》中的系列文本:《尹真人东华正脉皇极阖辟证道仙经》《尹真人廖阳殿问答编》《泄天机》《上品丹法节次》《如是我闻》《琐言续》《古法养生十三则》。它们也被编入了《古书隐楼藏书》,载《藏外道书》第 10 册。

[4] 《金盖心灯》之"补遗",第 3a 页,第 1—3 行。

(二)杨维昆[1]撰"闵懒云先生传"(《金盖心灯》附录;《古书隐楼藏书》卷1,第6页,载《藏外道书》第10册,第154页)

该传记透露了有关闵一得降生及其早年身体羸弱情况的更多信息:

> 生时,其父艮甫公梦羽服者至,自称贝懒云,故又自号懒云子。[2] 幼颖异,从群儿戏,堕井中,若有掖之出者。素羸弱,谒东篱高子于桐柏山。留数载,体始充。[3]

闵一得辞官后,即师事沈轻云。沈氏羽化后,闵一得出访名胜,足迹"半天下",遍及南北。然而,与晏端书所撰闵氏传记不同,杨氏所撰传记谈到了闵一得巧遇龙门西竺心宗第十代、十一代的多位弟子[4]的情况,其中包括金怀怀[5]、白马李[6]、李蓬头[7]和龙门道士[8]等。传记说闵与他们"往复讲论,多所契合",以示龙门西竺心宗与闵一得所属龙门派之间多有契合。[9] 通过切磋交流,闵一得声誉鹊起,名公贤士对他很是推重。在此之后,闵一得就归隐金盖山,修复和扩建了山上的道教宫观。另外,闵一得还是一位难得的师长,受他奖掖的学生渐多,他也乐此不疲。

---

[1] 杨维昆是费拨云的弟子、闵一得的学生,属龙门派第十三代弟子。参见《道统源流志》卷下,第15、18页。

[2] 若将此内容与《古书隐楼藏书》(1906年版)中署名闵一得作的所谓"自述"的内容加以比对,会更加有趣。闵一得的这篇自传还载于《龙门派丹法诀要》(萧天石编:《道藏精华》,第1集之8,第235—236页)。按闵一得父亲梦中所见,闵一得乃南宋著名道士、杭州洞霄宫住持贝大钦(号懒云)转世。若闵一得果为这位老道长转世,或许就不难理解何以他生来体弱、艰于行走。这也让我们联想起老子生而白头的传说。

[3] 《金盖心灯》之"补遗",第4a页,第1—4行。

[4] 参见《龙门分派西竺心宗流传图》,第1a页。

[5] 有关金怀怀的传记,参见《金盖心灯》卷6,第9a—11b页。

[6] 有关白马李的传记,参见《金盖心灯》卷6,第12a—14a页。

[7] 有关李蓬头的传记,参见《金盖心灯》卷6,第23a—23b页。

[8] 有关龙门道士的传记,参见《金盖心灯》卷6,第24a—25a页。

[9] 《二懒心话》对此也有说明,载《古书隐楼藏书》卷8,第35a页;《藏外道书》第10册,第467页。

他慷慨任事,精神状态很好:

> 年七十余,精力不衰,如四五十人。尝冬月遇一故人寒甚,即解身上裘衣之。

这篇传记有一个特点,即以闵一得父亲的梦开始,复以其父亲的梦作结:

> 族中停柩十数,贫不能举,为经理葬焉。时艮甫公在任所,梦衣冠者数辈来谢,疑之,后始知其故。盖即葬柩之夕也。其慷慨任事类如此。[1]

该传记还谈到,闵一得有两种主要著述:一为《金盖心灯》8 卷,一为其所辑《古书隐楼藏书》20 多种[2]。

(三) 沈秉成(1821—1894)[3] 撰"懒云先生传"[4]
(《金盖心灯》第 6a—7a 页;《古书隐楼藏书》卷 1,第 7a—8a 页,载《藏外道书》第 10 册,第 155 页)

这一传记与杨氏所撰者十分相似,显然所依据的文献相同。但该传记结尾处的内容却是新增的。沈氏指出,闵一得编撰收书 20 余种的"书

---

[1] 译者按:《金盖心灯》所言,乃是闵一得为族人之家贫者经理丧事,而其父艮甫公梦见有人来谢。作者原文解读为闵一得梦见有人来谢,当属误读。参见《藏外道书》第 31 册,第 371 页。
[2] 然而,同样署名杨维昆撰的《古书隐楼藏书》版本的《闵懒云先生传》却说《古书隐楼藏书》收书 30 余种。参见《藏外道书》第 10 册,第 154 页。
[3] 沈秉成,费拨云弟子,属龙门派第十三代。有关他的情况,参见《道统源流志》卷下,第 17—18 页。
[4] 译者按:该传记标题,原文误为"闵懒云先生传"。参见《藏外道书》第 10 册,第 155 页;《藏外道书》第 31 册,第 372 页。

隐楼丛书"[1]和《金盖心灯》8卷,端在"发明本师宗旨,于丹家邪说辟之尤力";同时还将闵一得描绘为典型的儒者形象:

> 笃实纯静,平易近人,论者以为有儒者气象。道光十六年卒,年七十九。[2]

综而观之,三篇传记都谈到闵一得出生于吴兴望族,受过良好的儒家传统教育。他第一次接触道教尤其是龙门派,是因幼年体弱多病,不得不在桐柏宫龙门派大师高东篱处学习导引之术。短暂的仕宦生涯结束后,闵一得矢志修道,于是归隐金盖山。当时,曾经兴盛一时的金盖山龙门派已大为衰颓,于是他艰苦经营,使龙门派在这一圣地再次振兴。此外,后两篇传记皆言闵一得跟一个叫作"龙门西竺心宗"的道派过从甚密,闵氏与这一派系的多位大师相遇并讲论辩难,甚为契合。据闵一得为《吕祖师三尼医世说述》所作的序言,他还曾因缘际会,得遇龙门西竺心宗的创派祖师鸡足道者。那么,这位鸡足道者究竟是什么人?闵一得及龙门派与这位传奇人物及其教义之间又有何关联?

五、鸡足道者的传记

有关闵一得与鸡足道者及龙门西竺心宗之间的关系,主要见于以下两种文献:闵一得为《吕祖师三尼医世说述》所作的序;《金盖心灯》之《鸡足道者黄律师传》。

另外,《持世陀罗尼经法》中有《度师野怛婆阇传》(《藏外道书》第10册,第553页)。《古书隐楼藏书》中有多个文本也谈到他,其中一些内容在下文的注释中会提到。

---

[1] 然而,同样署名沈秉成撰的《古书隐楼藏书》版本的《懒云先生传》却说《古书隐楼藏书》收书30余种。参见《藏外道书》第10册,第154页。

[2] 《金盖心灯》之"补遗",第6b—7a页。

第五章　清代道教与密教互动之一例:"龙门西竺心宗"

(一) 闵一得为《吕祖师三尼医世说述》撰写的序(1828)[1]

这篇收于《古书隐楼藏书》的序言[2]独具特色,因为闵一得通过"三尼医世"之说突出了"三教"在源头上的统合性关系。"三尼"分别是孔夫子(仲尼)、老子(青尼)和佛陀(牟尼)。[3] 据此文,闵一得在1792年拜谒鸡足道者于鸡足山,此山地近云南大理,以佛刹多而知名。[4]

图16　三圣图

---

〔1〕《吕祖师三尼医师说述》有两篇序言:一篇署为陶石庵(？—1692)1664年作;一篇署为闵一得1828年撰。

〔2〕《藏外道书》第10册,第344页。

〔3〕《吕祖师三尼医世说述》(《道藏续编》第1a页;《古书隐楼藏书》第9a页,载《藏外道书》第10册,第348页)有言:"《心印集经》曰:'青尼致中,仲尼时中,牟尼空中。'"也可参见《重刊道藏辑要》箕集10,第6a—b页。

〔4〕有关鸡足山在印度佛教和藏传佛教向云南地区传播过程中所发挥的作用,参见杨学政等编:《云南宗教史》;镰田茂雄:《云南鸡足山的佛教》,《国际佛教大学院大学研究纪要》第1号,1998年,第1—34页。也可参见《鸡足山志》卷13。

191

清代的道教

闵一得称,他曾在龙树山房得逢鸡足道者这位"住世神仙"。[1] 他这样谈论斯人斯事:

> 仙姓黄名守中,西域[2]月支[3]人。元时进中国,久休鸡足,故有是号。顺治十六年入京师,求授太上三大戒于昆阳王律师。初无名字,自号"野怛婆阇",华言"求道士"也。[4] 律师以其身休中国有年,因命以华人姓名曰"黄守中"。迄今滇人咸以"黄真人"呼之。年已五百有余岁,而貌若六十许人,双眸炯炯,声若洪钟。案头无多书,《佛说持世陀罗尼经》外,惟《三尼医世说述》。

值得注意的是,闵一得在文中强调了鸡足道者的密教-道教派系的教义基础是《佛说持世陀罗尼经》和《三尼医世说述》两种典籍。在下面一篇传记里,我们将会看到有关这位龙门西竺心宗创派祖师的更多信息。

(二)《金盖心灯》之"鸡足道者黄律师传"(《金盖心灯》卷六(上),第 1a—2b 页)[5]

《金盖心灯》有"鸡足道者黄律师传",文曰:

---

[1] 然而,《鸡足山志》压根就没有提及所谓的"龙树山房"。我们知道,龙树菩萨是著名的佛教中观派祖师,生活在3世纪左右。他后来被中国、日本的密教尊为继大日如来、金刚手菩萨之后的第三代祖师。

[2] 汉代的"西域"指玉门关、阳关以西,包括今新疆在内的广大地区。甚至也指称中亚和印度的部分地区、欧洲的东部地区和菲律宾的北部地区。这一术语也表示一般意义上的"西方",在神话中也指西王母的国度。而自元代始,"西域"则常用于指代西藏地区。

[3] 月支,也称月氏,一般是指中亚的吐火罗斯坦(Tokharestan)和巴克特里亚(Bactria)地区。我们非常有必要区分大月氏和小月氏,前者的主要部族被称为吐火罗人,统治吐火罗斯坦地区。后者则指受藏文化影响的少数民族羌人,也泛指甘肃地区的藏族。

[4] "野阏婆阇"常写作"野怛婆阇"。若据文中所言,视"野怛婆阇"的意思为汉文"求道士"("求道"含有出家寻求大道之意)的话,我们或可尝试推测出与其有关的梵文词汇:"野怛"或即梵文 āyatana(汉文音译"阿野怛那",意为居所、住处),有"入"(梵文:pravesa)的意思;"婆"可能是指婆罗门教(Brāhman teaching);"阇"则代表"阿阇梨"(梵文:ācārya;藏文:slob dpon)。然而,"求"这个意思却很难解释。另外,"野怛婆阇"这一称谓在发音上与梵文 Yātrābhāja 相近,并与藏文中的 ye bdag-porje(意为"主宰本源的君")或 yang-dag-pa'irje(意为"真正的君")发音类似,但这些表达在藏文中并不存在。若将汉语的"求道士"音译至藏文,大致是 ye bstan-pa'irje,但藏文中也没有这个说法。

[5] 下文所引《金盖心灯》之《鸡足道者黄律师传》中的注释性文字,以小字号标出,并加圆括号以作区分。

第五章　清代道教与密教互动之一例:"龙门西竺心宗"

鸡足道者来自月支(鸡足,滇南山名。月支,西方国名,即古之氏国[1]。懒云子谓,滇南土人相传,元初已有此道者,不知其来自何代也[2]),休于鸡足,自称"野怛婆阇"[3],而无姓名字号。野怛婆阇,华言"求道士"。所精惟斗法。顺治庚子(十六年)始至京师,观光演钵[4]。昆阳王祖赠姓曰"黄",命名"守中"[5],且曰:"汝但住世,越百三十秋,大戒自得。"遂促返,仍持斗秘。(按《钵鉴》亦载有鸡足道者自称野怛婆阇,与上文所记大略相同)精勤不息。管天仙闻迹而师之,命名"太清"。(《管天仙传》列次篇)

图17　成都青羊宫八卦亭　莫尼卡摄

---

[1] 氐国,也称氐人国,传说中炎帝后代的国家,那里的人人首鱼身。《山海经·海内南经》说:"氐人国在建木西,其为人,人面而鱼身,无足。"参见《汉语大词典》第6册,第1420页。它还指《外国放品》所言氐人和月支人生活的神秘的西方"野尼"国——"尼维罗绿那"。参见贺碧来:《道士在星辰中远游》,《华裔学志》第32卷(1976),第159—273页。有关这一神秘国度的内容,参见该文第215页。

[2] 《修真辨难参证》则说鸡足道者生于宋代,参见《古书隐楼藏书》第2册,第46a页,载《藏外道书》第10册,第243页。

[3] 有关"野怛婆阇",参见前文的注释,以及下文中的解释。

[4] 有关"演钵",在后文"作为王常月亲传弟子和'医世说述'受持者的鸡足道者"一节中有详细讨论。

[5] 此处原文有夹注如下:道者自夷来夏,力能创开法门,广传宗派。其一切时节因缘,昆阳固早已见之,故当年即有住世一百三十秋之嘱。盖此百三十年内,当出许多法裔。道者固奇人,昆阳亦有意,故迟至一百三十年后,乃使大戒自得耳。(译者按,此处《金盖心灯》原文文字较为模糊,我在辨识时得到了宁夏大学刘莉博士的帮助,谨此致谢。)

图 18　鸡足山太子阁　莫尼卡摄

岁庚戌(乾隆五十五年,距顺治庚子正一百三十年),余往谒,携有大戒书。道者见而喜曰:"交易之(谓以其西竺斗法传懒云子,以易大戒书也),则两得也。"

遂止宿三月,梵音得。道者则手录大戒书,悬昆阳王祖像,泣拜而祝。转顾余曰:"西竺至宝,汝已易得,善护正宗。戒亏则力薄,王祖灵在,悉知悉见也。"余亦泣拜而受之。(此道者之所以称黄律师也。愚

第五章 清代道教与密教互动之一例:"龙门西竺心宗"

按,懒云得其斗法,奉为西竺心宗,归纂《大梵先天梵音斗咒》,凡十部,计十二卷,刊传于世。按斗法所称"嚼哆律师",即黄律师也)起,促余返。(时懒云子服官滇南,盖仍返至滇省也)至半途,总制富公(名纲)遣使往迎。及使返,述子已逝。余曰:"不然,子盖行五假法耳。"岁戊午(嘉庆三年),果有见子于四川青羊宫者。

六、鸡足道者的形象和作用

在呈现了鸡足道者的两篇传记之后,我将对其略做讨论,并概述与龙门西竺心宗有关的两部文献——《佛说持世陀罗尼经法》和《三尼医世说述》。我将尝试从以下三个方面加以分析。

(一) 鸡足道者的异域源头

《佛说持世陀罗尼经法》和《三尼医世说述》都声称,鸡足道者是一位来自西方,具体而言是来自甘肃和青海交界地区(即"安多藏区")的传奇性人物。若我们在原初意义上使用"月支"一词的话(指位于甘肃—青海边境、河西走廊以南的祁连山脉一带),鸡足道者就是所谓的"月支"人。《金盖心灯》的《鸡足道者黄律师传》谈到古代的氐国,或在暗示鸡足道者来自西藏地区。[1] 但是,我们不要忘记,直到唐代,"月支"一语尚被用来指称中亚和印度西北地区的印欧语系部族。[2] 对当时的中国人而言,月支人很可能是与丝绸之路这条最重要的佛法东传线路有关的所谓"西方人"的典型。竺法护,这位汉译了佛教密宗尤其是陀罗尼典籍的著名

---

[1] 我们知道,月支是公元前2世纪时一个重要的游牧民族势力,后为匈奴所败。其中的一部向西迁徙,称大月支/氏。他们先是占领了索格底亚那(Sogdiana,今乌兹别克斯坦),之后渡过奥克苏斯河(即今阿姆河)抵达巴克特里亚(Bactria,今阿富汗北部)。另一部则居于中国甘肃,称小月支/氏。我们知道,《诗经》中"羌"与"氏"往往同时出现。事实上,汉代的"氏"与"羌"当有密切关系,只是文献疏于载录而已。参见浦立本:《史前时期和早期历史阶段的中国人及其邻居》,载吉德炜编:《中国文明的起源》,第411—466页;与此处有关的内容则见于该书第419页。

[2] 浦立本:《史前时期和早期历史阶段的中国人及其邻居》,第456—459页。

翻译家,就是一位典型的"华化"了的来自敦煌的月支人。[1]

"鸡足道者"这一称号显示出,他与云南大理附近的鸡足山有关。我们知道,鸡足山是印度佛教传播的中心地区之一,据说这里是摩诃迦叶——佛陀的著名弟子之一,被佛教禅宗尊为印度初祖——入定以待未来弥勒佛降世之处。相传他会等到弥勒出世,并把从佛陀处得到的金缕僧伽梨之衣交给他。[2] 如是,鸡足山就成了佛教"传法圣地"的象征,它的职能在于使纯洁的、本原的佛法历末法时代而重生。我们将会看到,在道教的语境中,鸡足山也有类似的法脉传承的意义——鸡足道者以山名为道号,显示出他与道教原始教义的重生以及道教教义的合法性传承有关。[3]

---

〔1〕 "竺法护译经的一个特点是他对密咒(陀罗尼)加以意译而非音译。"参见周一良:《中国的密教》,《哈佛亚洲研究杂志》第 8 卷(1944—1945),第 242 页。如周一良所言(第 243 页),大约在竺法护活动时间前后,和尚求雨的事情首次见诸中国文献。这位和尚是来自中亚的僧涉(前秦皇帝苻坚称之为"涉公")就常受诏命求雨。随着时间的推移,密教大师们也被认为可以求雨,鸡足道者据说就传承有可用于求雨的陀罗尼。有关密教与道教的关系,参见坂出祥伸:《密教和道教的早期关系》,载立川武藏、赖富本宏编:《中国密教》,第 153—169 页。有关竺法护,参见帕伦博:《竺法护和康僧铠:中世纪早期的白马寺》,威尔第、维塔编:《佛教亚洲》第 1 卷,第 167—216 页。帕伦博向我介绍了"月支"的含义,并告诉我与此主题有关的研究,谨此致谢。有关中国人眼中的印度形象,参见司马虚:《中国镜像中的印度》,载克里姆伯格·萨尔塔编:《丝绸之路与金刚石之路》,1982 年。译者按:中国人民大学王佳博士提示我原文中的 shegong 指前秦时的僧涉,谨此致谢。

〔2〕 有趣的是,鸡足山诸多庙宇之中有一座传衣寺,此庙由明代李元阳建于嘉靖(1522—1566)初年;参见《鸡足山志》,第 230 页。镰田茂雄认为,传衣寺之名当来自禅宗以衣钵为传法信物的传统,这一传统既跟摩诃迦叶传法给弥勒有关,也跟弥勒之后的传承有关。参见镰田茂雄:《云南鸡足山的佛教》,《国际佛教学大学院大学研究纪要》第 1 号,1998 年,第 14 页。有关法衣传承跟禅宗的关系,参见索安所撰"Den'e"词条,《法宝义林》第 8 卷,2003 年,第 1171—1178 页,特别是第 1178 页;尉迟酣:《中国佛教的实践(1900—1950)》,第 156—157、290 页。

〔3〕 长久以来,佛教文献一直认为摩伽陀国——佛教在印度的发祥地——有一座"鸡足山"(Kukkutapada-giri)。玄奘在其所撰《大唐西域记》的第九卷里,提到了该山与摩诃迦叶的关系。参见镰田茂雄:《云南鸡足山的佛教》,《国际佛教学大学院大学纪要》第 1 号,1998 年;金文京:《敦煌出土文献中的唐代宾头卢信仰》,吉川忠夫编:《唐代的宗教》,第 195—219 页,特别是第 203—205 页。摩诃迦叶与鸡足山的关系,也见于《鸡足山志》之"迦叶缘起"部分(第 16 页),据说摩诃迦叶就在此山入定,以待未来弥勒降世成佛。参见拉莫特所译法文《大智度论》,第 192 页注释 1;索安所撰"Den'e"词条,《法宝义林》第 8 卷,第 1172 页。有关鸡足山与弥勒崇拜的关系,参见铃木中正:《清中叶民间宗教结社及其向千年王国运动的倾斜》,载铃木中正编:《千年王国民众运动的研究》,第 247—256 页。金文京教授向我提及这一文献,谨此致谢。有关印度鸡足山在 15 世纪转变为云南鸡足山的研究,参见王邦维:《摩诃迦叶与鸡足山:从摩揭陀国到云南》。感谢船山彻教授向我提到此文,也感谢王邦维教授允许我引述其文。

第五章　清代道教与密教互动之一例:"龙门西竺心宗"

此外,鸡足山也与印度及所谓的"阿吒力密教"有关;[1]又因其毗邻西藏地区,跟藏传佛教也有千丝万缕的联系。很有可能,闵一得在云南做地方官时,对这些传统颇为稔熟。由此我推想,说鸡足道者来自西藏,以及说他在元代进入中国,可能有着某种与清政府之政策挂钩的内在动机。我们知道,清代早期的帝王,久有收伏蒙古诸部之愿望,于是抬高藏传佛教之地位,自然成了重要的政治策略。他们通过召喇嘛入京、邀喇嘛作法等,展示其护持藏传佛教之心,以此取悦蒙古人。尤为重要的是,他们要借此展示,他们是成吉思汗之元朝的继承者。这种野心在乾隆统治时期(1736—1795)达到了巅峰——而闵一得恰恰是在这一时期出生,他跟这位神秘的鸡足道者的传奇般的交往也是在此期间发生的。

乾隆欲将清帝国的都城北京转化为喇嘛教的精神之都。与他的这一动机相对应,在众多皇家庙宇中,藏传佛教十分兴盛,如乾隆的出生地——雍和宫就是其中的典型。乾隆还发起了大型的丛书编修工程,将藏文《大藏经》译成蒙文、满文并雕版刊行。除此之外,由于乾隆跟来自安多藏区的章嘉若贝多吉关系亲密,是以清廷通常都十分重视安多藏区的喇嘛教僧侣。由此,这一系统的喇嘛就构成了驻锡北京的"活佛"的大多数。

如是,则闵一得将鸡足道者纳入龙门派,是否有某种政治上的考量?他是否有提升龙门派政治地位的意图?这位来自安多藏区的藏传佛教喇嘛、密教大师鸡足道者,是否与乾隆的国师、同样来自安多的若贝多吉存在某种潜在的关联?换句话说,鸡足道者或许是对那些受到清廷尊崇的活佛的一种影射?

---

[1] 参见杨学政等编:《云南宗教史》,第 3—25、243—328 页。密教在中国西南地区的传播与梵文的传播和运用有关。李华德发表了两篇有关梵文碑刻的文章,这些碑刻内容以陀罗尼为主,反映了 9、10 世纪密教在云南地区的传播。参见李华德:《云南的梵文碑刻 1》,《华裔学志》,1947 年第 12 期,第 1—40 页;李华德:《云南的梵文碑刻 2》,《中印研究》,1955 年第 5 期,第 1—23 页。

图 19　作为曼殊室利菩萨的乾隆皇帝

第五章　清代道教与密教互动之一例："龙门西竺心宗"

鸡足道者本号"野怛婆阇"，这也值得我们进一步探究。虽然传记中说，"野怛婆阇"意为汉文之"求道士"，但我却无法将其与梵文、藏文及其他中亚语言对接。就梵文而言，"野怛婆阇"跟 Yātāpāca 或 Yātāpāja 发音接近，但这两个词跟"求道士"却扯不上关系。[1] 就藏文言，这个词跟 ye bdag-porje（意为"主宰本源的君"）或 yang-dag-pa'irje（意为"真正的君"）发音相似，但这类表达在藏文中并不存在。若将汉语的"求道士"音译为藏文，大致是 ye bstan-pa'irje，但藏文中却没有这一说法。也有人会说，"野怛婆阇"是在用汉字表达象征性意义，如"野"字或暗示"野尼"，代表道教经典《上清外国放品青童内文》所言氐人和月支人所在的神秘国度。"婆"可能指婆罗门教（Brāhman teaching），"阇"则代表阿阇梨（梵文：ācārya；藏文：slob dpon；日语：ajari）。将鸡足道者视为阿阇梨倒是与他的度师身份相符，也与其传承印度密教陀罗尼经典的身份相契，但我尚未找到更多的材料为之佐证。[2]

然而，"鸡足道者"及其名号"野怛婆阇"皆突出了他来自异域，这是确定无疑的。这表明鸡足道者是"梵密"（Sanskrit esoterica）的早期受持者——而传统上认为"梵密"是由西来的"番僧"传入中国的。自元代始，此类"番僧"不仅包括印度和尚，还包括来自西藏和唐古特地区的僧人，他们往往被称作"番僧""西番"或"西域胡僧"。另外，我们知道，汉人眼中的梵密指的是唐代佛教的一大宗派；照此推论，若一位西来的鸡足道者重兴这一派系，就不会让人感到意外了。事实上，鸡足道者不仅与鸡足山从印度至云南的地点移植相关，还与可溯源至玄奘、不空等诸位高僧的印

---

[1] 船山彻教授向我提供了有关梵文词源的建议和帮助，谨致谢忱！
[2] 在印度佛教中，阿阇梨（ācārya）意为教师、教授或导师。这类高僧多教授弟子，使之行为端正合宜，而自身又堪为弟子之楷模。阿阇梨有数种：1. 出家阿阇梨（A monk-ācārya），僧人受戒时之授十戒师，故又作十戒阿阇梨；2. 教师阿阇梨（A master-ācārya），僧人受具足戒时之授威仪师，故又作威仪阿阇梨；3. 羯磨阿阇梨（A karma-ācārya），指僧人受具足戒时之羯磨师；4. 受经阿阇梨（A scripture-ācārya），教授经典读法、意义之师。鸡足道者被称为"度师"，当属于羯磨阿阇梨。有关阿阇梨在佛教授戒（小乘戒和大乘戒）过程中所扮演的角色，可参见格罗纳：《最澄：日本天台宗的确立》，第138—144页。鸡足道者与所谓"阿吒力密教"的关系也值得进一步讨论。

度本土佛教教义的传承有关。下文中我们将会看到,玄奘、不空这两位大师处在鸡足道者承传之《持世陀罗尼经》的关键节点上。概言之,鸡足道者这样一位传奇人物和他的异域出身,俨然成了中国唐代佛教密宗复兴的象征,也成了这一教派被整合入清代道教龙门派的见证。在这次复兴中,西藏地区似乎扮演了重要的角色,因为它被与佛教传统的原始发源地印度等量齐观。在此意义上,我们当可了解,何以传记说鸡足道者是西域月支人,何以把他的教义描述得如此奇特。

(二)作为斗法专家和《持世陀罗尼经》传承者的鸡足道者

鸡足道者有一个特点,就是他精通斗法。[1] 尽管所谓"斗法"的确切含义不甚明了,但综合《古书隐楼藏书》多处与此相关的内容,可知它跟"伽陀正宗"的陀罗尼诵持有关。[2] 据《金盖心灯》的鸡足道者传记,斗法还与闵一得(在得鸡足道者传法之后)编纂的《大梵先天梵音斗咒》(共 10 部,凡 12 卷)内容有关。然而,我们并未在《古书隐楼藏书》里发现这部典籍,而是发现了与其意涵相契的一系列文本。我们知道,乾隆皇帝及其皇族十分热衷于诵持陀罗尼。事实上,乾隆不仅发起大型的丛书编修工程(如《四库全书》),还资助宗教类文本如藏文佛教典籍及其论疏的翻译、刊印。他推动出版了《御制满汉蒙古西番合璧大藏全咒》,该书汇集了藏文《大藏经》中的梵文咒语,精心音译为藏、蒙、汉、满四种文字。该书共 80 卷,刊印于 1773 年。这在当时可谓一项空前复杂的陀罗尼和曼陀罗咒语的雕版工程。[3] 此外,尚有

---

〔1〕 这一传统主要由以持咒为基础的仪式文本构成,这些文本多转译自梵文。这一传统重视陀罗尼的神秘力量,强调仪式的作用,包括崇祀"斗母"(Mother of Dipper)的仪式。

〔2〕 参见《持世陀罗尼经法》,《古书隐楼藏书》,载《藏外道书》第 10 册,第 552 页。"伽陀"有三层意思:(1) gāthā,即歌曲,或指具有道德意旨的韵文或颂诗;(2) agata,"健康的"(作为形容词)或"解毒之良药"(作为名词);(3) gata,意谓"抵达""陷入"或"处于某种状态"。参见苏慧廉、何乐益编:《中国佛教大辞典》。

〔3〕 大卫·法夸尔:《清帝国统治中皇帝的菩萨形象》,《哈佛亚洲研究杂志》第 38 卷第 1 号(1978),第 23—24 页。《御制满汉蒙古西番合璧大藏全咒》之影印复本,参见洛克什·钱德拉:《北京皇宫所藏满汉蒙藏典籍中的梵语文本》,《百藏丛书》卷 71。

第五章 清代道教与密教互动之一例:"龙门西竺心宗"

一点值得注意,即以诵持陀罗尼咒为重点的佛经是最早译成汉文的佛经之一。[1] 这类佛经跟所谓的"陀罗尼密教"大有渊源,唐代的宫廷对后者的教义尊崇有加。[2] 实际上,鸡足道者传承的这一文本可上溯至唐代伟大的翻译家玄奘(600—664)和唐代密教大德不空(705—774)[3]的译经。该经典在《大正新修大藏经》中(第20册,编号1162)可以看到,题为《持世陀罗尼经》,其梵文文本也仍然存世,藏文版本在《大正新修大藏经》中(编号662/1007,第341/632页)亦复有之(名为'phags pa nor gyirgyunshesbyaba'igzung)。此经跟如此重要的唐代人物有关,道教龙门派将它奉若至宝也就不难理解了,闵一得在《古书隐楼藏书》中收入此经,并附上了他的出自道教角度的注评。

据闵一得说,《持世陀罗尼经》的传承始于薄伽梵,之后经释迦文佛传给妙月(梵文:Suchandra,藏文:DawaSangpo)长者。妙月长者被所谓的"伽陀正宗"尊为二祖,鸡足道者则是该派系后来的传人。在印度佛教里,妙月并不是一个重要人物;然而在藏传佛教中,他却成了传说中位于喜马拉雅山脉北麓的香巴拉王国的国王。众所周知,香巴拉是藏人心中的净土,且跟时轮密法的修炼有关——在时轮密法典籍中,妙月是与佛陀对话的主要提问者,跟格鲁派最高阶段的灌顶仪式有关。[4] 闵一得提及妙月这一人物,是否又跟乾隆皇帝在藏传佛教诸派系中独独青睐格鲁派

---

[1] 周一良:《中国的密教》,《哈佛亚洲研究杂志》第8卷(1944—1945),第242—243页;坂出祥伸:《密教和道教的早期关系》,载立川武藏、赖富本宏编:《中国密教》,第153—169页;司马虚:《咒语和官ávano——中国的密教》。

[2] 赖富本宏:《中国密教的流传》,载立川武藏、赖富本宏编:《中国密教》,第15—39页。赖富本宏:《中国密教思想的特质》,载《中国密教》,第113—140页,137—139页尤为重要;坂出祥伸:《密教和道教的早期关系》,载《中国密教》,第153—169页;稻垣久雄:《空海的即身成佛思想》。

[3] 周一良《中国的密教》中有不空的传记,《哈佛亚洲研究杂志》第8卷(1944—1945),第284—307页。

[4] 参见霍普金斯·杰弗里:《时轮大法:作为成长阶段的灌顶仪式》;田中公明:《超密教时轮》;埃德温·伯恩鲍姆:《香巴拉之路》;范德康:《助印〈时轮经〉的中国元代蒙古帝室》,《中央欧亚研究讲座》第4号,2004年。

有关？跟乾隆曾从他的国师那里接受这种灌顶有关？[1]

乍看起来，这种联系似乎不太可能。然而《佛说持世陀罗尼经法》和《三尼医世说述》都说鸡足道者是戒师或嚧哆律师，这说明这两部经典与某种秘密受戒或密教灌顶有关。我们将会看到，这种秘密受戒在道教龙门派中被称作"天仙大戒"。然而，它在龙门派中所扮演的角色尚不明了，至于《持世陀罗尼经》的仪式及梵文陀罗尼咒语的传承仪式，更有待深入研究。[2]

（三）作为王常月亲传弟子和"医世说述"受持者的鸡足道者

鸡足道者的第三重也是最后一重身份是白云观方丈王常月的亲传弟子。王常月既是龙门派三坛大戒的创立者，也是龙门派的著名改革者。据《鸡足道者黄律师传》，鸡足道者在1660年赴京，恰逢王常月在白云观开坛传戒：

> 顺治庚子始至京师，观光演钵。

---

〔1〕 乾隆皇帝精研藏文，从三世章嘉若贝多吉受灌顶，以期被尊为佛教观念中统御天下的所谓"转轮圣王"。参见大卫·法夸尔：《清帝国统治中皇帝的菩萨形象》，《哈佛亚洲研究杂志》第38卷第1号（1978），第5—34页；王湘云：《清代宫廷的藏传佛教：章嘉若贝多吉的生平与著述》，哈佛大学1995年博士论文。

〔2〕 《持世陀罗尼经》并无一语谈及妙月（Suchandra）与香巴拉（Shambhala）的关系。有趣的是，当九世班禅（1883—1937）在1924年给汉人和藏人进行时轮灌顶的时候，是用汉文词汇"月贤"而非"妙月"来指称 Suchandra 的。另外值得一提的是，1930年代以后的汉语文献一般是用"月贤"来指称与香巴拉有关的 Suchandra，它是从藏文"Zlababzangpo"直译而来的。参见滕华睿：《作为拯救民国的弥赛亚教义之发源地的西藏》，载莫尼卡编：《19—20世纪西藏的形象》，第303—327页。然而，重要的是，《持世陀罗尼经》与《三尼医世说述》被联系起来了，这一点闵一得重点谈到过（如闵一得所撰"持世陀罗尼经法规则小序"和"三尼医世说序"。前者见于《古书隐楼藏书》第8b页，载《藏外道书》第10册，第550页；后者见于《藏外道书》第10册，第344—346页）。闵一得在其《持世陀罗尼经注》中认为，这两个文本都是"正宗"未曾间断的"以心传心"之传承的见证，旨在"医世"，且"医世即持世也"（《藏外道书》第10册，第577页）。有关印度灌顶仪式（佛教之传戒）与道教传戒（授箓）的关系，参见索安所撰"Den'e"词条，《法宝义林》第8卷，第1176—1177页。"灌顶"梵文为 abhiseka（有"洒"或"抹"之意），在密教中是净化和进阶的仪式——通过水或其他液体之洒洗，候选人的身份发生根本的改变。起初，灌顶是古印度皇家献祭典礼程序必不可少的一部分。在国王即位仪式中，人们会在金坛子内盛满四方海洋之水，洒于坐着的国王之头顶。

202

第五章 清代道教与密教互动之一例:"龙门西竺心宗"

这里说的"演钵",其字面意思是"钵堂仪式的表演"或"在钵堂传承教法"。署名王常月所撰的一通碑铭(1706)说,早在1440年,白云观就建立了钵堂,并于1706年重建。[1] 就龙门派三坛大戒[2]的语境而言,"演钵"是指龙门派律师王常月在百日戒期内传教法给戒子的过程(即所谓的"开坛传戒,戒后行持,演钵一百日")。在此,"演钵"一语当是指所谓的"演钵堂"(佛教一般称"戒堂"[3]),即连续一百天的戒律培训。在这段集体封闭的时段内,新戒子将接受教义和科仪的训练,并须从事严格而艰苦的修炼。王常月模仿佛教样式建立的这一龙门派戒律程式,一般称为"三坛大戒"或"三堂大戒"。而在佛教中,"演钵"包含有戒律陪训的时间和地点两层含义。另外,"演钵"之说尚与佛教禅宗的袈裟("衣")、钵盂("钵")的传承有关。[4]

传记继续说:

> 昆阳王祖赠姓曰"黄",命名"守中"。

就鸡足道者(野怛婆阇)而言,他只是在白云观观看演戒,并没有从王常月处受天仙大戒。但是,王常月却视他为中国人,还赐他姓"黄"、名"守

---

[1] 小柳司气太:《白云观志》,第141—142页。

[2] 《重刊道藏辑要》第24册,第40b—41a页。

[3] 尉迟酣在其《佛教的实践(1900—1950)》(第287页)中解释说,戒律培训始于全体新戒徒之分组,各组合称"新戒堂"。作为时段,"新戒堂"持续到传戒的最后一天;作为地点,它指各组新戒徒(堂口)会集之大堂。每堂有六七十人,堂内布置如禅堂,四周设有床榻。

[4] 有关佛教禅宗衣钵传承的意义,参见索安所撰"Den'e"词条,《法宝义林》第8卷,第1171—1178页。有关道教的衣钵传承,参见陈耀庭所撰《全真派戒律》,载《道教文化资料库》(http://www.taoism.org.hk/religious-activities & rituals/religious-discipline/pg5-2-3.html)。文中,陈耀庭谈到何谓"戒子受钵"。此外,全真道尚有"坐钵"之说,即在集体性的冥思修行过程中,钵用于漏刻计时。这是全真教团所独有的,参见《天皇至道太清玉册》,载《道藏》第1483号,涵芬楼线装本1109—1111册,第5章。有关此类冥修,参见鲍菊隐:《道教文献通论》,第239页及注释679;高万桑:《近代道教的建立——全真道》,法国高等实践研究学院1997年博士论文,第220—258页;森由利亚:《明代全真道与坐钵——以坐钵和内丹的关系为中心》,收于卢国龙编:《全真弘道集》,第126—142页。许多文献谈到全真道集体冥修的殿堂,多称"坐钵堂";然据森由利亚之研究,道教之"钵"也是内丹修行中用于测定时间的工具。

中"。就这样,鸡足道者这一人物就被统合进了龙门派,成为龙门派的第八代祖师、龙门西竺心宗的创始人。一如王常月的预言,鸡足道者在130年后,借由闵一得携来之大戒书,方始得授最后的这一戒——天仙大戒。作为交换,闵一得也得到了龙门西竺心宗的秘密精义。

有趣的是,《皇极仙经》还谈到了《医世说述》与王常月开坛传戒于白云观的关系[1]:

> (王昆阳)律祖于顺治、康熙间五开演钵堂,付授太上三大戒,弟子三千余人。传戒衣钵[2]有《吕祖医世说述》,则得受者有三千余部,岂非真道之大行乎!况律祖戒堂,开在京邸白云观,尔时佛道两宗传戒,非奉旨不得私开。其所传,有律、有书、有手卷。

文中还谈到后来卷、律之亡失:

> 律祖三传而道遂绝。今嘉庆间所开演钵,丘祖戒本失传。近所传仿诸《净明宗教录》[3],与丘祖所传小同而大异也。我山先辈,亦守戒焚之[4],书则录本幸存,而卷、律亡矣。

如此说来,由于戒律、手卷失传,嘉庆年间的龙门传戒内容已与清初王常月的演戒内容大不相同。所幸金盖山龙门派留存下了戒本,即所谓的"大戒书"——也就是王常月在清初白云观开坛所用的戒书《医世说述》。如此,则金盖山龙门派就成了唯一保有正宗戒律传统的道教派系,足堪自豪。

---

[1] 《藏外道书》第10册,第381页。
[2] 佛教禅宗亦有"传衣钵"或"传衣"之说,参见索安所撰"Den'e"词条,《法宝义林》第8卷,第1171—1178页。有关北京白云观的传戒,参见小柳司气太:《白云观志》,第70—73页。
[3] 《净明宗教录》见《重刊道藏辑要》危集4。
[4] 文中解释说,律脉传人若发现无徒裔可接续衣钵,可将自己所受之戒本焚毁。

第五章 清代道教与密教互动之一例:"龙门西竺心宗"

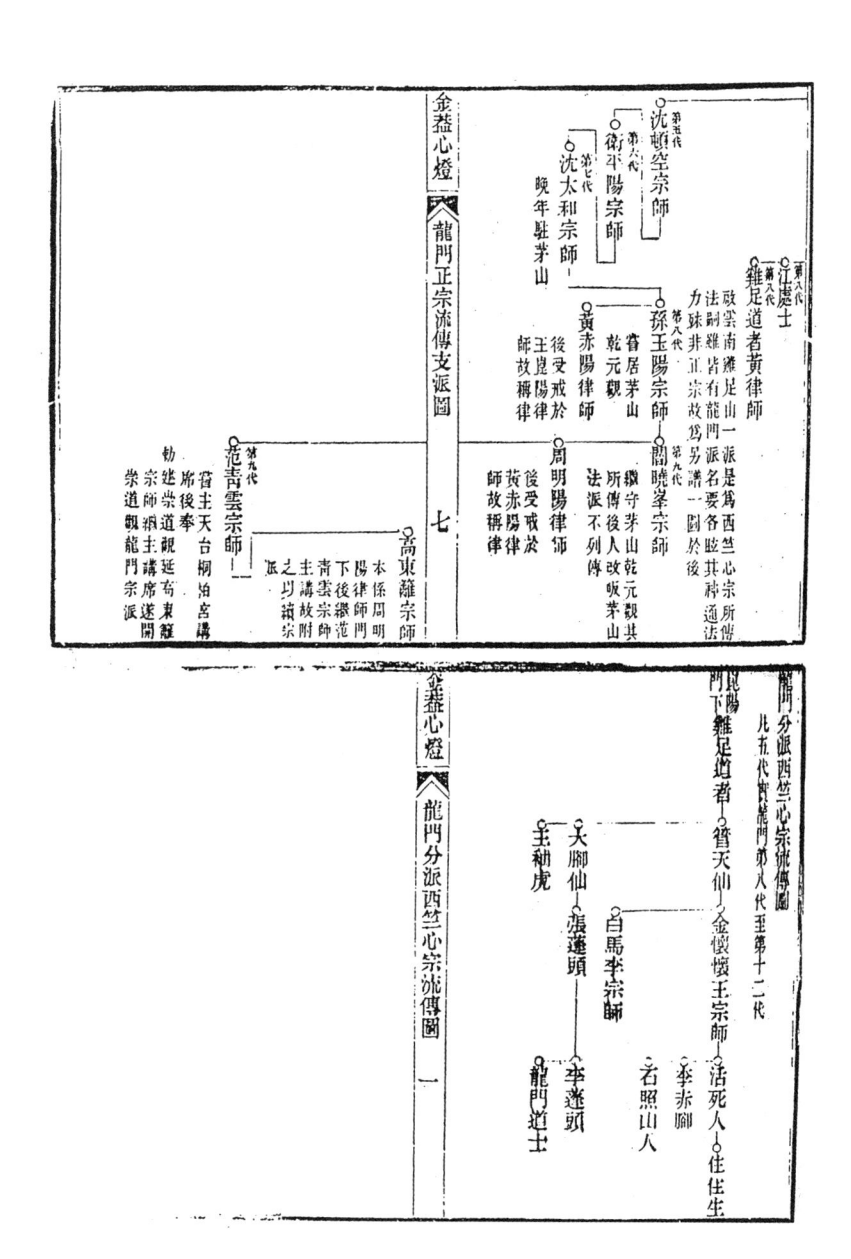

图20 龙门分派西竺心宗流传图 录自《金盖心灯》卷首

七、结论

　　正如鸡足道者的传记所言,他的受戒过程十分简单:将王常月的画像悬于壁上,对之虔诚礼拜,戒律授受即告完成。所幸有《医世说述》之存世,王常月所确立的戒律传承样式方重光于世。但是,这一受戒是秘密进行的,而非如王常月般在演钵堂公开演戒。这种受戒程式颇类似于佛教菩萨戒的授予——在佛教里,菩萨戒不仅可以在公开典礼上由法师授予,也可通过受戒者在佛像前虔诚宣誓而完成。那么,鸡足道者的受戒仪式——一种佛教菩萨戒受戒仪式的道教翻版——是否表明金盖山龙门派有它自己独特的戒律传承轨则呢?抑或是说,金盖山龙门派的祖师们意图恢复这种秘密传戒?抑或是,他们意图在当时以《净明宗教录》为戒本的公开传戒样式之外,将这种秘密传戒合法化?与嘉庆年间举办的公开传戒不同,金盖山龙门派宣称自己传承有真正的无上大戒——"天仙大戒",其依据便是所谓的《医世说述》。正是有了《医世说述》这一文本,鸡足道者才得受龙门派的天仙大戒;而作为交换,闵一得也得到了密教的陀罗尼斗法精义。正是在闵一得和传奇人物鸡足道者这一互惠交换的意义上,我们才说所谓"龙门西竺心宗"的建立是清代道教与密教互动的标志。在闵一得看来,只有龙门派恢复了源于丘处机祖师的"大道"的真传。事实上,传闻中闵一得与鸡足道者——这位既跟历史悠久的"西竺"密教传统有关,又跟丘处机、王常月及白云观有关的人物——在充满着法脉传承的象征意味的鸡足山的相会,背后蕴含着为龙门派及其传承方式寻求合法性的内在诉求,鲜明地展现出龙门派追求道教正统之意志。

参考文献

原 始 文 献

1. 《白云仙表》,1848 年,孟豅一撰,《藏外道书》第 31 册,第 373 页及以下各页。
2. 《白云观志》(*Hakuunkan shi*),小柳司气太(Oyanagi Shigeta)著,东京(Tokyo):东方文化学院东京研究所(Tōhō bunka gakuin Tōkyō kenkyūjo),1934 年。
3. 《杯溪集》,傅金铨著,载《道书十七种》,《藏外道书》第 11 册。
4. 《碧苑坛经》,王常月(?—1680,号昆阳)演,施守平纂,闵一得(1758—1836)订,《古书隐楼藏书》1904 年版,《藏外道书》第 10 册,第 158—217 页。
5. 《补天师世家》,《白云观志》,第 347—356 页。
6. 《参同直指》,1799 年,载《道书十二种》。
7. 《长春道教源流》,1879 年,陈铭珪(1824—1881)撰,《藏外道书》第 31 册,第 1—157 页。
8. 《长春真人西游记》,李志常(1193—1256)撰,《道藏》第 1429 号,涵芬楼线装本第 1056 册。
9. 《持世陀罗尼经》,《大正新修大藏经》第 20 册,编号 1162,玄奘(600—664)译。
10. 《持世陀罗尼经法》,嚩哆律师(即鸡足道者)衍,闵真仙(即闵一得)纂,后有闵一得跋(1834),《古书隐楼藏书》版,重刊于《藏外道书》第 10 册,第 547—558 页。
11. 《持世陀罗尼经注》,玄奘译,闵一得(署名"发僧际莲")注,《古书隐楼藏书》版,重刊于《藏外道书》第 10 册,第 559—578 页。
12. 《赤水吟》,傅金铨著,载《道书十七种》,《藏外道书》第 11 册。
13. 《重刊道藏辑要》,阎永和、彭瀚然编辑,贺龙骧校订,1906 年二仙庵刻本,25 册;台北:新文丰出版公司,1977 年。
14. 《重修龙虎山志》,16 卷,娄近垣(1689—1776)编,《藏外道书》第 19 册,第 419—636 页。三个刊本:《中华续道藏》第 3 册,台北:新文丰出版公司,1999 年;《道教文献》第 2 册,台北:丹青图书,1983 年;台北:广文书局,1989 年。
15. 《初真戒律》,1656 年,王常月著,《重刊道藏辑要》第 24 册,张集 7,重刊于《藏外道书》第 12 册,第 13—32 页。
16. 《大洞玉经坛仪》,魏华存(252—334)疏义,《重刊道藏辑要》第 3 册,氐集 4。
17. 《道德真经三解》,1298 年,邓锜撰,《道藏》第 687 号,涵芬楼线装本第 370—371 册。
18. 《道法会元》,1356 年,《道藏》第 1220 号,涵芬楼线装本第 884—941 册。
19. 《道海津梁》,傅金铨著,载《道书十七种》,《藏外道书》第 11 册。
20. 《道教文献》,杜洁祥编,台北:丹青图书,1983 年。
21. 《道门功课》,署名柳守元(活跃时间:1798 年),《重刊道藏辑要》第 23 册,张集 1。

22.《道窍谈》,李西月(活跃时间:1796—1850)著,《重刊道藏辑要》第2册,第2部分。
23.《道书十二种》,刘一明(1734—1821)撰,北京:中国中医药出版社,1990年;《藏外道书》第8册重刊。
24.《道书十七种》,17卷,嘉庆、道光年间(1796—1850),傅金铨编撰。三个刊本:蜀东善成堂,1825年;广陵古籍,1993年;《藏外道书》第11册。
25.《道统源流志》,严六谦(号庄严居士)编,无锡:中华印书局,1929年。
26.《道藏精华录》,丁福保(号守一子,1874—1952)著,重刊两册本,杭州:浙江古籍出版社,1989年。
27.《道藏辑要总目》,《道藏精华录》,第1册,第1a—8a页。
28.《道藏续编》,4册,闵一得(1758—1836)编,吴兴金盖山藏版,1834年;上海:医学书局,丁福保铅印;北京:海洋出版社,1989年重刊。
29.《大清会典》。
30.《读吕祖师三尼医世说述管窥》,闵一得著,《道藏续编》第2册,《藏外道书》第10册重刊。
31.《二懒心话》,闵一得撰,《道藏续编》第3册,《藏外道书》第10册重刊。
32.《法海遗珠》,1344年,《道藏》第1166号,涵芬楼线装本第825—833册。
33.《甘水仙源录》,1289年,李道谦撰,《道藏》第973号,涵芬楼线装本第611—613册。
34.《古书隐楼藏书》,14卷,闵一得撰辑,吴兴:金盖山纯阳宫藏版,1904年,《藏外道书》第10册重刊(第150—721页)。
35.《广成仪制》,270卷,陈仲远编,成都:二仙庵刻本,1911年,1913年重刊;《藏外道书》第13—15册重刊。
36.《广阳杂记》,刘献廷撰,北京:中华书局,1957年。
37.《管窥编》,闵一得著,《道藏续编》第2册。
38.《古法养生十三则阐微》,《道藏续编》第1册。
39.《汉天师世家》,1607年,《道藏》第1463号,涵芬楼线装本第1066册。
40.《皇极阖辟仙经》,全称《尹真人东华正脉皇极阖辟证道仙经》,3卷10章,成都青羊宫钞本,尹蓬头传,闵一得订正,闵一得序(1831)并跋,《道藏续编》和《古书隐楼藏书》皆有刊本,重刊于《藏外道书》第10册。
41.《黄庭经解》,载《道书十二种》。
42.《华岳志》,李榕纂(活跃时间:1821年)修,杨翼武(活跃时间,1831年)编辑,《藏外道书》第20册,第3—185页。
43.《慧命经》,柳华阳(1735—1799)著,载《伍柳仙宗》,1897年;河南人民出版社1988年重刊,第379—541页。
44.《会心集》,刘一明著,1801年,载《道书十二种》。
45.《会心外集》,刘一明著,载《道书十二种》,北京:中国中医药出版社,1990年重刊。
46.《金丹四百字解》,载《道书十二种》。
47.《金丹四百字注释》,《道藏续编》第3卷。
48.《金盖心灯》,闵一得编著,10卷,吴兴:云巢古书隐楼藏版,1876年版(初刻于1821年),《藏外道书》第31册重刊。

49. 《金鼓洞志》,1807年,朱文藻(1736—1806)纂辑,《藏外道书》第20册,第189—299页。
50. 《金华宗旨》,蒋元庭(1755—1819)辑,闵一得订正,《道藏续编》卷1,第1a—15b页。
51. 《金莲正宗记》,1241年,秦志安(1188—1244)撰,《道藏》第173号,涵芬楼线装本第75—76册。
52. 《金莲正宗仙源像传》,1326年,刘天素、谢西蟾撰,《道藏》第174号,涵芬楼线装本第76册。
53. 《金仙证论》,1799年,《伍柳仙宗》,1897年;河南人民出版社,1988年重刊。
54. 《就正录》,陆世忱著,《道藏续编》第2册。
55. 《孔易阐真》,《道书十二种》。
56. 《历世真仙体道通鉴》,赵道一(13世纪晚期人)撰,《道藏》第296号,涵芬楼线装本第138—148册。
57. 《龙门心法》,1663年,王常月(？—1680)演,詹太林、唐清善纂,《藏外道书》第6册,第727—785页。
58. 《龙门正宗觉云本支道统薪传》,1927年,陆永铭编订,《藏外道书》第31册,第427—446页。
59. 《吕祖师三尼医世功诀》,沈一炳(1708—1786)授,闵一得重述并注,《道藏续编》第2册,《藏外道书》第10册重刊。
60. 《吕祖师三尼医世说述》,黄赤阳(1595—1672)题,陶石庵(？—1692)辑,闵一得疏,沈阳一校,陶石庵序(1664),闵一得跋(1828),《道藏续编》,《藏外道书》第10册重刊。
61. 《吕祖师先天虚无太一金华宗旨》,13章,《道藏续编》第1册。
62. 《茅山全志》,14卷,笪蟾光编,1878年序,《藏外道书》第20册,第697—964页。
63. 《闵懒云先生传》,沈秉成(1823—1895)撰,《金盖心灯》之"闵传附"。(译者按,原文"沈秉成(1821—1824)"当指沈氏的生卒年岁,然时间显然有误,译文改之。)
64. 《闵懒云先生传》,晏端书撰,《金盖心灯》之"闵传附"。
65. 《闵懒云先生传》,杨维昆撰,《金盖心灯》之"闵传附"。
66. 《泥丸李祖师女宗双修宝筏》,《道藏续编》第3册。
67. 《女丹集萃》,北京:北京师范大学出版社,1989年。
68. 《樵阳经》,傅金铨著,《道书十七种》,《藏外道书》第11册。
69. 《清史稿》。
70. 《琼琯白真人集》,《重刊道藏辑要》娄集4,卷14。
71. 《丘祖全书》,《道书十七种》,《藏外道书》第11册。
72. 《日下旧闻考》,1774/1782年,《文渊阁四库全书》卷497—499。(译者按,原文为"1774/1882",疑当为"1772/1782",指《日下旧闻考》始修于1772年,修成于1782年。)
73. 《如是我闻》,《道藏续编》第3卷。
74. 《三洞秘旨》,李西月(活跃时间,1796—1850)著,《道藏精华》第2册,第2页。
75. 《三洞众戒文》,张万福(活跃时间,713年)编录,《道藏》第178号,涵芬楼线装本第 77 册。
76. 《三丰真人玄谭全集》,闵一得著,《道藏续编》第 3 册。
77. 《三丰丹诀》,傅金铨编,《道书十七种》,《藏外道书》第 11 册。
78. 《三坛圆满天仙大戒略说》,柳守元(活跃时间:1798)撰,《重刊道藏辑要》第 24 册,张集 7(《藏外道书》第 12 册重刊)。
79. 《上品丹法节次》,李德洽著,《道藏续编》第 2 册。
80. 《上清洞真智慧观身大戒文》,《道藏》第 1364 号,涵芬楼线装本第 1039 册。
81. 《上阳子金丹大要》,陈致虚(1298—1335 之后)撰,《道藏》第 1067 号,涵芬楼线装本第 736—738 册。
82. 《神室八法》,刘一明著,1798 年,载《道书十二种》。
83. 《神仙传》,《文渊阁四库全书》本。
84. 《琐言续》,《道藏续编》第 3 册。
85. 《太上感应篇》,《道藏》第 1167 号,涵芬楼线装本第 834—839 册。
86. 《太上老君戒经》,成书于公元 500 年前后,《道藏》第 784 号,涵芬楼线装本第 562 册。
87. 《太上玄门早坛功课经》,《重刊道藏辑要》第 23 册,张集 1。
88. 《天仙道程宝则》,《道藏续编》第 3 册。
89. 《天仙道戒忌须知》,《道藏续编》第 3 册。
90. 《天仙心传》,闵一得著,《道藏续编》第 2 册。
91. 《天仙正理》,伍守阳(1574—1634)撰,《重刊道藏辑要》毕集 4,卷 5。
92. 《天仙正理浅说》,伍守阳撰,《重刊道藏辑要》毕集 5,卷 17。
93. 《天仙正理直论》,1639 年,伍守阳撰,《重刊道藏辑要》毕集 4,卷 17。
94. 《天仙正理》,伍守阳撰,《重刊道藏辑要》毕集 4,卷 17。
95. 《天仙直论》,伍守阳撰,载《道书十七种》,《藏外道书》第 11 册。
96. 《通关文》,刘一明著,1812 年,载《道书十二种》。
97. 《文渊阁四库全书》,1773—1782 年,永瑢等编,1500 册;朱建民编,台湾:商务印书局,1986 年。
98. 《武当福地总真集》,1291 年,刘道明编集,《道藏》第 962 号,涵芬楼线装本第 609 册。
99. 《悟道录》,刘一明著,1810 年,载《道书十二种》。
100. 《伍柳仙宗》,伍冲虚(1552—1641)、柳华阳(1735—1799)著,邓徽绩编辑,1897 年;河南人民出版社,1988 年重刊。
101. 《无根树》,张三丰撰,李西月注,载《道书十七种》,《道藏精华》第 8 册。
102. 《悟真直指》,刘一明著,载《道书十二种》。
103. 《仙佛合宗语录》,伍守阳著,伍守虚校注,《重刊道藏辑要》毕集 1;毕集 2,第 1a—25a 页;毕集 3,第 31b—39b 页;毕集 6。
104. 《象言破疑》,刘一明著,1811 年,载《道书十二种》,中国中医药出版社 1990 年重刊。
105. 《逍遥山万寿宫志》,金桂馨、漆逢源编,1878 年,《藏外道书》第 20 册,第 653—977 页。
106. 《泄天机》,《道藏续编》第 1 册。
107. 《性天正鹄》,傅金铨著,载《道书十七种》,《藏外道书》第 11 册。

参考文献

108. 《心学》,傅金铨著,载《道书十七种》,《藏外道书》第 11 册。
109. 《心印集经》,嘉庆年间(1796—1820)编辑,《重刊道藏辑要》箕集 10。
110. 《修仙辨惑论》,白玉蟾(1194—1227?)撰,《道藏精华录》下册。
111. 《修真辩难》,1798 年,刘一明著,载《道书十二种》。
112. 《修真辩难前后编参证》,刘一明著,闵一得参证,闵一得跋(1829 年)、刘一明跋,《道藏续编》第 4 册。
113. 《修真九要》,刘一明著,1798 年,载《道书十二种》。
114. 《西王母女修正途十则》,《道藏续编》第 3 册。
115. 《西游原旨》,刘一明著,1778 年,载《道书十二种》。
116. 《玄教大公案》,1324 年,王志道编,《道藏》第 1065 号,涵芬楼线装本第 734 册。
117. 《虚皇天尊初真十戒文》,《道藏》第 180 号,涵芬楼线装本第 77 册。
118. 《一贯真机易简录》,傅金铨著,载《道书十七种》,《藏外道书》第 11 册。
119. 《尹真人寥阳殿问答编》,6 章,《道藏续编》第 1 册。
120. 《元始大洞玉经》,1583 年,文昌帝君传本,《重刊道藏辑要》第 3 册,氏集 3。
121. 《阴符经注》,刘一明著,载《道书十二种》。
122. 《与林奋千先生书》,陆世忱著,《道藏续编》第 2 册。
123. 《雨香天经咒注》,闵一得撰,载《古书隐楼藏书》卷 9,《藏外道书》第 10 册重刊。
124. 《御选妙正真人语录》,娄近垣(1689—1776)著,载《重修龙虎山志》第 11 册及《御选语录》。
125. 《御选语录》,雍正帝编,1733 年,《新纂大日本续藏经》第 1319 部,第 68 卷;《卍字续藏经》,台北 1976 年重刊,第 119 册。
126. 《藏外道书》,胡道静等编,成都:巴蜀书社,1992 年(第 1—20 册),1994 年(第 21—36 册)。
127. 《张三丰全集》,李西月编,杭州古籍出版社,1990 年重刊。
128. 《中和集》,李道纯(活跃时间,1288—1306)著,《道藏》第 249 号,涵芬楼线装本第 11 册。
129. 《中极戒》,《重刊道藏辑要》第 24 册,张集 7,《藏外道书》第 12 册重刊。
130. 《终南山祖庭仙真内传》,李道谦(1219—1296)编,《道藏》第 955 号,涵芬楼线装本第 604 册。
131. 《周易阐真》,1798 年,刘一明著,载《道书十二种》。
132. 《诸真宗派总簿》,《白云观志》卷 3,第 91 页及以下各页。
133. 《自题所画》,傅金铨著,载《道书十七种》,《藏外道书》第 11 册。

二 级 文 献
（按作者姓氏首字母排列）

A

1. 秋冈英行(Akioka Hideyuki):《张三丰与清代道教西派》(Chō Sanhō to seidai dōkyō seiha),《东方宗教》(*Tōhōshūkyō*)第 83 期,1994 年,第 1—15 页。
2. 秋月观暎(Akizuki Kan'ei):《中国近世道教的形成:净明道的基础研究》(*Chūgoku kinsei dōkyō no keisei: Jōmyōdō no kisoteki kenkyū*),东京(Tokyo):创

文社（Sōbunsha），1978 年。
3. 洪怡沙（Isabelle Ang）：《十四世纪初叶之前对吕洞宾的崇拜：中国前近代时期一位神仙之特征与转变》（Le culte de Lü Dongbin des origines jusqu'au début du XIVème siècle. Caractéristiques et transformations d'un Saint Immortal dans la Chine pré‑moderne），巴黎第七大学（Université de Paris Ⅶ）1993 年博士学位论文。
4. 洪怡沙：《南宋的吕洞宾崇拜》（Le culte de Lü Dongbin sous les Song du Sud），《亚洲学报》（Journal Asiatique）第 285 期，1997 年第 2 号，第 473—507 页。
5. 阿瑟·阿瓦隆（Arthur Avalon）：《邪恶的力量》（The Serpent Power），马德拉斯（Madras）：Ganeshan，1958 年。

B

6. 维多利亚·贝克（Victorial J. Baker）：《僧伽罗山的宗教仪式》（Ritual Practice of Sinbalese Village），沃斯堡：哈考特布雷斯学院出版社（Harcourt Brace College Publishers），1998 年。
7. 巴德里安·胡赛因（Baldrian-Hussein Farzeen）：《灵宝毕法——十一世纪的道教丹经》（Procédés secrets du joyau magique Traité d'alchimie taoïste du XIe siècle），巴黎：两大洋出版社（LesDeux Océans），1984 年。
8. 巴德里安·胡赛因：《北宋文献中的吕洞宾》（Lü Tung-pin in Northern Sung Literature），《远亚丛刊》（Cahiers d'Extrême-Asie）第 2 期，1986 年，第 133—169 页。
9. 巴德里安·胡赛因：《宋代文学界的道教信仰——苏轼（1037—1101）及其延生术》（Taoist Beliefs in Literary Circle of the Song Dynasty—Su Shi（1037—1101）and his Technique of Survival），《远亚丛刊》第 9 期，1996—1997 年，第 15—53 页。
10. 白幻德（Philippe Bardol）：《清代佛教禅宗——〈心灯录〉时期》（Le bouddhisme Chan sous la dynastie des Qing, à la époque du Xin Deng Lu），法国东方语言文化学院（Institute National des Langues et Civilisations Orientales）1992 年硕士学位论文。
11. 巴雷特（Thomas Barret）：《中国民间宗教》（Chinese Sectarian Religion），《近代亚洲研究》（Modern Asian Studies）第 12 卷，1978 年，第 333—352 页。
12. 贝尔（Catherine Bell）：《〈太上感应篇图说〉中的故事》（Stories from an Illustrated Explanation of the Tract of the Most Exalted on Action and Response），载小洛佩兹（Jr. Donald S. Lopez）编：《中国的宗教实践》（Religions of China in Practice），普林斯顿（Princeton）：普林斯顿大学出版社（Princeton University Press），1996 年，第 437—445 页。
13. 白瑞霞（Patricia Berger）：《护国：密教艺术在中国政治中的运用》（Preserving the Nation: The Political Uses of Tantric Art in China），载 Marsha Weidner 编：《后期教规：中国佛教的形象（850—1850）》（Latter Days of the Law: Image of Chinese Buddhism, 850—1850），火奴鲁鲁（Honolulu）：夏威夷大学出版社（University of Hawai'i Press），1994 年，第 89—123 页。
14. 白瑞霞：《空性帝国：清代中国的佛教艺术与政权》（Empire of Emptiness:

Buddhist Art and Political Authority in Qing Dynasty），火奴鲁鲁：夏威夷大学出版社，2003 年。

15. 白居惕（Judith Berling）：《林兆恩的"三一教"》(*The Syncretic Religion of Lin Chao-en*)，纽约（New York）：哥伦比亚大学出版社（Columbia University Press），1980 年。

16. 白居惕：《宗教与大众文化——〈三教开迷归正演义〉中的道德资本控制》(Religion and Popular Culture：The Management of Moral Capital in *The Romance of the Three Teachings*)，载姜士彬（David Johnson）、黎安友（Andrew J. Nathan）和罗友枝（Evelyn S. Rawski）编：《中华帝国晚期的大众文化》(*Popular Culture in Late Imperial China*)，伯克利（Berkeley）：加利福尼亚大学出版社（University of California Press），1985 年，第 188—218 页。

17. 埃德温·伯恩鲍姆（Edwin Bernbaum）：《香巴拉之路》(*The Way to Shambhala*)，波士顿（Boston）、伦敦（London）：香巴拉出版社（Shambhala），2001 年。

18. 白佐良（Giuliano Bertuccioli）：《道教笔记 2：关于近期在北京白云观使用火刑的一个案例》(Note taoiste Ⅱ. A proposito di un recente caso di applicazione del rogo nel convento taoista del Pai-yun Kuan)，《东方研究杂志》(*Rivista degli studi orientali*) 第 28 期，1953 年，第 185—186 页。

19. 白佐良：《当代中国的道教》(Taoismo nella Cina contemporanea) 卷 2，《中国研究》(*Cina*) 第 2 期，1957 年，第 67—77 页。

20. 黄晓星（Ester Bianchi）：《铁像寺》(*The Iron Statue Monastery*)，佛罗伦萨（Firenze）：Leo S. OIschki，2001 年。

21. 安妮·比勒尔（Anne Birrell）：《中国的神话》(*Chinese Mythology*)，巴的摩（Baltimore）、伦敦：约翰霍普金斯大学出版社，1993 年。

22. 柏夷（Stephen R. Bokenkamp）：《早期道经》(*Early Daoist Scriptures*)，伯克利（Berkeley）：加利福尼亚大学出版社（University of California Press），1997 年。

23. 鲍菊隐（Judith M. Boltz）：《十至十七世纪道教文献通论》(*A Survey of Taoist Literature: Tenth to Seventeenth Centuries*)，伯克利：加利福尼亚大学东亚研究所（Institute of East Asian Studies, University of California），1987 年。

24. 鲍菊隐：《不惟官印：与神灵斗争的新武器》(Not By the Seal of Office Alone：New Weapons in Battles with the Supernatural)，载伊佩霞（Patricia Buckley Ebrey）、皮特·格雷戈里（Peter Gregory）编：《唐宋时期中国的宗教与社会》(*Religion and Society in Tang and Sung China*)，火奴鲁鲁：夏威夷大学出版社，1993 年，第 241—305 页。

25. 罗伯特·布雷福特（Robert Briffault）：《母亲》(*The Mothers*)，纽约、伦敦：麦克米兰出版公司（Macmillan Co.），1927 年。

26. 詹姆斯·鲍森（James E. Bosson）：《格言宝藏：蒙藏双语〈萨迦格言〉》(*A Treasury of Aphoristic Jewels: The Subhasitaratnanidhi of Sa Skya Pandita in Tibetan and Mongolia*)，布卢明顿（Bloomington）：印第安纳大学出版社（Indiana University），1969 年。

27. 布洛金顿（J. L. Brockington）：《神圣主题：印度教的一贯性和多样性》(*The Sacred Thread: Hinduism in its Continuity and Diversity*)，爱丁堡（Edinburgh）：爱丁堡大学出版社（Edinburgh University Press），1981 年。

28. 包筠雅（Cynthia Brokaw）：《功过格——中华帝国晚期的社会变迁与道德秩序》（*The Ledgers of Merit and Demerit: Social Change and Moral Order in Late Imperial China*），普林斯顿（Princeton）：普林斯顿大学出版社（Princeton University Press），1991年。
29. 伯克哈特（Rodolphe Burkhardt）：《中国人的信仰与习俗》（*Chinese Creeds and Customs*），香港（Hong Kong）：《南华早报》（*South China Morning Post*），1919年。

C

30. 洛克什·钱德拉（Lokesh Chandre）：《北京皇宫所藏满汉蒙藏典籍中的梵语文本》（*Sanskrit Texts from the Imperial Palace at Peking in the Manchurian, Chinese, Mongolian and Tibetan Scripts*），《百藏丛书》（*Satapitaka Series*）卷71，新德里（New Delhi）：印度文化国际研究院（International Academy of Indian Culture），1966年。
31. 张仲礼（Chang Chung-li）：《中国的绅士：十九世纪中国社会绅士的角色研究》（*The Chinese Gentry: Studies on Their Role in Nineteenth-Century Chinese Society*），西雅图（Seattle）：华盛顿大学出版社（University of Washington Press），1967年。
32. 伊莎贝尔·沙勒（Isabelle Charleux）：《喇嘛们看中国：吸引与排斥》（*Les 'lamas' vus de Chine: fascination er répulsion*），《远东远西》（*Extrême-Orient Extrême-Occident*）第27期，2002年，第133—151页。
33. 安妮·莎雅特（Anne Chayet）：《热河的庙宇及其西藏风格》（*Les Temples de Jehol et leurs modèles tibétains*），巴黎：Editions Recherche sur les civilisations，1985年。
34. 陈兵：《金丹派南宗浅探》，《世界宗教研究》1985年第4期，第35—49页。
35. 陈兵：《清代全真龙门派的中兴》，《世界宗教研究》1988年第2期，第84—96页。
36. 陈兵：《明清道教两大派》，载任继愈主编：《中国道教史》，上海：上海人民出版社，1990年，第627—682页。
37. 陈兵：《明清道教》，载牟钟鉴主编：《道教通论》，济南：齐鲁书社，1991年，第551—579页。
38. 陈兵：《明代全真道》，《世界宗教研究》1992年第1期，第40—51页。
39. 陈卫平：《论明清间西方传教士对中西哲学之比较》，《世界宗教研究》，1989年第1期，第12—18页。
40. 陈雯宜：《谈妙正真人娄近垣：由清世宗的知遇至高宗的优礼》，《道教学探索》1993年第7期，第295—313页。
41. 陈威廉（William Chen）：《〈道藏辑要〉导读》（*A Guide to Tao-tsang Chi Yao*），纽约：Stony Brook，1987年。
42. 程艾蓝（Anne Cheng）：《中国思想史》（*Histoire de la pensée chinoise*），巴黎：Seuil，1997年。
43. 郑学礼（Cheng Hsueh-Li）：《〈坛经〉中的心理学、存在论和救济论》（*Psychology, Ontology and Soteriology in the Platform Sūtra*），载佛光山编：《宗

教和文化视域下的〈六祖坛经〉》(*The Sixth Patriarch Platform Sūtra in Religious and Cultural Perspective*),台中:佛光山,1989 年,第 99—113 页。

44. 周一良(Chou Yi-liang):《中国的密教》(*Tantric Buddhism in China*),《哈佛亚洲研究杂志》(*Harvard Journal of Asian Studies*)第 8 期(1944—1945),第 241—332 页。
45. 克里瑞(Thomas Cleary):《悟真篇》(*Understanding Reality*),火奴鲁鲁:夏威夷大学出版社,1987 年。
46. 克里瑞:《道教之"易"》(*The Taoist I Ching*),波士顿、伦敦:香巴拉出版社(Shambhala),1986 年。
47. 克里瑞:《道教内丹学》(*The Inner Teachings of Taoism*),波士顿、伦敦:香巴拉出版社,1986 年。
48. 克里瑞:《悟道》(*Awakening to the Tao*),波士顿、沙夫茨伯里(Shaftesbury):香巴拉出版社,1988 年。
49. 克里瑞:《气,精,神:道教文献汇编》(*Vitality, Energy, Spirit: a Taoist Sourcebook*),波士顿、伦敦:香巴拉出版社,1991 年。
50. 克里瑞:《金花的秘密——中国古典生命之书》(*The Secret of the Golden Flower: The Classic Chinese Book of Life*),圣弗朗西斯科(San Francisco):哈勃出版社(Harper),1992 年。

D

51. 马丁纳(Martina Darga):《性命圭旨——内丹之书》(*Das alchemistische Buch von innerem Wesen und LebensenergieXingmingguizhi*),慕尼黑(München):Eugen Diederichs,1999 年。
52. 戴维斯(Edward L. Davis):《宋代社会与超自然现象》(*Society and the Supernatural in Song China*),火奴鲁鲁:夏威夷大学出版社,2001 年。
53. 丁荷生(Kenneth Dean):《道教仪式与中国南方的民间崇拜》(*Daoist Rituals and Popular Cults of Southern China*),普林斯顿:普林斯顿大学出版社,1993 年。
54. 狄百瑞(Wm. Theodore de Bary):《晚明思想中的个体主义与人道主义》(*Individualism and Humanitarism in Late Ming Thought*),载狄百瑞编:《明代思想中的个人与社会》(*Self and Society in Ming Thought*),纽约:哥伦比亚大学出版社(Columbia University Press),1970 年,第 145—225 页。
55. 狄百瑞编:《新儒家的演变》(*The Unfolding of Neo-Confucianism*),纽约:哥伦比亚大学出版社,1975 年。
56. 狄百瑞:《新儒家的自我超越与十七世纪的"启蒙"》(*Neo-Confucian Cultivation and the Seventeenth-Century 'Enlightenment'*),载狄百瑞编:《新儒家的演变》(*The Unfolding of Neo-Confucianism*),纽约:哥伦比亚大学出版社,1975 年,第 141—216 页。
57. 狄百瑞:《理学正统与心学》(*Neo-Confucian Orthodoxy and the Learning of the Mind-and-Heart*),纽约:哥伦比亚大学出版社,1981 年。
58. 狄百瑞:《儒家的困境》(*The Trouble with Confucianism*),剑桥(Cambridge):哈佛大学出版社(Harvard University Press),1991 年。

59. 德宝仁（Pierre-Henry de Bruyn）：《武当山：创建叙事史》（Le Wudang shan: Histoire des récits fondateurs），巴黎第七大学（Université de Paris Ⅶ）1997年博士学位论文。
60. 德宝仁：《明代道教（1368—1644）》（Daoism in the Ming（1368—1644）），载孔丽维（Livia Kohn）编：《道教手册》（Daoism Handbook），莱顿（Leiden）：博睿学术出版社（Brill），第594—622页。
61. 高延（J. J. M. De Groot），《中国宗教体系》（The Religious System of China）（6卷本），莱顿（Leiden）：博睿学术出版社（Brill），1892—1910年。
62. 高延：《中国的民间教派与宗教迫害》（Sectarianism and Religious Persecution in China.），阿姆斯特丹（Amsterdam），1903—1904年。
63. 德尔玛·德席尔瓦（Deema de Silva）：《僧伽罗女子的成年礼》（Sinhalese Puberty Rites of Girls），载露丝-英奇·海因茨编：（Ruth-Inge Heinze）：《仪式的性质与功能：天堂之火》（The Nature and Functions of Rituals: Fire from Heaven），康涅狄格（Connecticut）、伦敦：Bergin & Garvey Westport，2000年。
64. 戴密微（Paul Demiéville）：《法宝义林》（Hōbōgirin）第1—2册，东京：日法文化会馆（Maison Franco-Japonaise），1929—1930年。
65. 戴密微：《法宝义林》第3册，东京：日法文化会馆，1974年。
66. 戴思博（Catherine Despeux）：《赵避尘——卫生生理学明指》（Traité d'alchimie et de physiologie taoïste），巴黎：两大洋出版社（Les Deux Océans），1979年。
67. 戴思博：《太极拳：武术、长生术》（Taiji quan: art martial, technique de longue vie），巴黎：Guy Trédaniel，1981年。
68. 戴思博：《〈西游记〉的解读》（Les lectures alchimiques du Hsi-yu chi），载盖特·兰多夫（Gett Nandorf）等编：《东亚宗教与哲学：施泰宁格六十五寿辰纪念文集》（Religion und Philosophie in Ostasien. Festschrift für Hans Steininger），维尔茨堡（Würzburg）：柯尼希索森和诺伊马斯出版社（Königshausen und Neumann），1985年，第61—72页。
69. 戴思博：《〈赤凤髓〉：十六世纪中国的卫生长寿术》（La moélle du phénix rouge: santé et longue vie dans la Chine du XVIsiècle），巴黎：Guy Trédaniel，1988年。
70. 戴思博：《中国古代的女仙》（Immortelles de la Chine Ancienne），皮索（Puiseaux）：巴尔德斯出版社（Pardès），1990年。
71. 戴思博：《道教与人体》（Taoïste et corps humain），巴黎：特雷达涅出版社（Trédaniel），1994年。
72. 戴思博：《初真戒律》（Initial Precepts and Observances for Perfection），载玄英编：《道教百科全书》（The Encyclopedia of Taoism），伦敦：劳特利奇出版社（Routledge），2008年，第284—286页。
73. 丁培仁：《道教典籍百问》，北京：今日中国出版社，1996年。
74. 董中基：《道教全真祖庭北京白云观》，北京：中国道教协会，1987年。
75. 玛丽·道格拉斯（Mary Douglas）：《纯洁与危险》（Purity and Danger），伦敦：方舟出版社（Ark），1984年。
76. 杜赞奇（Prasenjit Duara）：《刻划符号：中国战神关帝的神话》（Superscribing Symbols: The Myth of Guandi, Chinese God of War），《亚洲研究期刊》（Journal of Asian Studies）第47卷，1988年第4期，第778—795页。

E

77. 伊利亚德(Mircea Eliade):《瑜伽,不朽和自由》(*Le Yoga, Immortalité et liberté*),巴黎:Payor,1954年。

78. 伊利亚德:《萨满教——古老的入迷技术》(*Le chamanisme et les techniques archaïques de l'extase*),巴黎:保约尔出版社(Payor),1983年。

79. 恩格尔哈特(Ute Engelhardt):《太极拳的理论与技术》(*Theorie und Technik des Taijiquan*),绍恩多夫(Schorndorf):WBV Biologish-medizinische Verlagshandlung,1981年。

80. 恩格尔哈特:《气功的古典传统:以唐司马承祯〈服气精义论〉为焦点的考察》(*Die klassische Tradition der Qi-Übungen: Eine Darstellung anhand desTangzeitlichen Textes Fuqi jingyi lun von Sima Chengzhen*),威斯巴登(Wiesbaden):FranzSteiner,1987年。

81. 康时登(Eleanor Erdberg-Consten):《白云观老子像》(*A Statue of Lao-tzu in the Pöyun-kuan*),《华裔学志》(*Monumenta Serica*),1941年第7期,第235—241页。

82. 苏德普(Eskildsen Stephen):《早期全真教的信仰与实践》(*The Beliefs and Practices of Early Ch'üan-chen Taoism*),不列颠哥伦比亚大学(University of British Columbia),1989年硕士学位论文。

83. 苏德普:《全真道的苦行主义》(*Asceticism in Ch'üan-chen Taoism*),《不列颠哥伦比亚亚洲评论》(*British Columbia Asian Review*),1990年第3期,第153—191页。

84. 莫尼卡(Monica Esposito):《〈道藏续编〉:龙门派文本的汇编》(*Il Daozang xubian, raccolta di testi alchemici della scuola Longmen*),《那不勒斯东方大学学报》(*Annali dell'Istituto Universitario Orientale*)第4卷,1992年,第429—449页。

85. 莫尼卡:《金盖山龙门派和〈道藏续编〉中的内丹法》(*La Porte du Dragon—L'école Longmen du Mont Jin'gai et ses pratiques alchimiques d'après le Daozang xubian*(*Suite au canon taoïste*)),巴黎第七大学(Université de Paris Ⅶ)1993年博士学位论文。

86. 莫尼卡:《太极拳:五息法之新道派》(*Il qigong: La nuova scuola taoista delle cinque respirazioni*),帕多瓦(Padova):Muzzio,1995年。

87. 莫尼卡:《回归源头:明清内丹术字典之成立》(*Il Ritorno alle Fonti-per la costituzione di un dizionario di alchimia interiore all'epoca Ming e Qing*),载Maurizio Scarpari编:《中华文明研究资料》(*Le fonti per lo studio della civiltà cinese*),威尼斯:Ca'Foscarina,1995年,第101—117页。

88. 莫尼卡:《〈金华宗旨〉与金盖山龙门派》(*Il Segreto del Fiore d'Oro e la tradizione Longmen del Monte Jin'gai*),载科拉迪尼(Piero Corradini)编:《解读中华文明》(*Conoscenza e interpretazione della civiltà cinese*),威尼斯:Libreria Editrice Cafoscarina,1996年,第151—169页。

89. 莫尼卡:《呼吸的炼金术》(*L' alchimia del soffio*),罗马(Rome):乌巴尔迪尼(Ubaldini),1997年。

90. 莫尼卡:《中国的大圆满传统:天目山道院走访记》(*Una tradizione di rDzogs-chen in Cina. Una nota sul Monastero delle Montagne dell*),《威尼斯大学亚洲研

究学报》(*Asiatica Venetiana*)第 3 卷,1998 年,第 221—224 页。

91. 莫尼卡:《龙门派与〈金华宗旨〉版本来源》,"道教文化研讨会"(The Dōkyō bunka kenkyūkai)论文,东京:早稻田大学(Waseda University),1998 年 3 月。
92. 莫尼卡:《〈金华宗旨〉的版本及其与龙门派的关系》(The Different Versions of the *Secret of the Golden Flower* and Their Relationship with the Longmen School),《国际东方学会议纪要》(*Transactions of the Internatiional Conference of Eastern Studies*),第 43 号,1998 年,第 90—109 页。
93. 莫尼卡:《女丹》(L'alchemie féminine),载若盎·塞尔维埃(Jean Servier)编:《神秘主义批评词典》(*Dictionnaire critique de l'ésotérisme*),巴黎:法兰西大学出版社,1998 年,第 51—52 页。
94. 莫尼卡:《清代的道教(1644—1911)》(Daoism in the Qing [1644—1911]),载孔丽维(Livia Kohn)编:《道教手册》(*Daoism Handbook*),莱顿(Leiden):博睿学术出版社(Brill),2000 年,第 623—658 页。
95. 莫尼卡:《清代中国的龙门派:教义理想与地方实践》(Longmen Daoism in Qing China: Doctrinal Ideal and Local Reality),《中国宗教研究集刊》(*Journal of Chinese Religion*)第 29 期,2001 年,第 199—203 页。
96. 莫尼卡:《南天目山的中国汉—藏传统:大圆满与道教光法之初比较》(A Sino-Tibetan Tradition in China at the Southern Celestial Eye Mountains: A First Comparison between Great Perfection (rDzogs chen) and Taoist Techniques of Light),"密宗与道教:宗教全球化及其经验"(Tantra and Daoism: The Globalization of Religion and Its Experience)学术研讨会论文,波士顿大学,2002 年 4 月 19—21 日。
97. 莫尼卡:《清代龙门派及其有争议的历史》(The Longmen School and Its Controversal History during the Qing Dynasty),载劳格文(John Lagerwey)编:《宗教与中国社会:领域的转变》(*Religion and Chinese Society: The Transformation of a Field*),法国远东学院、香港中文大学,2004 年,第 621—698 页。
98. 莫尼卡:《创造性的道教》(*Creative Daoism*),威尔、巴黎:大学传媒出版社(UniversityMedia),2013 年。
99. 莫尼卡:《密宗之禅》(*The Zen of Tantra*),威尔、巴黎:大学传媒出版社,2013 年。
100. 莫尼卡:《一部全真道藏的发明:〈道藏辑要〉的离奇命运》(The Invention of a Quanzhen Canon: The Wondrous Fate of the *Daozang jiyao*),载刘迅、高万桑编:《现代中国历史和社会中的全真道》(*Quanzhen Daoism in Modern Chinese History and Society*),伯克利:东亚研究所(Institute of East Asia Studies),2014 年,第 44—77 页。
101. 莫尼卡:《清代的道教》(*Facets of Qing Daoism*),威尔、巴黎:大学传媒出版社,2014 年。

F

102. 大卫·法夸尔(David Farquhar):《清帝国统治中皇帝的菩萨形象》(Emperor as Bodhissttva in the Governance of the Ch'ing Empire),《哈佛亚洲研究杂志》(*Harvard Journal of Asiatic Studies*)第 38 卷第 1 号,1978 年,第 5—34 页。

103. 佛雷(Bernard Faure):《正统的意志》(La volonté d'orthodoxie)(3 卷),巴黎:高等研究实践学院科学宗教部(Ecole Pratique des Hautes Etudes, Section des Sciences Religieuses)1984 年博士学位论文。

104. 佛雷:《禅宗历史中的谬误:唐代中国宗教传统之发轫》(Le Bouddhisme Ch'an en mal d'histoire: Genèse d'une tradition religieuse dans la Chine des T'ang),巴黎:法国远东学院(École Francaise d'Extrême-Orient),1989 年。

105. 冯佐哲、李富华:《中国民间宗教史》,台北:文津出版社,1994 年。

106. 佛光山编:《宗教和文化视域下的〈六祖坛经〉》(The Sixth Patriarch Platform Sūtra in Religious and Cultural Perspective),"佛教禅宗国际研讨会"论文(Report of the International Conference on Ch'an Buddhism),台中:佛光山,1989 年。

107. 福克(Theodore Griffith Faulk):《禅宗及其在佛教清修传统中的地位》(The Chan School and Its Place in the Buddhist Monastic Tradition),密歇根大学(University of Michigan)1987 年博士学位论文。

108. 傅海波(Herbert Franke):《蒙古统治下的中国》(China under Mongol Rule),Aldershot:Brookfield,1994 年。

109. 傅海波:《中国元代的汉传佛教和藏传佛教:三项研究》(Chinesischer und tibetischer Buddhismus im China der Yuanzeit: drei Studien),慕尼黑(Müchen):巴伐利亚科学院中亚研究委员会(Kommission für Zentralasiatischen Studien, Bayerische Akademie der Wissenschaften),1996 年。

G

110. 盖建民:《从救世到医世》,载郭武主编:《"道教教义与现代社会"国际学术研讨会论文集》,上海:上海古籍出版社,2003 年,第 194—209 页。

111. 谢和耐(Jacques Gernet):《十六和十七世纪中国思想的系列主题》(Quelques thèmes de la pensée chinoise au XVI et XVII sèicles),《法兰西学院年鉴(1992—1993)》(Annuaire du College de France, 1992—1993),第 673—677 页。

112. 吉瑞德(Norman J. Girardot):《早期道教中的神话和意义——"浑沌"之主题》(Myth and Meaning in Early Daoism: The Theme of Chaos(hun-tun)),伯克利:加利福尼亚大学出版社,1983 年。

113. 高万桑(Vincent Goossaert):《教团的创立:十三世纪全真教的集体认同》(The Invention of an Order: Collective Identity in Thirteenth-Century Quanzhen Daoism),《中国宗教研究集刊》(Journal of Chinese Religion),2001 年第 29 期,第 11—38 页。

114. 高万桑:《全真道士(1700—1950)》(The Quanzhen Clergy, 1700—1950),载劳格文编:《宗教与中国社会》(Religion and Chinese Society),法国远东学院、香港中文大学,2004 年,第 699—771 页。

115. 高万桑:《语录》(Yulu: Recorded Sayings),载玄英编:《道教百科全书》,伦敦:劳特利奇出版社,2008 年,第 1200—1202 页。

116. 高万桑、刘迅编:《现代中国历史和社会中的全真道》(Quanzhen Daoism in Modern Chinese History and Society),伯克利:东亚研究所(Institute of East

Asia Studies),2014 年。

117. 格罗纳(Paul Groner):《东亚传统佛教戒律语境下〈坛经〉的受戒仪式》(The Ordination Ritual in the *Platform Sūtra* within the Context of the East Asian Buddhist Vinaya Tradition),载佛光山编:《宗教和文化视域下的〈六祖坛经〉》(*The Sixth Patriarch Platform Sūtra in Religious and Cultural Perspective*),台中:佛光山,1989 年,第 220—250 页。

118. 顾执中(Gu Zhizhong)英译:《封神演义》(*Creation of the Gods*)(2 卷本),北京:新世界出版社,1992 年。

119. 格西格桑嘉措(Geshe Kelzang Gyatso):《大乐光明》(*Clear Light of Bliss*),伦敦:智慧出版社(Wisdom),1982 年。

120. 格特鲁德(Gertrud Güntsch):《〈神仙传〉和仙人的形象》(*Des Shen-hsien chuan und das Erscheinungsbild eines Hsien*),法兰克福(Frankfurt):朗彼得出版公司(Verlag Peter Lang),1988 年。

121. 合山究(Gōyama Kiwamu):《明清文人的隐秘嗜好》(Min-Shin no bunjin to okaruto shumi),载荒井健(Arai Ken)编:《中国文人的生活》(*Chūka bunjin no seikatsu*),东京:平凡社(Heibonsha),1994 年,第 469—502 页。

H

122. 蜂屋邦夫(Hachiya Kunio):《金元时代的道教——七真研究》(*Kingen jidai no dōkyo*),东京:东京大学东洋文化研究所(Tōkyō daigaku Tōyō bunka kenkyūjo hōkoku),汲古书屋(Kyūko shoin),1998 年。

123. 《汉语大辞典》,上海:上海书店出版社,1986 年。

124. 郝懿行等编:《尔雅广雅方言释名》,上海:上海古籍出版社,1989 年。

125. 艾斯特·哈丁(M. Esther Harding):《女人奥秘古今谈》(*Woman's Mysteries Ancient and Modern*),波士顿、沙夫茨伯里:香巴拉出版社,1990 年。

126. 长谷部幽蹊(Hasebe Yūkei):《明清佛教教团史研究》(*Minshin bukkyō kyōdanshi kenkyū*),东京:同朋舍(Dōhosha),1993 年,第 155—173 页。

127. 霍克思(David Hawkes):《全真戏与全真宗师》(Quanzhen Plays and Quanzhen Masters),《法国远东学院学刊》(*Bulletin de l'Ecole Francaise d'Extrême*),1981 年第 69 期,第 153—170 页。

128. 许舒(James Hayes):《乡村世界的专家和写作材料》(Specialists and Written Materials in the Village World),载姜士彬(David Johnson)、黎安友(Andrew J. Nathan)和罗友枝(Evelyn S. Rawski)编:《中华帝国晚期的大众文化》(*Popular Culture in Late Imperial China*),伯克利(Berkeley):加利福尼亚大学出版社(University of California Press),1985 年,第 75—111 页。

129. 何新:《诸神的起源》,台北:木铎出版社,1989 年。

130. 露丝-英奇·海因茨编:《仪式的性质与功能:天堂之火》(*The Nature and Functions of Rituals: Fire from Heaven*),康涅狄格(Connecticut)、伦敦:Bergin & Garvey Westport,2000 年。

131. 迈克尔·汉斯(Michael Henss):《菩萨皇帝:清朝神圣与世俗统治下的汉藏式肖像》(The Bodhisattva-Emperor: Tibeto-Chinese Portraits of Sacred and Secular Rule in the Qing Dynasty)(上),《东方艺术》(*Oriental Art*)第 47 卷第

3 号,2001 年,第 2—16 页。

132. 迈克尔·汉斯:《菩萨皇帝:清朝神圣与世俗统治下的汉藏式肖像》(The Bodhisattva-Emperor: Tibeto-Chinese Portraits of Sacred and Secular Rule in the Qing Dynasty)(下),《东方艺术》(Oriental Art)第 47 卷第 5 号,2001 年,第 71—83 页。

133. 何翠媚(Chuimei Ho)、班尼特·布朗森(Bennet Bronson):《中国紫禁城的光辉:乾隆皇帝的辉煌统治》(Splendors of China's Forbidden City: The Glorious Reign of Emperor Qianlong),伦敦:Merrell,2004 年。

134. 洪涤尘:《清室对西藏的政教策略》,载张曼涛编:《汉藏佛教关系研究》,台北:大乘文化出版社,1979 年,第 146—172 页。

135. 霍普金斯·杰弗里(Hopkins Jeffrey):《时轮大法:作为成长阶段的灌顶仪式》(The Kalachakra tantra: rite of initiation for the stage of generation),伦敦:智慧出版社,1985 年。

136. 托妮·胡贝尔(Toni Huber):《扎日神山崇拜》(The Cult of Pure Crystal Mountain),纽约:牛津大学出版社,1999 年。

137. 贺凯(Charles Hucker):《中国古代官名辞典》(A Dictionary of Official Titles in Imperial China),斯坦福(Stanford):斯坦福大学出版社(Stanford University Press),1985 年。

138. 恒慕义(Arthur W. Hummel)编:《清代名人传略》(Eminent Chinese of the Ch'ing Period),台北:成文出版社,1975 年。

139. 胡志德(Theodore Huters):《中国历史上的文化和国家》(Culture and State in Chinese History),斯坦福:斯坦福大学出版社,1997 年。

I

140. 五十岚贤隆(Igarashi Kenryū):《太清宫志》(Taiseikyū shi),东京:国书刊行会(Kokushō kankōkai),1938 年。

141. 石田宪司(Ishida Kenji):《明代道教史上的全真与正一》(Mingdai Dōkyō shijō no Zenshin to Seii),载酒井忠夫(Sakai Tadao)编:《台湾的宗教与中国文化》(Taiwan no shūkyō to Chūgoku bunka),东京:风响社(Fukyūsha),1992 年,第 145—185 页。

142. 矶部彰(Isobe Akira):《〈西游记〉在中国的接纳和传播》(Chūgoku ni okeru 'Saiyūki' no jūyō to ryūko),《东方宗教》(Tōhō shūkyō)第 55 号,1980 年,第 26—50 页。

J

143. 姜士彬(David Johnson):《帝国晚期山西东南部大庙会中的"儒"元素》(Confucian Elements in the Great Temple Festivals of Southeastern Shansi in Late Imperial Times),《通报》(T'oung-pao)第 83 卷,1997 年,第 126—161 页。

144. 焦大卫(David K. Jordan)、欧大年(Daniel K. Overmyer):《飞鸾——中国台湾民间宗教面面观》(The Flying Phoenix: Aspects of Chinese Sectarianism in Taiwan),普林斯顿(Princeton):普林斯顿大学出版社(Princeton University Press),1986 年。

K

145. 康德谟(Max Kaltenmark):《〈列仙传〉:古代道教仙人的传奇性传记》(*Le Lie-sien tchouan: Biographies legendaries des Immortels taoïstes de l'antiquité*),巴黎:法兰西学院(Collège de France),1987年。

146. 甘德星(Kam Tak Sing):《十七世纪早期的满藏关系:重新评价》(Manchu-Tibetan Relations in the Early Seventeenth Century: A Reappraisal),哈佛大学博士学位论文,1994年。

147. 神塚淑子(Kamitsuka Yoshiko):《方诸青童君研究》(Hōsho seidō kun o megutte),《东方宗教》(*Tōhō shūkyō*)第76期,1990年,第1—23页。

148. 卡琳·卡帕蒂亚(Karin Kapadia):《伊娃和她的姐妹们:南印度农村的性别、种姓和阶级》(*Siva and Her Sisters: Gender, Caste, and Class in Rural South India*),博尔德(Boulder)、牛津(Oxford):西景出版社(Westview Press),1995年。

149. 康豹(Paul Katz):《开悟的丹士抑或不道德的神仙?中华帝国晚期吕洞宾崇拜的发展》(Enlightened Alchemist or Immoral Immortal? The Growth of Lü Dongbin's Cult in Late Imperial China),载夏维明(Meir Shahar)、魏乐博(Robert Weller)编:《不羁的神:中国的神性与社会》(*Unruly Gods: Divinity and Society in China*),火奴鲁鲁:夏威夷大学出版社,1996年。

150. 戴维·凯利(David E. Kelley):《庙宇与漕运船队:十八世纪的罗教与水手社团》(Temples and Tribute Fleets: The Luo Sects and Boatmen's Associations in the Eighteenth Century),《近代中国》(*Modern China*)第8卷,1982年,第361—391页。

151. 马杜·康纳(Madha Khanna):《女神与女性:印度教性力派典籍中的混同》(The Goddess-Women, Equation in Sākta Tantras),载曼德伦特·博斯(Mandakranta Bose)编:《古代、中世纪和现代印度女子的面孔》(*Faces of the Feminine in Ancient, Medieval, and Modern India*),纽约:牛津大学出版社,2000年。

152. 柯嘉豪(John Kieschnick):《高僧:中世纪中国高僧传记中的佛教典范》(*The Eminent Monks: Buddhist Ideals in Medieval Chinese Hagiography*),火奴鲁鲁:夏威夷大学出版社,1997年。

153. 祁泰履(Terry Kleeman):《一部神灵的自传:〈梓潼帝君化书〉》(*A God's Own Tale: The Book of Transformations of Wenchang, the Divine Lord of Zitong*),奥尔巴尼(Albany):纽约州立大学出版社(State University of New York Press),1994年。

154. 金·诺特(Kim Knott):《印度教简介》(*Hinduism: A Very Short Introduction*),纽约:牛津大学出版社,2000年。

155. 孔丽维(Livia Kohn)译:《太上老君戒经》(The Five Precepts of the Venerable Lord),《华裔学志》(*Monumenta Serica*)第42期,1994年,第171—215页。

156. 孔丽维:《尹喜——在典籍开篇出现的大师》(Yin Xi: the Master at the Beginning of the Scripture),《中国宗教研究集刊》(*Journal of Chinese Religion*),第25期,1997年,第83—139页。

157. 孔丽维:《东亚太平盛世说的肇始与文化特征》(The Beginnings and Cultural

Characteristics of East Asian Millenarianism），《日本宗教》（*Japanese Religions*），第 23 号，第 1—2 期，1998 年，第 29—51 页。

158. 孔丽维：《道教手册》（*Daoism Handbook*），莱顿（Leiden）：博睿学术出版社（Brill），2000 年。

159. 康易清（Paul W. Kroll）：《置身青童殿中》（In the Halls of the Azure Lad），《美国东方学会杂志》（*Journal of American Oriental Society*），1985 年第 1 期（总第 105 期），第 75—94 页。

L

160. 劳格文（John Lagerwey）：《中国社会和历史上的道教仪式》（*Taoist Ritual in Chinese Society and History*），纽约：麦克米兰出版公司（Macmillan Publishing Company），1987 年。

161. 赖恬昌（T. C. Lai）：《"八仙"》（*The Eight Immortals*），香港：斯文顿出版有限公司（Swindon Book Co.），1974 年。

162. 费迪南·雷森（Ferdinand Lessing）、歌诗达·蒙特尔（Gosta Montell）：《雍和宫：北京喇嘛教堂图解，附喇嘛教神学和教派的注释》（*Yung-ho-kung: An Iconography of the Lamaist Cathedral in Peking with Notes on Lamaist Mythology and Cult*），斯德哥尔摩：Elanders Boktryckeri Aktiebolag，1942 年。

163. 李三宝（Li San-pao）：《清代的宇宙学与流行的戒律》（Ch'ing Cosmology and Popular Precepts），载史密斯（R. Smith）、沃克（D.W.Y. Kwok）编：《宇宙学、本体论与人类效能》（*Cosmology, Ontology and Human Efficacy*），火奴鲁鲁：夏威夷大学出版社，1993 年，第 113—139 页。

164. 李养正：《道教概说》，北京：中华书局，1989 年。

165. 李养正：《新编北京白云观志》，北京：宗教文化出版社，2003 年。

166. 李远国：《道教气功与内丹术研究》，载李远国编：《道教研究文集》，成都：巴蜀书社，1985 年。

167. 李远国：《气功精华集》，成都：巴蜀书社，1987 年。

168. 李远国：《道教气功养生学》，成都：四川省社会科学院，1988 年。

169. 刘国梁：《道教精萃》，长春：吉林文史出版社，1991 年。

170. 刘精诚：《中国道教史》，台北：文津出版社，1993 年。

171. 刘广京（Liu Kwang-Ching）：《中国社会的正统思想》（Orthodoxy in Chinese Society），载刘广京编：《中华帝国晚期的正统》（*Orthodoxy in Late Imperial China*），伯克利（Berkeley）：加利福尼亚大学出版社（University of California Press），1990 年，第 1—24 页。

172. 柳存仁（Liu Ts'un-yan）：《佛道二教对中国小说的影响》（*Buddhist and Taoist Influences on Chinese Novels*），威斯巴登（Wiesbaden）：哈拉索维茨出版社（Harrassowitz），1962 年。

173. 柳存仁：《研究明代道教思想中日文书目举要》，《崇基学报》第 6 卷第 2 期，1967 年，第 107—130 页。

174. 柳存仁：《明代思想中的道教自修》（Taoist Self-Cultivation in Ming Thought），载狄百瑞（Wm. Theodore De Bary）编：《明代思想中的个人与社会》（*Self and Society in Ming Thought*），纽约：哥伦比亚大学出版社（Columbia University

Press),1970 年,第 291—326 页。
175. 柳存仁:《道教对明代新儒家精英之影响》(The Penetration of Taoism into the Ming Neo-Confucian Elite),《通报》(T'oung Pao)第 57 期,1971 年,第 31—103 页。
176. 柳存仁:《道藏的编辑与历史价值》(The Compilation and Historical Value of the *Tao-tsang*),载唐纳德·莱斯利(Donald Leslie)、麦克拉斯(Colin Mackerras)和王赓武编:《中国史文献论》(Essays on the Sources for Chinese History),堪培拉(Canberra):澳大利亚国立大学出版社(Australian National University Press),1973 年,第 104—120 页。
177. 柳存仁:《伍守阳:回归纯粹的本质》(Wu Shou-yang: The Return to the Pure Essence),载柳存仁著:《和风堂新文集》(*New Excursions from the Hall of Harmonious Wind*),莱顿(Leiden):博睿学术出版社(Brill),1984 年,第 184—208 页。
178. 柳存仁:《和风堂新文集》(*New Excursions from the Hall of Harmonious Wind*),莱顿(Leiden):博睿学术出版社(Brill),1984 年。
179. 刘迅、高万桑编:《现代中国历史和社会中的全真道》(*Quanzhen Daoism in Modern Chinese History and Society*),伯克利:东亚研究所(Institute of East Asia Studies),2014 年。

M

180. 马书田:《华夏诸神》,北京:燕山出版社,1991 年。
181. 马晓宏:《吕洞宾神仙信仰溯源》,《世界宗教研究》1986 年第 3 期(总第 25 期),第 79—95 页。
182. 马西沙、韩秉方:《中国民间宗教史》,上海:上海人民出版社,1992 年。
183. 梅维恒(Victor Mair):《〈圣谕广训〉中的语言和思想》(Language and Ideology in the Written Popularizations of the *Sacred Edict*),载姜士彬、黎安友和罗友枝编:《中华帝国晚期的大众文化》(*Popular Culture in Late Imperial China*),伯克利(Berkeley):加利福尼亚大学出版社(University of California Press),1985 年,第 325—359 页。
184. 马颂仁(Pierre Marsone):《北京白云观琐记:碑铭与历史》(Le Baiyun guan de Pékin: épigraphie et histoire),《三教文献》(*Sanjiao wenxian*)1999 年第 3 期,第 73—136 页。
185. 马颂仁:《王重阳(1113—1170)与全真教的创立》(Wang Chongyang [1113—1170] et la fondation du Quanzhen),法国高等实践研究院宗教科学部(Ecole Pratique des Hautes Etudes, section des Sciences Religieuses)2001 年博士学位论文。
186. 艾米丽·马丁(Emily Martin):《身体中的女人》(*The Women in the Body*),米尔顿凯恩斯(Milton Keynes):开放大学出版社(Open University Press),1989 年。
187. 马克瑞(John R. McRae):《柳田圣山有关中国禅宗的具有里程碑意义的著述》(Yanagida Seizan's Landmark Works on Chinese Ch'an),《远亚丛刊》第 7 期,1993—1994 年,第 51—103 页。

188. 梅尼尔(Evelyne Mesnil):《张素卿与蜀中道画》(Zhang Suqing et la peinture taoïste à Shu),《远亚丛刊》,1996—1997 年,第 131—158 页。
189. 闵智亭:《道教仪范》,北京:中国道教学院,1990 年。
190. 三浦国雄(Miura Kunio):《"气"的复兴:当代中国的气功》(The Revival of Qi: Qigong in Contemporary China),载孔丽维(Livia Kohn)编:《道教的冥思和长寿技术》(Taoist Meditation and Longevity Techniques),安娜堡(Ann Arbor):密歇根大学中国研究中心,1989 年,第 331—362 页。
191. 宫川尚志(Miyakawa Hisayuki):《刘一明〈悟真直指〉研究》(Ryū Ichimei no Goshin chokushi ni tsuite),《冈山大学法文学部学术纪要》(Okayama daigaku hōbun gakubu gakujutsu kiyō)第 3 号,1954 年,第 49—59 页。
192. 穆瑞明(Christine Mollier):《公元五世纪的一部道教伪经——〈洞渊神咒经〉》(Une apocalypse taoïste du Ve siècle: Le Livre des Incantations Divines des Grottes Abissales),巴黎:法兰西学院高等汉学研究所(Collège de France, Institute des Hautes Etudes Chinoises),1990 年。
193. 穆瑞明:《弥赛亚主义和太平盛世说》(Messianism and millenarianism),载玄英(F. Pregadio)编:《道教百科全书》(The Encyclopedia of Taoism),伦敦:柯曾出版社(Curzon),即将出版。
194. 森由利亚(Mori Yuria):《试论宋代的吕洞宾传说》(Sōdai ni okeru Ryo Dōhin setsuwa ni kansuru ichi shiron),《文学研究科纪要别册》(Bungaku kenkyūka kiyō, bessatsu)第 17 期,1990 年,第 55—65 页。
195. 森由利亚:《全真教龙门派系谱考》(Zenshinkyō ryūmonha keifu kō),载道教文化研究会(Dōkyō bunka kenkyūkai)编:《道教文化展望》(Dōkyō bunka e no tenbō),东京:雄山阁(Hirakawa),1994 年,第 181—211 页。
196. 森由利亚:《〈太乙金华宗旨〉的编定与变迁》(Taiistu kinkesōshi no seiritsu to hensen),《东洋的思想与宗教》(Tōyō no shisō to shūkyō)第 15 号,1998 年,第 43—64 页。
197. 森由利亚:《〈太乙金华宗旨〉与清代中国的吕祖扶乩崇拜》(The Taiyi jinhua zongzhi and Spirit Writing Cult to the Patriarch Lü in Qing China),驹泽大学(Komazawa University)宗教研究学术研讨会论文,东京,1998 年。
198. 森由利亚:《〈丘祖语录〉研究》(Kyusō goroku ni tsuite),载山田利明(Yamada Toshiaki)、田中文雄(Tanaka Fumio)编:《道教的历史与文化》(Dōkyō no rekishi to bunka),东京:雄山阁,1998 年,第 257—273 页。
199. 森由利亚:《吕洞宾与全真教:清代湖州金盖山的例子》(Ryo Dōhin to Zenshin kyō: Shichō koshū kingai san no jirei o chūshin ni),载野口铁郎(Tetsurō Nuguro)编:《道教讲座第一卷:道教的神灵与经典》(Kōza Dōkyō daiichi kan: Dōkyō no kamigami to kyōten),东京:雄山阁,1999 年,第 242—264 页。
200. 森由利亚:《认同与宗派:〈太乙金华宗旨〉与清代中国的吕祖扶乩崇拜》(Identity and Lineage: The Taiyi Jinhua zongzhi and the Spirit-writing Cult to Patriarch Lü in Qing China),载孔丽维、罗浩(Harold D.Roth)编:《道教认同:历史、宗派与仪式》(Daoist Identity: History, Lineage and Ritual),火奴鲁鲁:夏威夷大学出版社,2002 年,第 168—187 页。

201. 诸桥辙次(Morohashi Tetsuji)编:《大汉和词典》(*Dai Kanwa jiten*),东京:大修馆(Taishūkan),1976年。
202. 牟钟鉴、张践:《中国宗教通史》(2卷本),北京:中国社会科学出版社,2007年。

N

203. 南怀瑾:《静坐修道与长生不老》(*Tao and Longevity*),伦敦:Element books,1984年。
204. 韩书瑞(Susan Naquin):《千禧年之乱:1813年八卦教起义》(*Millenarian Rebellion in China: The Eight Trigrams Uprising of 1813*),康涅狄格州纽黑文(New Haven, Conn.):耶鲁大学出版社(Yale University Press),1976年。
205. 韩书瑞:《山东叛乱:1774年王伦起义》(*Shantung Rebellion: The Wang Lun Uprising of 1774*),康涅狄格州纽黑文:耶鲁大学出版社,1981年。
206. 韩书瑞:《叛乱之间的联系:清代中国北方的传教家族网络》(Connections Between Rebellions: Sect Family Networks in North China in Qing China),《近代中国》(*Modern China*)第8卷,1982年,第337—360页。
207. 韩书瑞:《中华帝国晚期白莲教的传播》(The Transmission of White Lotus Sectarianism in Late Imperial China),载姜士彬、黎安友和罗友枝编:《中华帝国晚期的大众文化》(*Popular Culture in Late Imperial China*),伯克利:加利福尼亚大学出版社,1985年,第255—291页。
208. 李约瑟(Joseph Needham)、鲁桂珍(Lu Gwei-djen):《中国科学技术史》(*Science and Civilization in China*)第5卷第5分册,剑桥:剑桥大学出版社,1983年。
209. 李约瑟:《中国内丹与印度瑜伽,坦陀罗和哈塔瑜伽》(Chinese Physiological Alchemy (*Nei Tan*) and the Indian Yoga, Tantric and Hathayoga Systems),载李约瑟编:《中国科学技术史》(*Science and Civilisation in China*)第5卷,第5部分,剑桥(Cambridge):剑桥大学出版社(Cambridge University Press),1986年,第257—288页。

O

210. 大渊忍尔(Ninji Ofuchi):《道教史研究》(*Dōkyō shi no kenkyū*),冈山(Okayama):冈山大学共济会书籍部(Okayama Daigaku Kyōsaikai),1964年。
211. 大渊忍尔:《东亚千禧年主义的起源及其文化特征》(The Beginning and Cultural Characteristics of East Asian Millenarianism),《日本宗教》(*Japanese Religions*)第23期,1998年1—2号,第29—51页。
212. 帕特里克·奥里弗尔(Patrick Olivelle)译:《奥义书》(*Upanishads*),纽约:牛津大学出版社,1996年。
213. 欧大年(Daniel L. Overmyer):《民间佛教信仰:传统中国晚期的异类教派》(*Folk Buddhist Religion: Dissenting Sects in Late Traditional China*),马萨诸塞州坎布里奇(Cambridge, Mass.):哈佛大学出版社,1976年。
214. 欧大年:《船夫与佛:明代中国的罗教》(Boatmen and Buddhas: The Lo-chiao in Ming-Dynasty China),《宗教史》(*History of Religion*)第17卷,1978年,第

284—288页。
215. 欧大年：《替代品：中国社会的民间宗教派别》(Alternatives: Popular Religious Sects in Chinese Society)，《近代中国》(Modern China)第7卷，第2期，1981年，第153—190页。
216. 欧大年：《中国民间宗教文献的价值观——明清宝卷》(Values in Chinese Sectarian Literature: Ming and Ch'ing *pao-chüan*)，载姜士彬、黎安友和罗友枝编：《中华帝国晚期的大众文化》(Popular Culture in Late Imperial China)，伯克利：加利福尼亚大学出版社，1985年，第219—254页。
217. 小柳司气太(Oyanagi Shigeta)：《白云观志》(Hakuunkan shi)，东京：东方文化学院东京研究所(Tōhō bunka gakuin Tōkyō kenkyūjo)，1934年。

P

218. 卢西亚诺·伯戴克：《藏中与蒙古人：西藏历史上的元-萨迦时期》(Central Tibet and the Mongols: The Yuan-Sa-skya period of Tibetan History)，罗马(Rome)：意大利中东和远东研究所(Istituto italiano per il Medio ed Estremo Oriente)，1990年。
219. 蒲安迪(Andrew Plaks)：《明代小说中的四大奇书》(The Four Masterworks of the Ming Novel)，普林斯顿(Princeton)：普林斯顿大学出版社(Princeton University Press)，1987年。
220. 萨拉·波默罗伊(Sarah B. Pomroy)：《妇女史与古代史》(Women's History and Ancient History)，教堂山(Chapel Hill)：北卡罗来纳大学出版社(University of North Carolina Press)，1991年。
221. 玄英(Fabrizio Pregadio)、史卡(Lowell Skar)：《内丹》(Inner Alchemyk (Neidan))，载孔丽维编：《道教手册》，莱顿：博睿学术出版社，2000年，第464—497页。
222. 玄英：《〈周易参同契〉中的时间表征》(The Representation of Time in the Zhouyi Cantongqi)，《远亚丛刊》第8期，1995年，第155—173页。
223. 玄英：《〈周易参同契〉：金丹转化之书》(Zhouyi Cantong Qi: Dal Libro dei Mutamenti all'elisir d'oro)，威尼斯：Ca' Foscarina，1996年。
224. 玄英编：《道教百科全书》(Encyclopedia of Taoism)，伦敦：Routledge，2008年。
225. 玄英：《〈道书十二种〉》(Daoshu shi'er zhong)，载玄英编：《道教百科全书》(Encyclopedia of Taoism)，伦敦：柯曾出版社，2008年。
226. 浦江清：《八仙考》，《清华学报》1931年第1期，第89—136页。

Q

227. 卿希泰主编：《中国道教》(4卷本)，上海：知识出版社，1994年。
228. 卿希泰主编：《中国道教史》(4卷本)，成都：四川人民出版社，1996年。
229. 罗友枝(Evelyn S. Rawski)：《清代中国的教育和文化普及》(Education and Popular Literacy in Ch'ing China)，安娜堡(Ann Arbor)：密歇根大学中国研究中心，1979年。
230. 罗友枝：《中华帝国晚期文化的经济和社会基础》(Economic and Social

Foundations of Late Imperial Culture），载姜士彬、黎安友和罗友枝编：《中华帝国晚期的大众文化》（Popular Culture in Late Imperial China），伯克利：加利福尼亚大学出版社，1985 年，第 3—33 页。

R

231. 艾香德（Karl Ludvig Reichelt）：《支那佛教教理与源流》（Truth and Tradition in Chinese Buddhism）（1927 年初版），台北：南天书局，1990 年。
232. 常志静（Florian Reiter）：《有关传统中国之道教创立的一些思考》（Some Observations concerning Taoist Foundations in Traditional China），《德国东方学会杂志》（Zeitschrift der Deutschen Morgenländischen Gesellschaft）第 133 期，1983 年，第 363—376 页。
233. 常志静：《道教传统中的东华帝君及其社会背景》（Der Name Tung-hua ti-chün und sein Umfeld in der Taoistischen Tradition），载盖特·兰多夫（Gett Nandorf）等编：《东亚宗教与哲学：施泰宁格六十五寿辰纪念文集》（Religion und Philosophie in Ostasien. Festschrift für Hans Steininger），维尔茨堡（Würzburg）：Königshausen und Neumann，1985 年，第 87—101 页。
234. 常志静：《道教的基本要素与倾向》（Grundelemente und Tendenzen des religiösen Taoismus），斯图加特（Stuttgart）：弗朗兹·斯坦纳（Franz Steiner），1988 年。
235. 任继愈主编：《中国道教史》，上海：上海人民出版社，1990 年。
236. 贺碧来（Isabelle Robinet）：《〈大洞真经〉之真伪及其在上清经中的地位》（Le Ta-t'ung chen-ching-son authenticité et saplace dans les textes du Shang-ching ching），载司马虚（Strickmann Michel）编：《密教与道教研究文集：献给石泰安教授》（Tantric and Taoist Studies in Honour of R.A.Stein），第 2 册，布鲁塞尔（Brussels）：比利时高等汉学研究所（Institute Belge des Hautesétudes Chinoises），1983 年，第 394—433 页。
237. 贺碧来：《道教史上的上清降经》（La révélation du Shangqing dans l'histoire du taoïsme）（2 卷本），巴黎：法国远东学院，1984 年。
238. 贺碧来：《佛、道基本矛盾初探》（Notes préliminaries surquelques antinomies fondementales entre le bouddhisme et le taoïsme），载兰契奥蒂（Lionello Lanciotti）编：《三至四世纪亚洲宗教研究》（Incontro di Religioni in Asia tra il III e il IV secolo d. C.），佛罗伦萨（Firenze）：Leo S. Olschki，1984 年，第 217—242 页。
239. 贺碧来：《内丹研究——真元教》（Recherche sur l'alchimieintérieure（neidan）：l'école Zhenyuan），《远亚丛刊》第 5 期，1989—1990 年，第 141—162 页。
240. 贺碧来：《内丹对道教和中国思想的创造性贡献》（Original Contributions of Neidan to Taoism and Chinese Thought），载孔丽维、坂出祥伸编：《道教的存思与长生术》（Taoist Meditation and Longevity Techniques），安娜堡（Ann Arbor）：密歇根大学（University of Michigan），1989 年，第 297—330 页。
241. 贺碧来：《道教内丹中的界域颠倒》（Le monde à l'envers dans l'alchimic intérieure），《宗教历史杂志》（Revue de l'histoire des Religions）第 209 卷，1992 年第 3 号，第 239—257 页。

参考文献

242. 贺碧来：《第一动力与循环创生》（Primus Movens et création récurrente），《道教文献》（Taoist Resources）第 5 卷第 2 号，1994 年。

243. 贺碧来：《道教内丹简介》（Introduction à l'alchimie intérieure taoïste），巴黎：勒瑟夫（Le Cerf），1995 年。

244. 贺碧来：《道教的静坐》（Méditation taoïste），巴黎：米歇尔出版社（Albin Michel），1995 年。

245. 柔克义（W. W. Rockhill）：《拉萨的达赖喇嘛及其与清帝的关系（1644—1908）》（The Dalai Lamas of Lhasa and their Relationship with the Manchu Emperors of China 1644—1908），《通报》（T'oung Pao）第 11 卷第 2 号，1910 年，第 1—104 页。

S

246. 坂出祥伸（Sakade Yoshinobu）：《密教和道教的早期关系》（Shoki mikkyo to dōkyō tono kōshō），载立川武藏（Musashi Tachikawa）、赖富本宏（Motohiro Yoritomi）编：《中国密教》（Chūgoku mikkyū），东京：春秋社（Shunkasha），1999 年，第 153—169 页。

247. 酒井忠夫（Sakai Tadao）：《中国善书研究》（Chūgoku zensho no kenkyū），东京：国书刊行会（Kokusho kankōkai），1960 年。

248. 酒井忠夫：《儒家思想与国民教育读物》（Confucianism and Popular Educational Works），载狄百瑞编：《明代思想中的个人与社会》（Self and Society in Ming Thought），纽约（New York）：哥伦比亚大学出版社（Columbia University Press），1970 年，第 331—366 页。

249. 苏海涵（Michael Saso）：《庄法师的学说》（The Teachings of the Taoist Master Chuang），纽黑文（New Haven）：耶鲁大学出版社（Yale University Press），1978 年。

250. 泽田瑞穂（Sawada Mizuhō）：《弘阳教初探》（Koyokyō no shitan），《天理大学学报》（Tenri daigaku gakuhō）第 24 辑，1957 年，第 63—85 页。

251. 泽田瑞穂：《重修白云观寻访记》（Ishū Hakuunkan jinbōki），《东方宗教》（Tōhō shūkyō）第 57 期，1981 年，第 71—77 页。

252. 薛爱华（Edward H. Schafer）：《唐代的茅山》（Mao-shan in T'ang Times），博尔德（Boulder）、科尔（Col）：中国宗教研究会（Society for the Study of Chinese Religions），1980 年。

253. 施舟人（Kristofer M. Schipper）：《敦煌钞本中的道教职位》（Taoist Ordination Ranks in the Tunhuang Manuscripts），载兰多夫（Gert Naundorf）等编：《东亚宗教与哲学：施泰宁格六十五寿辰纪念文集》（Religion und Philosophie in Ostasien. Festschrift fur Hans Steininger），维尔茨堡（Würzburg）：Königshausen und Neumann，1985 年，第 127—148 页。

254. 施舟人：《赵宜真大师和道教清微派》（Master Chao I-chen and the Ch'ing-wei School of Taoism），载秋月观暎（Akizuki Kan'ei）编：《道教与宗教文化》（Dōkyō to shūkyō bunka），东京：雄山阁（Hirakawa），1987 年，第 715—734 页。

255. 施舟人：《北京的庙宇与礼仪》（Temples et liturgie de Pékin），载《高等研究实验学院年鉴》（Annuaire de l'EPHE）第 100 期，1991—1992 年，第 91—96 页。

256. 君特·斯库莱曼（Günther Schulemann）：《达赖喇嘛纪事》（*Die Geschichte der Dalai-Lamas*），莱比锡（Leipzig）：Otto Harrassowitz，1958年。

257. 索安（Anna Seidal）：《早期道教弥赛亚主义中完美统治者的形象：老子和李弘》（The Image of the Perfect Ruler in Early Taoist Messianism: Lao-tzu and Li Hung），《宗教史》（*History of Religion*），第9期，1969—1970年，第216—247页。

258. 索安：《皇家宝藏和道教圣物：伪书中的道教根底》（Imperial Treasures and Taoist Sacraments: Taoist Roots in the Apocrypha），载司马虚（Michel Strickmann）编：《密教与道教研究文集：献给石泰安教授》（*Tantric and Taoist Studies in Honour of R. A. Stein*），布鲁塞尔（Bruxellesbili）：比利时高等汉学研究所（Institut Belge des Hautes Etudes Chinoises），1983年，第291—371页。

259. 索安：《道教弥赛亚主义》（Taoist Messianism），《守护神杂志》（*Numen*），第31期，第2号，1984年，第161—174页。

260. 夏维明（Meir Shahar）：《通俗小说与帝制中国晚期神灵崇拜的传播》（Vernacular Fiction and the Transmission of Gods' Cults in Late Imperial China），载夏维明、魏乐博（Robert P. Weller）编：《不羁的神：中国的神性和社会》（*Unruly Gods: Divinity and Society in China*），火奴鲁鲁：夏威夷大学出版社，1996年，第184—211页。

261. 石汉椿（Richard Shek）：《明末的宗教与社会——十六至十七世纪中国的宗派主义和大众思潮》（Religion and Society in Late Ming: Sectarianism and Popular Thought in Sixteenth and Seventeenth Century China），加利福尼亚大学博士学位论文，伯克利（Berkeley），1980年。

262. 石汉椿：《拒绝反抗的千禧年主义：中国北部的黄天道》（Millenarianism without Rebellion: The Huangtian Dao in North China），《近代中国》（*Modern China*）第8卷，1982年，第305—336页。

263. 沈卫荣（Shen Weirong）：《神通、妖术与贼髡：论元代文人笔下的番僧形象》（Magic Power, Sorcery and Evil Spirits: The Image of Tibetan Monks in Chinese Literature during the Yuan Dynasty），载克瑞斯托福·古博尔思（Christoph Cuppers）编：《传统上西藏宗教与政权的关系》（*The Relationship between Religion and State in Traditional Tibet*），派勒瓦（Bhairahawa）：蓝毗尼国际研究所（Lumbini International Research Institute），2004年。该文的汉语版本载于《汉学研究》第21卷第2号，2003年，第219—247页。

264. 志贺市子（Shiga Ichiko）：《香港的道坛》（Hongkong no dōtan），《东方宗教》第85期，1995年，第1—13页。

265. 篠原孝市（Shinohara Kōichi）：《天皇道悟禅师传记的内容及流布》（Passages and Transmission in Tianhuang Daowu's Biographies），载格拉诺夫（Phyllis Granoff）、篠原孝市编：《别样的自我：跨文化视域下的自传与传记》（*Other Selves: Autobiography and Biography in Cross-Cultural Perspective*），奥克维尔（Oakville）、布法罗（Buffalo）：Mosaic，1988年，第247—268页。

266. 史卡（Lowell Skar）：《行雷法：十三世纪一场精心准备的雷法度亡科仪》（Administering Thunder: A Thirteenth-century Memorial Deliberating the

Thunder Rites),《远亚丛刊》第 9 期,1996—1997 年,第 159—202 页。
267. 史卡:《丹道、地方教团与道教:以唐至明道教"南宗"的形成为视角》（Alchemy, Local Cults and Daoism: A Perspective on the Formation of the Southern Lineage from Tang to Ming）,"宗教与中国社会:领域的转变"（Religion and Chinese Society: The Transformation of a Field）研讨会论文,香港,2000 年 5 月 29 日—6 月 2 日。
268. 史卡:《宋元时期的仪式运动、神灵崇拜和道教的转型》（Ritual Movement, Deity Cults and the Transformation of Daoism in Song and Yuan Times）,载孔丽维编:《道教手册》,莱顿:博睿学术出版社,第 413—463 页。
269. 司马富（Richard Smith）:《中国的文化遗产:清代（1644—1912）》（China's Cultural Heritage: The Ch'ing Dynasty, 1644—1912）,博尔德（Boulder）:西景出版社（Westview Press）,1983 年。
270. 司马富:《清代文化中的仪式》（Ritual in Ch'ing Culture）,载刘广京编:《中华帝国晚期的正统》（Orthodoxy in Late Imperial China）,伯克利:加利福尼亚大学出版社,1990 年,第 281—310 页。
271. 司马富（Richard Smith）编:《预言家与哲学家》（Fortune-Tellers and Philosophers）,博尔德:西景出版社,1991 年。
272. 苏慧廉（William Edward Soothill）、何乐益（Hodous Lewis）编:《中国佛教大辞典》（A Dictionary of Chinese Buddhist Terms）,伦敦: Kegan Paul, Trench, Trubner & Co., 1937 年。
273. 司马虚（Michel Strickmann）:《最长的道经》（The Longest Taoist scripture）,《宗教史》（History of Religions）第 17 期,1978 年,第 331—354 页。
274. 司马虚:《咒语和官僚——中国的密教》（Mantras et mandarins-Le bouddhisme tantrique en Chine）,巴黎: Gallimard,1986 年。
275. 孙念礼（Nancy Lee Swan）:《鲍廷博》（Pao T'ing-bo）,载恒慕义（Arthur Hummel）编:《清代名人传略》（Eminent Chinese of the Ch'ing Period）,台北:成文出版社,1975 年,第 612—613 页。

T

276. 田中公明（Tanaka Kimiaki）:《超密教时轮经》（Chō mikkyō jirin tantora）,大阪（Osaka）:东方出版社（Tōhō）,1994 年。
277. 唐大潮:《明清之际道教"三教合一"思想的理论表现略论》,《世界宗教研究》1985 年第 3 期,第 87—95 页。
278. 戴乐（Romeyn Taylor）:《明清时期官方宗教的变化与连续性:以方志为考察焦点》（Some Changes and Continuities in the Official Religion During Ming and Qing: A Survey of Gazetteers）,"东亚的国家和仪式"学术研讨会论文,巴黎:法兰西学院（Collège de France）,1995 年 6 月。
279. 戴乐:《明清时期郡县必备的正式祭坛、寺庙和神社》（Official Altars, Temples and Shrines Mandated for All Counties in Ming and Qing）,《通报》（T'oung-pao）第 83 卷,1997 年,第 93—125 页。
280. 田海（Barend Ter Haar）:《中国宗教史上的白莲教》（The White Lotus Teachings in Chinese Religious History）,莱顿:博睿学术出版社,1992 年。

281. 徐佩明（Bartholomew P. M. Tsui）：《道教的传统与变迁：全真教在香港的历史》(*Taoist Tradition and Change: The Story of the Complete Perfection Sect in Hong Kong*)，香港：基督教中国宗教文化研究社（Christian Study Centre on Chinese Religion and Culture），1991 年。

282. 朱塞佩·杜齐（Giuseppe Tucci）：《西藏画卷》(*Tibetan Painted Scrolls*)，罗马（Roma）：意大利国家图书馆（Libreria dello stato），京都（Kyoto）：临川书店（Rinsen），1980 年（初版于 1949 年）。

283. 滕华睿（Gray Tuttle）：《当代五台山的藏传佛教》(Tibetan Buddhism at Ri bo rtse Inga / Wutai shan in Modern Times)，《国际藏学研究会期刊》(*Journal of the International Association of Tibetan Studies*) 第 2 期，2006 年 8 月，第 1—35 页。

V

284. 范德康（Leonard Van der Kuijp）：《助印〈时轮经〉的中国元代蒙古帝室和蒙古国》(The Mongol Imperial Family in Yuan China and Mongolia as Patrons of the Printing of Tibetan Kālacakra Texts)，《中央欧亚研究讲座》(*The Central Eurasian Studies Lectures*) 第 4 号，布卢明顿（Bloomington）：内亚学研究所（Research Institute for Inner Asian Studies），2004 年。

285. 费丹尼（Dany Vercammen）：《内家武术：中国武术的内家派别》(Neijia wushu: The Internal School of Chinese Martial Arts)（3 卷），比利时根特大学（Ghent University）1989 年博士学位论文。

286. 费丹尼：《太极拳的历史》(*The History of Taijiquan*)，安特卫普（Antwerp）：比利时道教协会（Belgian Taoist Association），1991 年。

W

287. 亚瑟·威利（Arthur Waley）：《一位丹道家的游记：长春真人应成吉思汗召请赴兴都库什山之旅》(*Travels of an Alchemist: The Journey of the Taoist Ch'ang-ch'un to the Hindukush at the Sommons of Chingiz Khan*)，伦敦：劳特里奇出版社（George Routledge and Sons），1931 年。

288. 王湘云（Wang Xiangyun）：《清代宫廷的藏传佛教：章嘉若贝多吉的生平与著述》(Tibetan Buddhism at the Court of Qing: The Life and Work of Lcang skya Rol pa'i rdo rje)，哈佛大学 1995 年博士学位论文。

289. 王湘云：《清代宫廷与西藏的联姻：章嘉若贝多吉和乾隆皇帝》(The Qing Court's Tibet Connection: Lcang skya Rol pa'i rdo rje and the Qianlong Emporor)，《哈佛亚洲研究杂志》(*Harvard Journal of Asiatic Studies*) 第 60 卷第 1 期，2000 年 6 月，第 125—163 页。

290. 王志忠：《论明末清初全真教"中兴"的成因》，《宗教学研究》1995 年第 3 期，第 32—38 页。

291. 王志忠：《全真教龙门派起源论考》，《宗教学研究》1995 年第 4 期，第 9—13 页。

292. 王志忠：《明清全真教论考》，成都：巴蜀书社，2000 年。

293. 魏鲁南（James Ware）：《炼金术、医药和公元 320 年的中国宗教：葛洪〈抱朴子·内篇〉研究》(*Alchemy, Medicine and Religion in the China of A. D. 320: The Nei P'ien of Ko Hung*),坎布里奇(马萨诸塞):麻省理工学院,1966 年。

294. 华琛(James L. Watson):《神灵的标准化:中国南部沿海"天后"的晋封之路(960—1960)》(*Standardizing the Gods: The Promotion of T'ien Hou Along the South China Coast, 960—1960*),载姜士彬、黎安友和罗友枝校编:《中华帝国晚期的大众文化》,伯克利:加利福尼亚大学出版社,1985 年,第 292—324 页。

295. 尉迟酣(Holmes Welch):《中国佛教的实践(1900—1950)》(*The Practice of Chinese Buddhism, 1900—1950*),坎布里奇(马萨诸塞):哈佛大学出版社,1967 年。

296. 魏雅博(Albert Welter):《中国佛教传记的语境研究:以永明延寿(904—975)为例》(*The Contextual Study of Chinese Buddhist Biographies: The Example of Yung-Ming Yen-Shou〔904—975〕*),载格拉诺夫、篠原孝市编:《和尚与术士:亚洲的宗教传记》(*Monks and Magicians: Religious Biographies in Asia*),奥克维尔:Mosaic,1988 年,第 247—268 页。

297. 大卫·怀特(David White):《丹体》(*The Alchemical Body*),芝加哥:芝加哥大学出版社,1997 年。

298. 道格拉斯·威尔(Douglas Wile):《房中术:女性存思典籍中的性经典》(*Arts of the Bedchamber: The Chinese Sexual Yoga Classics Including Women's Solo Meditation Texts*),奥尔巴尼(Albany):纽约州立大学出版社(State University of New York Press),1992 年。

299. 卫礼贤(Richard Wilhelm):《金花的秘密:中国的生命之书》(*Das Geheimnis der Goldenen Blüte: ein Chinesisches Lebensbuch*),慕尼黑(Munich):Dorn Verlag,1929 年。英译本:Cary F. Baynes. *The Secret of the Golden Flower: A Chinese Book of Life*. London: Kegan Paul, Trench and Trubner. 1931.

300. 黄伊娃(Eva Wong):《育化生命的能量:〈慧命经〉译解》(*Cultivating the Energy of Life: A Translation of the Hui-ming ching and its Commentaries*),波士顿(Boston):香巴拉出版社(Shambhala),1998 年。

301. 黄兆汉(Wong Shiu Hon):《〈张三丰全集〉的真实性探究》(*Investigation into the Authenticity of the Chang San-feng Ch'uan-chi*),堪培拉(Canberra):澳大利亚国立大学出版社(Australian National University Press),1982 年。

302. 黄兆汉:《道教研究论文集》,香港:香港中文大学出版社,1988 年。

303. 黄兆汉:《明代道士张三丰考》,台北:学生书局,1988 年。

304. 戴尔·怀特(Dale S. Wright):《佛教禅宗的传承故事及其近代编纂史》(*Les récits de transmission du bouddhisme ch'an et l'historiographie moderne*),《远亚丛刊》第 7 期,1993—1994 年,第 105—114 页。

305. 格尔德(Gerd Wädow):《〈天妃显圣录〉:引言、翻译与评论》(*Tien-fei hsien-sheng lu: Die Aufzeichnungen von dermanifestierten Heiligkeit der Himmelsprinzessin. Einleitung, Uebersetzung, Kommentar*),圣奥古斯汀(St. Augustin)、内特塔尔(Nettetal):《华裔学志》(*Monumenta Serica*)第 29 号,1992 年。

X

306. 萧登福:《道教与密宗》,台北:新文丰出版公司,1993 年。

307. 许地山：《扶乩迷信底研究》，上海：商务印书馆，1941 年。

Y

308. 山田利明(Yamada Toshiaki)：《神仙李八百传考》(Shinsen Ri Happyaku den kō)，载吉冈义丰博士还历纪念研究论集刊行会(Yoshioka Yoshitoyo hakase kanreki kinen kenkyū ronshū kankōkai)编：《吉冈义丰博士还历纪念道教研究论集》(Yoshioka Yoshitoyo hakase kanreki kinen dōkyō kenkyū ronshū)，东京：国书刊行会(Kokushō kankōkai)，1977 年，第 145—163 页。
309. 山田利明：《灵宝派》(The Lingbao School)，载孔丽维编：《道教手册》(Daoism Handbook)，莱顿：博睿学术出版社，2000 年，第 225—255 页。
310. 柳田圣山(Yanagida Seizan)：《初期禅宗史书之研究》(Shoki Zenshū shisho no kenkyū)，京都(Kyoto)：法藏馆(Hōzōkan)，1967 年。
311. 杨庆堃(Yang C. K.)：《中国社会中的宗教》(Religion in Chinese Society)，伯克利：加利福尼亚大学出版社，1961 年。
312. 杨富森(Richard F. S. Yang)：《"八仙"起源论考》(A Study in the Origin of the Eight Immortals)，《远东学报》(Oriens Extremus)第 5 期，1958 年，第 1—22 页。
313. 杨学政等编：《云南宗教史》，昆明：云南人民出版社，1999 年。
314. 游子安：《劝化金箴——清代善书研究》，天津：天津人民出版社，1999 年。
315. 姚道中(Yao Tao-chung)：《全真道：十二、十三世纪中国北方的新道派》(Ch'üan-chen: A New Taoist Sect in North China during the Twelfth and Thirteenth Centuries)，亚利桑那大学(University of Arizona)1980 年博士学位论文。
316. 姚道中：《全真》(Quanzhen: Complete Perfection)，载孔丽维编：《道教手册》，莱顿：博睿学术出版社，2000 年，第 567—593 页。
317. 颜慈(Perceval W. Yetts)：《"八仙"》(The Eight Immortals)，《皇家亚洲学会杂志》(Journal of the Royal Asiatic Society)，1916 年，第 773—807 页。
318. 颜慈：《再说"八仙"》(More Notes on the Eight Immortals)，《皇家亚洲学会杂志》，1922 年，第 397—426 页。
319. 横手裕(Yokote Hiroshi)：《李涵虚初探：独特的道教修行法与超越之道》(Ri Kankyo shotan: Aru dōkyō teki shūgyōhō to chōetsu no michi)，载镰田繁(Kamata Shigeru)、森秀树(Mori Hideki)编：《超越与神秘：伊斯兰世界、印度和中国的世界观》(Chōetsu to shinpi: Chūgoku, Indo, Isurâmu no shiso sekai)，东京：大明堂(Daimeidō)，1994 年。
320. 横手裕：《全真教的南宗与北宗》(Zenshinkyō to nanshū hokushū)，载野口铁郎(Tetsurō Nuguro)等编：《道教的生命观和身体论》(Dōkyō no seimeikan to shintai ron)，东京：雄山阁(Yūyama kaku)，2000 年，第 180—196 页。
321. 吉冈义丰(Yoshioka Yoshitoyo)：《道教经典史论》(Dōkyō kyōten shiron)，东京：道教刊行会(Dōkyō kankōkai)，1955 年。
322. 吉冈义丰：《道教：对永生的追求》(Eisei e no negai: Dōkyō)，京都：淡交社(Tankōsha)，1970 年。
323. 吉冈义丰：《道教的实态》(Dōkyō no jittai)，京都：朋友书店(Hōyū Shoten)，

1975年。

324. 吉冈义丰：《道观的生活》(Taoist Monastic Life)，载尉迟酣、索安编：《道教面面观》(*Facets of Taoism*)，纽黑文、伦敦：耶鲁大学出版社，1979年，第229—252页。
325. 余国藩(Anthony C. Yü)：《怎样读〈西游原旨〉》(How to read *The Original Intent of the Journey to the West*)，载陆大伟(David L. Rolston)编：《怎样读中国小说》(*How to Read the Chinese Novel*)，普林斯顿(Princeton)：普林斯顿大学出版社(Princeton University Press)，1991年，第299—315页。
326. 于本源：《清王朝的宗教政策》，北京：中国社会科学出版社，1999年。
327. 于君方(Yü Chün-fang)：《中国佛教的复兴：袾宏与晚明的宗教融合》(*The Renewal of Buddhism in China: Chu-hung and the Late Ming Synthesis*)，纽约：哥伦比亚大学出版社，1981年。

Z

328. 曾召南：《龙门派》，载胡孚琛主编：《中国道教大辞典》，北京：中国社会科学出版社，1995年，第66—67页。
329. 张天志、孙铁编：《道教史资料》，上海：上海古籍出版社，1991年。
330. 周叔迦：《清代佛教史料辑稿》，台北：新文丰出版公司，2000年。
331. 司徒安(Angela Zito)：《身体与笔：十八世纪中国作为文本与表演的"大祀"》(*Of Body and Brush: Grand Sacrifice as Text/Performance in Eighteenth-Century China*)，芝加哥(Chicago)：芝加哥大学出版社(University of Chicago Press)，1997年。
332. 宗力、刘群：《中国民间诸神》，石家庄：河北人民出版社，1987年。

附录

附录一　莫尼卡的生平[1]

莫尼卡(Monica Esposito,1962—2011),著名汉学家,生前供职于日本京都大学人文科学研究所。她以道教研究为职志,尤以对清代道教的研究蜚声中外。其研究领域涉及明清道教、道教内丹学、道教与密宗的互动、中国帝制时代晚期的佛教。

莫尼卡于1962年8月7日出生在意大利热那亚,4岁时随父亲Carlo Esposito、母亲Iris Barzaghi和姐姐Adriana Esposito迁居帕多瓦。2011年3月10日在日本京都逝世。

一、在意大利威尼斯和中国上海(1981—1987)

在中学,莫尼卡学习了西方古典学,以及希腊语和拉丁语,然后入威尼斯大学东亚学系修习古汉语课程。在老师M. Scarpari教授的指导下研读了《孟子》和《荀子·性恶》文本,并与同窗一起将它们翻译成了意大利文。在大学期间,她对中国的宗教尤其是道教很感兴趣,在

---

[1] 本文以下列文献为基础翻译、整理而成：1. Urs App, Alain Arrault, Catherine Despeux, Tiziana Lippiello. In Memoriam: Monica Esposito (1962—2011). *Cahiers d'Extrême-Asie*. Vol. 20. Bouddhisme, taoïsme et religion chinoise (2011), pp. 7 – 24。2. Goossaert Vincent. In Memoriam Monica Esposito(1962—2011). *Études chinoises*. No. 30, 2011, pp. 27 – 28。3. Monica Esposito. *Facets of Qing Daoism*. Wil/Paris: UniversityMedia. 2016. pp. 1 – 4。第一篇文献中的法文、意大利文内容,以及第二篇高万桑的法文文章,由意大利学者玄英(Fabrizio Pregadio)先生翻译成了英文,本文内容即以其英文译文为基础。谨此向玄英先生致以最诚挚的谢意！又,这部分内容涉及的莫尼卡的文章仅注明题目和出版时间,其他信息可参阅本书附录二"莫尼卡的著述"。此外,本文之撰写也得到了朱越利教授的指点,谨致谢忱！

A. Cadonna 教授[1]的指导下初步学习了相关知识。她的大学同窗 Tiziana Lippiello 这样描述她："莫尼卡是一个自由的精灵：她慷慨开朗，愿意倾听，且乐于分享她的烦恼、快乐、激情和脆弱。"[2]

1985 年，她获得了意大利外交部的奖学金，在复旦大学作访问学习。其间她很喜欢中国的太极拳，自己也开始跟中国师傅学习。这一时期的她，对带有神秘主义色彩的中国身心修炼之术十分着迷，并亲身体验。1987 年，她以论文《中国的气功修习：当代一大流派及其文本导论——附〈五息阐微〉译文》(*La practica del Qigong in Cina. Introduzione ad una scuola contemporanea eai suoi testi* [*con una traduzione del Wuxi chanwei, breve studio sulle cinque respirazioni*])获得威尼斯大学文学学士学位。

二、在法国巴黎、意大利威尼斯和中国天目山等地(1987—1998)

此后，莫尼卡的人生迈入了更为学术化的阶段。在中国考察学习期间，她发现多数中国道士都自称属于龙门派——这一现象引发了莫尼卡的好奇心，她渴望广泛而深入地了解明清时期的中国道教。这一问题在她接下来的学术研究中得到了体现。1988 年，她完成了硕士论文《〈道藏续编〉内丹文献介绍》，在巴黎第七大学获得了应用研究文凭。此后她继续在巴黎第七大学远东系教授贺碧来(Isabelle Robinet)的指导下从事道教研究，1993 年完成了博士学位论文《金盖山龙门派和〈道藏续编〉中的内丹法》(*La Porte du Dragon—L'école Longmen du Mont Jin'gai et ses pratiques alchimiques d'après le Daozang xubian* [*Suite au canon taoïste*])，以

---

[1] Alfredo M. Cadonna 教授,1948 年生于热那亚,那不勒斯东方大学中国语言和文学教授,是意大利著名汉学家白佐良(Giuliano Bertuccioli,1923—2001)的弟子,1984 年出版《道教天师》(*Il Taoista di Sua Maesta*)一书。

[2] Urs App, Alain Arrault, Catherine Despeux, Tiziana Lippiello. In Memoriam: Monica Esposito(1962—2011). *Cahiers d'Extrême-Asie*. Vol. 20. Bouddhisme, taoïsme et religion chinoise (2011), p. 7.

附 录

最高荣誉获得了巴黎第七大学博士学位。

这一时期,莫尼卡对女丹也颇感兴趣。尽管获得了硕士和博士学位,但她仍然在上戴思博(Catherine Despeux)为硕士研究生开设的有关中医和内丹的课程。她用了几个月的时间把戴思博的《中国古代的女仙》(Immortelles de la Chine Ancienne)从法文译为意大利文。戴思博描述这一时期的莫尼卡"富有活力,灵动而心胸开阔,与中国的道教、佛教研究者建立了广泛的联系"[1]。

这一时期莫尼卡还多次到访中国。她考察了许多道教遗迹,并收集了大量资料,复制了很多碑文。在浙江南天目山的一个古老的道教洞天附近,她发现了由法海喇嘛建立的佛教密宗尼姑庵。她分别在1988—1991和1994—1996两个时段在此居住并进行田野考察。她不仅参与了尼庵几乎所有的宗教活动,还记录和还原了法海喇嘛的日常教学,拍摄了尼庵日常的科仪活动和生活场景,收集了很多珍贵的文本。

多次的中国求学、考察经历,大大拓宽了莫尼卡的研究视野,为她日后的研究工作奠定了坚实的基础。1994—1995年间,她带着收集到的资料回到祖国,任威尼斯大学东方部研究员,其间发表了论文《回归源头:明清内丹术字典之成立》(Il Ritorno alle Fonti-per la costituzione di un dizionario di alchimia interiore all'epoca Ming e Qing)——此文标志着莫尼卡严谨的治学理念的确立。1995—1997年间,她又到巴黎索邦大学高等研究院宗教系作博士后,继续研究龙门派并发表了论文《〈金华宗旨〉与金盖山龙门派》(Il Segreto del Fiore d'Oro e la tradizione Longmen del Monte Jin'gai)。1997年,莫尼卡在罗马出版了意大利文的《呼吸的炼金术:道教内丹中的内观修炼》(L'alchimia del soffio: La pratica della visione interiore nell'alchimia taoista),向意大利读者通俗地介绍了中国道教的内丹炼气学说,叙述了龙门西竺心宗的历史。

---

[1] Urs App, Alain Arrault, Catherine Despeux, Tiziana Lippiello. In Memoriam: Monica Esposito(1962—2011). Cahiers d'Extrême-Asie. Vol. 20. Bouddhisme, taoïsme et religion chinoise (2011), p. 11.

三、定居日本京都之后(1998—2011)

1998年与吴露世(Urs App)结婚后,莫尼卡偕丈夫定居日本京都。吴露世原籍瑞士,是知名的宗教研究学者,擅长东西方宗教的比较研究。莫尼卡的许多研究工作也得到了丈夫的鼎力支持和大力协助。二人可谓珠联璧合,双星辉映。

以她在中国南天目山的考察,以及20世纪90年代在欧洲从事的"大圆满"(rDzogs-chen)研究为基础,莫尼卡于2008年编辑完成了两卷本的《19—20世纪西藏的形象》(*Images of Tibet in the 19th and 20th Centuries*)一书,撰写了《南天目山的中国汉—藏传统:大圆满与道教光法之初比较》(A Sino-Tibetan Tradition in China at the Southern Celestial Eye Mountains: A First Comparison between Great Perfection (rDzogs chen) and Taoist Techniques of Light)和《中国的太阳崇拜:上清派光法的渊源》(Sun-worship in China—The Roots of Shangqing Taoist Practices)两篇重要的文章。在其过世后出版的《密教之禅》(*The Zen of Tantra*),即是以此为基础写就的一本关于大圆满的专著,其中包括了她在法海喇嘛创立的寺庙里的考察成果,以及法海喇嘛的生平和教义理论等。

同样以在中国和日本的田野工作为基础,她还发表了几篇有关清代道教尤其是全真龙门派的开创性的文章,如2000年发表的《清代的道教(1644—1911)》(Daoism in the Qing[1644—1911])、2001年发表的《清代中国的龙门派:教义理想与地方实践》(Longmen Daoism in Qing China—Doctrinal Ideal and Local Reality)和2004年发表的《清代龙门派及其有争议的历史》(The Longmen School and Its Controversial History during the Qing Dynasty)。同时她还与丈夫一起,在日本、中国大陆、中国台湾等地进行了有关萨满教和民间宗教的广泛考察,制作了多部颇有影响的纪录片,受到了广泛好评。

2000年,乃师贺碧来逝世,莫尼卡悲痛万分。她怀着深切的感恩和

附　　录

怀念之情,撰写了《纪念贺碧来(1932—2000):附主题与说明的贺碧来作品目录》(In Memoriam Isabelle Robinet(1932—2000) — A Thematic and Annotated Bibliography of Isabelle Robinet),发表在《华裔学志》(*Monumenta Serica*)第49号(2001年)。2004年又对该文内容作了增补,发表于《远亚丛刊》第14特辑(2004年)。

2003年,莫尼卡被提名为京都大学人文科学研究所副教授。此后她开始集中精力研究清代道教典籍汇编《道藏辑要》。2005年,她开始设计、筹备"国际《道藏辑要》项目",该项目旨在为《道藏辑要》编纂完整的目录,并撰写提要,介绍这部书所收各个文本的源流和内容。莫尼卡成功地从中国台湾地区的蒋经国基金会申请到了项目经费,并在全球范围内招募了从事道教研究的专家学者,开始了文本录入和提要撰写工作。这个项目吸引了多个国家和地区的研究机构参与,包括:中国四川省社会科学院、中国香港中文大学道教文化研究中心、中国台湾"中研院"文哲研究所、日本京都大学人文科学研究所、法国远东学院等。

另外,莫尼卡还在2007年申请到了日本学术振兴会的一笔为期四年的经费,资助其带领的京都大学研究团队在中国从事考察和研究工作。此后,她用英文、中文和日文发表了一系列开创性的文章,内容涵盖了清代道教的典籍文献、历史发展和佛道关系等不同侧面。

在开展以上研究工作的同时,莫尼卡还成为美国亚洲学会会员、日本道教学会会员和《道教研究学报:宗教、历史与社会》的顾问委员会委员,并为玄英(Fabrizio Pregadio)所编《道教百科全书》(*The Encyclopedia of Taoism*)撰写了多个词条。

莫尼卡热切地盼望中国学者了解自己的研究成果,诚如她的丈夫吴露世先生所说:"她十分希望与中国蓬勃发展的道教研究界探讨自己的研究成果。"[1]而她所开创的、由香港中文大学黎志添先生接力主编完

---

[1] Urs App, Alain Arrault, Catherine Despeux, Tiziana Lippiello. In Memoriam: Monica Esposito(1962—2011). *Cahiers d'Extrême-Asie*. Vol. 20. Bouddhisme, taoïsme et religion chinoise (2011), p. 17.

成的"国际《道藏辑要》项目"的成果《道藏辑要·提要》的问世,或许是对她最好的缅怀。一如高万桑(Goossaert Vincent)所说:"我们将向她致敬,尤其是以她喜欢的方式。首要的,就是《道藏辑要》项目的参与者们将会尽快完成她为之倾注了大量时间和无数心血的著作。这一著作的出版,将会让我们再次认识到,作为一个杰出的学者和一个真正的好人,她的离开实在是太过突然了。"[1]

的确,莫尼卡不仅是一位杰出的学者,还是一个品德高尚的人。《老子》说"上德不德,是以有德",莫尼卡恰恰做到了"不德"之德。她的丈夫在《远亚丛刊》纪念莫尼卡的文章中写道:

> 莫尼卡不仅是我遇见的最为慷慨的人,而且是那类从来不张扬自己美德的人。……当我于2011年3月她突然辞世后浏览她电脑中的大量邮件时,我发现了许多她从来没有跟我说过的事情。比如,我无意中发现了一位日本教授的邮件——这位教授提议为某次研讨会一位电脑被窃的参会学者捐款,以便他购买一台新的电脑。莫尼卡在弥留之际曾跟我说当时每个人都捐了款。然而通过邮件我才知道,莫尼卡自己几乎出了购买费用的一半。当然,最后那位日本教授坚持要大家平均分配,于是就退还了莫尼卡全部捐款的五分之四。[2]

---

[1] Goossaert Vincent. In Memoriam Monica Esposito (1962—2011). *Études chinoises*. No. 30, 2011, p. 28。

[2] Urs App, Alain Arrault, Catherine Despeux, Tiziana Lippiello. In Memoriam: Monica Esposito(1962—2011).*Cahiers d'Extrême-Asie*. Vol. 20. Bouddhisme, taoïsme et religion chinoise (2011), pp. 12 - 13。

附录二　莫尼卡的著述[1]

一、专著

1.《中国的气功修习：当代一大流派及其文本导论——附〈五息阐微〉译文》(La practica del Qigong in Cina. Introduzione ad una scuola contemporanea eai suoi testi [con una traduzione del Wuxi chanwei, breve studio sulle cinque respirazioni])，威尼斯大学硕士论文，1987年。

2.《金盖山龙门派和〈道藏续编〉中的内丹法》(La Porte du Dragon—L'école Longmen du Mont Jin'gai et ses pratiques alchimiques d'après le Daozang xubian [Suite au canon taoïste])，巴黎第七大学博士论文，1993年。

3.《太极拳：五息法之新道派》(Il qigong: La nuova scuola taoista delle cinque respirazioni)，帕多瓦：Muzzio，1995年。

4.《呼吸的炼金术：道教内丹中的内观修炼》(L'alchimia del soffio: La pratica della visione interiore nell'alchimia taoista)，罗马：Astrolabio-Ubaldini，1997年。

5.《金盖山龙门派和〈道藏续编〉中的内丹法》(La Porte du Dragon—L'école Longmen du Mont Jin'gai et ses pratiques alchimiques d'après le Daozang xubian[Suite au canon taoïste])，2卷本，京都：大学传媒出版社（UniversityMedia），2012年。该书由巴黎第七大学1993年博士论文增订

---

[1] 本篇以下列文献为基础翻译、整理而成：1. Monica Esposito. *Facets of Qing Daoism*. Wil/Paris：UniversityMedia，2016，pp. Ⅷ - XV. 2. Pregadio Fabrizio, Urs App. Bibliography of Monica Esposito. 在此，谨向两位先生表示感谢。

而成。免费下载网址：www.universitymedia.org/Esposito_PhD.html。

6.《创造性的道教》(*Creative Daoism*)，威尔、巴黎：大学传媒出版社，2013年，2016年。

7.《密宗之禅》(*The Zen of Tantra*)，威尔、巴黎：大学传媒出版社，2013年。

8.《清代的道教》(*Facets of Qing Daoism*)，威尔、巴黎：大学传媒出版社，2014年，2016年。

二、编著

1. 与戴路德(Hubert Durt)合编纪念贺碧来的《远亚丛刊》(*Cahiers d'Extrême-Asie*)第14期特辑《道教的思想、丹道和宇宙论》(*Pensée taoïste alchimie cosmologie*)，2004年。

2. 为其策划和主持的"国际《道藏辑要》项目"撰写合作者指南并编辑专家们撰写的论文，2006—2011年。

3.《19—20世纪西藏的形象》(*Images of Tibet in the 19th and 20th Centuries*)，"专题研究"(*Études thématiques*)第22辑，巴黎：法国远东学院(École francaise d'Extrême-Orient)，2008年。

三、论文

1.《沈洪训太极五息功法评论》，发表于1986年在上海举办的太极五息功研讨会，后收入威尼斯大学哲学系学报《生物》(*Biologica*)1988年第1号，第225—226页。

2.《〈道藏续编〉：龙门派文本的汇编》(Il *Daozang xubian*, raccolta di testi alchemici della scuola Longmen)，《那不勒斯东方大学学报》(*Annali dell'Istituto Universitario Orientale*)第4卷，1992年，第429—449页。

3.《天目山寺庙走访记》(Journey to the Temple of the Celestial-Eye)，

载大卫·瑞德(David W. Reed)编:《创建精神:1993年劳力士雄才伟略大奖》(*Spirit of Enterprise*, *The 1993 Rolex Awards*),波恩:Buri,1993年,第275—277页。

4.《回归源头:明清内丹术字典之成立》(Il Ritorno alle Fonti-per la costituzione di un dizionario di alchimia interiore all'epoca Ming e Qing),载Maurizio Scarpari编:《中华文明研究资料汇编》(*Le fonti per lo studio della civiltà cinese*),威尼斯:Ca'Foscarina,1995年,第101—117页。

5.《〈金华宗旨〉与金盖山龙门派》(Il Segreto del Fiore d'Oro e la tradizione Longmen del Monte Jin'gai),载科拉迪尼(Piero Corradini)编:《解读中华文明》(*Conoscenza e interpretazione della civiltà cinese*),威尼斯:Libreria Editrice Cafoscarina,1996年,第151—169页。

6.(与陈耀庭合撰)《意大利道教的研究》,《当代宗教研究》,1998年第1期,第44—48页。

7.《龙门派与〈金华宗旨〉版本来源》,"道教文化研讨会"(The Dōkyō bunka kenkyūkai)论文,东京:早稻田大学(Waseda University),1998年3月。(译者按:此文为中文)

8.《〈金华宗旨〉的版本及其与龙门派的关系》(The Different Versions of the *Secret of the Golden Flower* and Their Relationship with the Longmen School),《国际东方学会议纪要》(*Transactions of the International Conference of Eastern Studies*)第43号,1998年,第90—109页。

9.《意大利汉学与道教研究》(Italia no kanguku to dōkyō kenkyū),载中村璋八(Nakamura Shōhachi)编:《中国人与道教》(*Chūgokujin to dōkyō*),汲古书院(Kyūko shoin),1998年,第83—104页。(译者按:此文为日文)

10.(与让·吕克·阿查德合撰)《中国的大圆满传统:天目山道院走访记》(Una tradizione di rDzogs-chen in Cina. Una nota sul Monastero delle Montagne dell),《威尼斯大学亚洲研究学报》(*Asiatica Venetiana*)第3卷,1998年,第221—224页。

11.《中国的神谕》(Orakel in China)，载 A. Langer 与 A. Lutz 编：《神谕：未来的幻景》(*Orakel-Der Blick in die Zukunft*)，苏黎世：里特贝尔格博物馆(Museum Rietberg)，1999 年，第 304—314 页。

12.《清代的道教（1644—1911）》(Daoism in the Qing ［1644—1911］)，载孔丽维(Livia Kohn) 编：《道教手册》(*Daoism Handbook*)，莱顿：博睿学术出版社，2000 年，第 623—658 页。

13.《清代中国的龙门派：教义理想与地方实践》(Lomgmen Daoism in Qing China—Doctrinal Ideal and Local Reality)，高万桑（Vincent Goossaert)、康豹（Paul Katz) 编《中国宗教研究集刊》(*Journal of Chinese Religions*) 第 29 期（2001)，全真教特辑，第 191—231 页。

14.《纪念贺碧来(1932—2000)：附主题与说明的贺碧来作品目录》(In Memoriam Isabelle Robinet ［1932—2000］—A Thematic and Annotated Bibliography of Isabelle Robinet)，《华裔学志》(*Monumenta Serica*) 第 49 号，2001 年，第 595—624 页。增订版载《远亚丛刊》(*Cahiers d'Extrême-Asie*) 第 14 期特辑，2004 年，第 1—42 页。

15.《清代龙门派及其有争议的历史》(The Longmen School and Its Controversial History during the Qing Dynasty)，载劳格文（John Lagerwey) 编：《宗教与中国社会：领域的转变》(*Religion and Chinese Society: The Transformation of a Field*)，法国远东学院、香港中文大学，2004 年，第 621—698 页。

16.《中国的太阳崇拜：上清派光法的渊源》(Sun-worship in China—The Roots of Shangqing Taoist Practices)，《远亚丛刊》第 14 期特辑，2004 年，第 345—402 页。

17.《逆转的镜像：女丹的身体观》(Gyakuten shita zō-Jotan no shintai kan)，梅川纯代(Umekawa Sumiyo) 译，载坂出祥伸退休纪念论集刊行会(Sakada Yoshinobu sensei taikyū kinen ronshū kankō kai) 编：《中国思想中的身体、自然、信仰》(*Chūgoku shisō ni okeru shintai, shizen, shinkō*)，东京：东方书店(Tōhō shoten)，2004 年，第 113—129 页。（该

文为日文。其英文版以《斩赤龙：女丹的关键》(Beheading the Red Dragon: The Heart of Feminine Inner Alchemy) 为题载于《清代的道教》，第 223—237 页)

18.《〈金华宗旨〉与金盖山龙门派的成立》(Shindai ni okeru Kingaizan no seiritsu to Kinka shūshi)，载高田时雄 (Takata Tokio) 编：《中国宗教文献研究国际学术研讨会论文集》(Chūgoku shūkyō bunken kenkyū kokusai shinpojiumu hōkokusho)，京都：京都大学人文科学研究所，2004 年，第 259—268 页。

19.《清代道教与密教互动之一例："龙门西竺心宗"》(Shindai dōkyō to mikkyō: Ryūmon seijiku shinshū)，载麦谷邦夫 (Mugitani Kunio) 编：《三教交涉论丛》(Sankyō kōshō ronsō)，京都：京都大学人文科学研究所，2005 年，第 287—338 页。(此文为日文。其英文修订版载于《清代的道教》，第 239—304 页)

20.《〈金华宗旨〉与金盖山龙门派的成立》(Shindai ni okeru Kingaizan no seiritsu to Kinka shūshi)，载京都大学人文科学研究所编：《中国宗教文献研究》(Chūgoku Shūkyō bunken kenkyū)，京都：临川书店 (Rinsen Shoten)，2007 年，第 239—264 页。(此文为日文。其英文增订版载于《创造性的道教》，2013 年，第 263—315 页)

21.《"清代道藏"——江南蒋元庭本〈道藏辑要〉之研究》(The Discovery of Jiang Yuanting's Daozang jiyao in Jiangnan—A Presentation of the Daoist Canon of Qing Dynasty)，载麦谷邦夫 (Mugitani Kunio) 主编：《江南道教研究》(Kōnan dōkyō no kenkyū)，京都：京都大学人文科学研究所，2007 年，第 79—110 页。(此文为英文。中译本载《学术中国》，2007 年 11 月，第 25—48 页。英文增订版载于《创造性的道教》，2013 年，第 3 部分)

22.《中国的大圆满：法海喇嘛 (1921—1991) 从禅宗到藏密的足迹》(rDzogs chen in China: From Chan to Tibetan Tantrism in Fahai Lama's [1921—1991] Footsteps)，载莫尼卡编：《19—20 世纪西藏的形象》第 2

卷,第 473—548 页。

23.《一部全真道藏的发明:〈道藏辑要〉及清代全真认同》,载赵卫东主编:《问道昆嵛山》,济南:齐鲁书社,2009 年,第 303—343 页。(此文为中文。英文增订版载于刘迅、高万桑编:《现代中国历史和社会中的全真道》[*Quanzhen Daoism in Modern Chinese History and Society*],伯克利:东亚研究所[Institute of East Asia Studies],2014 年,第 44—77 页)

24.《〈道藏辑要〉研究项目:一部道藏的变迁》(The *Daozang Jiyao* Project: Mutation of a Canon),《道教研究学报:宗教,历史与社会》2009 年第 1 期,第 95—153 页。

25.《"清代道藏"——江南蒋元庭本〈道藏辑要〉之研究》,《宗教学研究》2010 年第 3 期,第 17—27 页。(此文原为英文,由万钧译为中文)

26.《作为三教宝库的最后一部清代道藏——〈道藏辑要〉:在家信徒与圣职权威面对面》(Shindai dōkyō ni okern sankyō no hōko to shite no Dōzō shuyō—Zaike shinto to seishokusha no ken'i no taiji),载麦谷邦夫(Kunio Mugitani)编:《三教交涉论丛续编》(*Sankyō kōshō ronsō zokuben*),京都:京都大学人文科学研究所,2011 年,第 431—469 页。(此文为日文。其英文修订版收入《创造性的道教》,第 219—260 页)

27.《清代全真三坛大戒仪式的创立》,载赵卫东编:《全真道研究》,济南:齐鲁书社,2011 年,第 204—220 页。(该文为中文。其英文增订版载《创造性的道教》,第 91—173 页)

28.《一部全真道藏的发明:〈道藏辑要〉的离奇命运》(The Invention of a Quanzhen Canon: The Wondrous Fate of the *Daozang jiyao*),载刘迅、高万桑编:《现代中国历史和社会中的全真道》,第 44—77 页。

29.《〈道藏辑要〉与道教研究的未来》(The *Daozang Jiyao* and the Future of Daoist Studies),载黎志添、张德贞编:《中国文化和社会中道教研究的新方法》(*New Approaches to the Study of Daoism in Chinese Culture and Society*),香港:香港中文大学出版社,即将出版。

四、译文

1. （法文译为意大利文）原作：戴思博（Catherine Despeux），译著名称：*Le immortali dell' antica Cina. Taoismo e Alchemia feminile*（中国古代的女仙——道教和女丹），罗马：Ubaldini，1991年。

2. （日文译为英文）原作：小野田俊藏（Onoda Shunzō），译文名称：The Meiji Suppression of Buddhism and Its Impact on the Spirit of Exploration and Academism of Buddhist Monks（明治时期对佛教的压制及其对僧侣探究和学术精神的影响），载《19—20世纪西藏的形象》第2卷，第225—242页。

3. （中文译为英文）原作：陈兵，译文名称：The Tantric Revival of Its Reception in Modern China（密宗的复兴及其在中国近代的接受史），载《19—20世纪西藏的形象》第2卷，第387—427页。

五、会议论文

1. 《南天目山的中国汉—藏传统：大圆满与道教光法之初比较》（A Sino-Tibetan Tradition in China at the Southern Celestial Eye Mountains: A First Comparison between Great Perfection [rDzogs chen] and Taoist Techniques of Light），"密宗与道教：宗教全球化及其经验"（Tantra and Daoism: The Globalization of Religion and Its Experience）学术研讨会论文，波士顿大学，2002年4月19—21日。

2. 《内丹是如何发展的：中华帝国晚期的内丹术》（How Neidan has Developed: A View on Inner Alchemy in Late Imperial China），"道教内丹的渊源"（The Roots of Taoist Inner Alchemy）学术研讨会论文，斯坦福大学，2003年5月30—31日。（文中分散的《道藏续编》文本清单，后增订为《清代的道教》第3章"附录"，参见该书第191—211页）

3.《〈道藏辑要〉研究计划——从注疏式编目到数位化典藏》,"数位宝典——宗教文献数位化工作经验交流会"论文,台北"中研院"历史语言研究所,2006年3月7日。

4.《〈道藏辑要〉及其编纂的历史:试解清代道藏所收道经书目问题》,"第一届道教仙道文化国际学术讨论会"论文,高雄中山大学,2006年11月10—12日。

5.《一部全真道藏的发明:〈道藏辑要〉及清代全真认同》,"齐鲁文化与昆嵛山"道教国际学术研讨会论文,山东牟平,2008年10月9—12日。

6.《〈道藏辑要〉与道教研究的未来》,"中国文化和社会中道教研究的新方法"(New Approaches to the Study of Daoism in Chinese Culture and Society)国际学术研讨会论文,香港中文大学,2008年11月26—28日。

7.《清代全真教之重构:闵一得及其建立龙门正统的意愿》,"探古鉴今——全真道的昨天、今天与明天"国际学术研讨会论文,香港,2010年1月6—8日。

六、撰写词条

1. 为若盎·塞尔维埃(Jean Servier)编:《神秘主义批评词典》(*Dictionaire critique de l'ésotérisme*,巴黎:法兰西大学出版社,1998年)撰写词条,如下:

a."吸收宇宙精华"(Absorption des effluves cosmiques),第5—6页;

b."女丹"(Alchemie féminine),第51—52页;

c."内丹"(Alchemie intérieure),第53页,与贺碧来合撰;

d."房中术"(Arts de l'alcôve),第58—60页;

e."微细身"(Corps subtil),第343—345页;

f."导引"(Daoyin),第365—367页;

g."尸解"(Délivrance du cadavre),第377—378页;

附 录

h."驱邪"(Exorcisme),第500—502页;

i."圣地"(Géographie sacrée),第532—534页;

j."长生不死与道教"(Immortalité et Taoïsme),第642—645页;

k."吐纳与胎息"(Souffle et respiration embryonnaire),第1216—1218页;

l."道"(Tao),第1262—1263页。

2. 为玄英(Fabrizio Pregadio)编:《道教百科全书》(*Encyclopedia of Taoism*,伦敦:Routledge,2008年)撰写词条,如下:

a."《纯阳吕真人文集》"(Collected Works of the Perfected Lü of Pure Yang),第1卷,第280—281页;

b."出神"(exteriorization of the Spirits; egress of the Spirit),第1卷,第282—284页;

c."《道藏续编》"(Sequel to the Taoist Canon),第1卷,第347—350页;

d."斗母/斗姆"(Mother of the Dipper),第1卷,第382—383页;

e."谷神"(Spirit of the Valley),第1卷,第466页;

f."《慧命经》"(Scripture of Wisdom and Life),第1卷,第520—521页;

g."火候"(fire times),第1卷,第530—531页;

h."龙门"(Gate of the Dragon),第1卷,第704—706页;

i."《吕祖全书》"(Complete Writings of Ancestor Lü),第1卷,第726—728页。

j."闵一得"(Min Yide),第2卷,第747—748页;

k."命门"(Gate of the Vital Force),第2卷,第750页;

l."沐浴"(Bathing; Ablutions),第2卷,第753—754页;

m."泥丸"(Muddy Peller),第2卷,第775—777页;

n."女丹"(Inner alchemy for women),第2卷,第778—780页;

o."三关"(Three Passes),第2卷,第835—836页;

p."双修"(Joint Cultivation),第2卷,第906—907页;

q."《太乙金华宗旨》"(The Ultimate Purport of the Golden Flower of the Great One),第 2 卷,第 961—962 页;

r."天心"(Heart of Heaven;Celestial Heart),第 2 卷,第 988 页;

s."王常月"(Wang Changyue),第 2 卷,第 1008—1010 页;

t."玄关"(Mysterious Pass),第 2 卷,第 1131—1132 页;

u."意"(Intention),第 2 卷,第 1158—1159 页。

七、纪录片

1.《天目山寺庙走访记》(Journey to the Temple of the Celestial-Eye Mountains),10 分钟视频,劳力士雄才伟略大奖入围项目,1993 年。

2.《康区和安多南部之旅》(Voyage dans le Khams et l'Amdo méridionale),10 分钟视频,法国国家科学研究中心(CNRS)欧洲项目,1995 年。

3.(以下数条均与吴露世共同录制)《中国的神谕》(Oracles in China),11 分钟视频,在苏黎世里特贝尔格博物馆千禧年"神谕"展会播出,2000 年。

4.《日本的神谕》(Oracles in Japan),10 分钟视频,在苏黎世里特贝尔格博物馆千禧年"神谕"展会播出,2000 年。

5.《童乩:中国的神谕儿童》(Dangki: Chinese Oracle Kids),11 分钟视频,在苏黎世里特贝尔格博物馆千禧年"预言"展会播出,2000 年。

6.《童乩:中国的萨满》(Dangki: Les Chamanes de la Chine),51 分钟视频,法国第二电视频道 2001、2002 年播出。

7.《走在通往长谷川等伯之"松林"的路上》(On the Way to Tōhaku's Pine Forest),20 分钟视频,在苏黎世里特贝尔格博物馆长谷川等伯(Hasegawa Tōhaku)个人画展上播出,2002 年。(译者按:长谷川等伯是日本安土桃山时代的著名画家,有画作《松林图》传世)

8.《茶筅》(Der Teebesen),20 分钟视频,在 2003 年苏黎世大学民族学博物馆及 2006 年慕尼黑民族学博物馆的竹博会上播出。

附录三 莫尼卡的学术贡献及影响：
以《清代的道教》为焦点

跟她的导师贺碧来一样,莫尼卡也是一位勤勉的学者。据她的丈夫吴露世说,在2011年3月10日猝然去世之前,莫尼卡还在修订自己的文章,准备结集出版。在她短促的一生中,她的研究领域虽然涉及明清道教、道教内丹、道教与密宗的互动,还旁及中国帝制时代晚期的佛教以及藏传佛教等诸多方面,但清代道教无疑是她一生学术生涯的焦点所在,也是她成就最大、影响最广的研究领域。她的研究,不仅极大地推动了西方汉学界对中国帝制时代晚期道教的研究,而且强烈激发了国内外学者进一步探究明清道教尤其是清代道教的热忱,极大地促进了这一领域的纵深发展和长足进步。若以《清代的道教》一书为焦点,莫尼卡的学术贡献大致可以从以下几个方面作一考察。

一、观点发聩,识见高远

莫尼卡将中国、日本传统的文献学和西方学者擅长的人类学、社会学方法相结合,在广泛的田野考察的基础上,提出了一系列颇具独创性的、闪光的学术观点:

1.《金盖心灯》的龙门"正宗"谱系是后来的人为创作的产物。

这是莫尼卡在其经典文章《清代龙门派及其有争议的历史》中提出的重要创见。与王志忠《明清全真教论稿》对龙门派"正宗"的质疑[1]和

---

[1] 王志忠:《明清全真教论稿》,成都:巴蜀书社,2000年,第74页。

丁培仁《〈金盖心灯〉卷一质疑》中"龙门派或律宗由赵道坚从丘处机那里秘传得来,又由他单传张德纯,张德纯传至第七代王常月之说不可信"[1]的论断相呼应,莫尼卡通过文献学、历史学的考证分析,更加明确地指出这一龙门"正宗"谱系为人为的创作,并分析了其社会背景和主观动机:

> "龙门正宗"既保留了丘处机这位理想中的祖师,也有意识地提升了王常月方丈的地位,视他为龙门律脉真正的继承人。通过建构龙门派制度化早期阶段"七位祖师"的传承体系,龙门派实现了"重回"丘处机响堂所在地白云观的历史叙事。……为确保这种特权,龙门派以全真道的谱系为原型,精心设计了自己的"道祖"、"祖师"谱系,从而形成了自己的"家族树",将自己塑造成了官方的、体制化的道派。(本书第二章)

她进而指出了这一创作背后的南方文化意蕴:

> 由于龙门派是在南方的文人圈子中逐渐型塑出来的,它仍然是南方道派吸收全真北派传统并与之长期糅合的产物。这一过程自元代全真道传入江南就已开始。明代,在正一道的监理下,为了推动南北道教传统一体化和标准化,新的融合方式出现了,这就是派字诗。事实上,龙门派及其分支岔派以各自的派字诗进行代际传承,倒更像正一派的做法,不像"典型"的全真道。(本书第二章)

这一观点对清代全真道研究尤其是龙门派研究影响深远,启发了学者们深入探索龙门派的真正的起源。朱展炎《驯服自我:王常月修道思想研究》[2]、

---

[1] 丁培仁:《〈金盖心灯〉卷一质疑》,陈鼓应主编:《道家文化研究》第23辑,北京:三联书店,2008年,第411页。
[2] 朱展炎:《驯服自我:王常月修道思想研究》,成都:巴蜀书社,2009年。

附　　录

吴亚魁《江南全真道教》[1]、尹志华《清代全真道历史新探》[2]和译者的《清代道教"龙门中兴"研究》[3]都受到了这一观点的启发和影响。

2. 龙门金盖山支派的龙门教义是龙门派教义在地化发展的结果。

莫尼卡在《清代中国的龙门派：教义理想与地方实践》中，通过对比分析龙门金盖山支派与王常月正统龙门教义的区别，阐发了龙门金盖山支派在地化发展的重要意义，即：

> 龙门金盖山支派认为，成就天仙乃是长期进行丹术——包括来自道教和其他传统的各种秘传法术——修炼的结果。金盖山支派并未排斥戒律和儒家价值观念，但为了成就天仙，他们同时复兴了长生之术、法术科仪和其他一些特定仪轨。金盖山支派的科仪有待进一步研究，但我们不难发觉这样一种信号，即金盖山支派意图通过创设自己的救世方案，从王常月标准化的、理想的龙门教义中独立出来。（本书第三章）

她继而分析了龙门金盖山支派的三个基本特征，即私密传度仪式的恢复、道教三级修炼的确认和龙门派天仙所具有的"医世"之功能。她进一步指出，这一蓝图背后隐含着设计者的隐秘动机：

> 实际上，龙门金盖山支派精心建构的这套终极的弥赛亚式的救世教义，是官方龙门派内外诸多早期道教派系长期融合的产物。它充分体现了江南文化传统的复兴，闵一得及其龙门金盖山支派则是这一复兴的代言人。……金盖山支派宣称他们独立于王常月在北京白云观开创的所谓官方龙门教义，继而表达了这样的一种期望，即金

---

[1]　吴亚魁：《江南全真道教》，上海：上海古籍出版社，2012年。
[2]　尹志华：《清代全真道历史新探》，香港：香港中文大学出版社，2014年。
[3]　田茂泉：《清代道教"龙门中兴"研究》，北京：民主与建设出版社，2016年。

盖山将成为龙门新教义和新世界的"创生"(creation)中心。(本书第三章)

莫尼卡的这一研究可以说是全真道尤其是龙门派在地化研究的典范性成果。莫尼卡的结论,深刻地揭示了道教历史书写和观念书写的复杂性,因为事实上,后来的很多经典的龙门派教义或观念,不排除是后人根据其所在地域长期的实践,将地方特色与正统教义融合而总结创设出来的,一如张雪松在《刍议观念史视角下的道教研究》中所说,观念也有可能在实践之后到来:

> 中国道教也可能先有各种技术性的实践,然后才凝炼出新的观念,或对旧有观念加以改造,从而使道教变得"可理解"。……由"观念"规范信仰实践活动也是可以接受的,但这样预设的代价毕竟也是"伤害了道教本身的丰富性"。[1]

3. 龙门金盖山支派与鸡足道者的密教之互动意义重大。

以对清代密教和龙门派的介绍为切入点,莫尼卡在《清代道教与密教互动之一例:"龙门西竺心宗"》中,详细分析了闵一得和鸡足道者的传记,深入探讨了道教与密教以《医世说述》为中介展开的互动,并讨论了这一互动的重要意义:

> 与嘉庆年间举办的公开传戒不同,金盖山龙门派宣称自己传承有真正的无上大戒——"天仙大戒",其依据便是所谓的《医世说述》。正是有了《医世说述》这一文本,鸡足道者才得受龙门派的天

---

[1] 张雪松:《刍议观念史视角下的道教研究》,载赵卫东主编:《全真道研究》第7辑,济南:齐鲁书社,2018年,第202页。

附 录

仙大戒;而作为交换,闵一得也得到了密教的陀罗尼斗法精义。正是在闵一得和传奇人物鸡足道者这一互惠交换的意义上,我们才说所谓"龙门西竺心宗"的建立是清代道教与密教互动的标志。在闵一得看来,只有龙门派恢复了源于丘处机祖师的"大道"的真传。(本书第五章)

她进而概括性地指出这一互动的内在诉求和心理动因:

事实上,传闻中闵一得与鸡足道者——这位既跟历史悠久的"西竺"密教传统有关,又跟丘处机、王常月和白云观有关的人物——在充满着法脉传承的象征意味的鸡足山的相会,背后蕴含着为龙门派及其传承方式寻求合法性的内在诉求,鲜明地展现出龙门派追求道教正统之意志。(本书第五章)

值得一提的是,莫尼卡特别注重将这一互动放到清代龙门派发展的大语境中加以考察,而非将道教和密教并而观之[1]。

除此之外,关于扶乩文本与明清民间宗教的关系、明清两代对三教合一的不同态度、女性内丹修炼方式"斩赤龙"的象征意义等话题,莫尼卡也提出了不少真知灼见,散见于本书。据尹志华教授回忆,莫尼卡有一次在中国道教协会一个角落里见到一套《道藏辑要》,她一眼就辨认出了是哪一个版本。莫尼卡对道教文献如此熟稔,再加上她丰富的田野考察经历,无怪乎她的道教研究充满了敏锐的洞察力。

二、方法融通,推陈出新

莫尼卡的研究方法可谓博采众长、兼收并蓄。她将东西方不同的学

---

[1] 此类作品如谢世维的《道密法圆:道教与密教之文化研究》(台北:新文丰出版公司,2018年)。该著作探讨的是道教和密教在诸多方面的异同,如第三部分"密法与道术:秽迹金刚法与灵官马元帅秘法中的驱邪仪式研究"即是。

术传统、研究方法糅合在一起,形成了自己独特的研究风格和理论进路。我们不妨从以下几个方面简略考察莫尼卡有关清代道教研究的方法。

1. 吸纳中国、日本的文献学、考据学方法。

中国传统的文献学、考据学,历史悠久,积累了丰富的方法。而从19世纪后期开始,日本道教学者也继承了我国的此类学术传统,"对所探讨的问题言必有据,所得结论的可信度很高"[1]。莫尼卡将意大利汉学的文字学传统与中日的这一治学传统紧密结合,对许多复杂的问题进行了详细的阐发。比如她对《金盖心灯》中所云"氐国"的解说:

> 氐国,也称氐人国,传说中炎帝后代的国家。《山海经·海内南经》说:"氐人国在建木西,其为人,人面而鱼身,无足。"……它还指《外国放品》所言氐人和月支人生活的神秘的西方"野尼"国——"尼维罗绿那"。(本书第五章)

当然,我们也要注意,20世纪以来日本道教研究已不是单纯运用文献学和考据学方法,而是将田野考察和西方的人类学、社会学研究方法都融贯在了道教研究之中[2]。

2. 继承意大利汉学的文字学传统和译介传统。

意大利汉学家一直有研习中文、研究中国语言文字的优良传统,如利玛窦(Matteo Ricci)、卫匡国(M. Martini)、罗雅各(G. Rho)等人即是最早开启这一传统的代表性人物。[3] 当代意大利学者马西尼(Federico

---

[1] 张泽洪:《实地调查 视角广泛——20世纪以来日本的道教研究》,载朱越利主编:《理论·视角·方法——海外道教学研究》,济南:齐鲁书社,2013年,第314页。
[2] 张泽洪:《实地调查 视角广泛——20世纪以来日本的道教研究》,载朱越利主编:《理论·视角·方法——海外道教学研究》,第308—314页。
[3] 赵静:《16—18世纪意大利汉学传统》,《武汉生物工程学院学报》2018年第1期,第17—20页。

附　录

Masini)、达仁理(D'Arelli)、史华罗(Paolo Santangelo)[1]和伽多那(Alfredo M. Cadonna)[2]等人则继承和发扬了这一传统。莫尼卡高中毕业之后一直坚持学习中国的语言和哲学,并在我国的复旦大学研习中文,这都为她日后开展道教研究奠定了坚实的基础,无怪乎《清代的道教》一书中道教文献的英译基本都是由她本人完成的,且译文颇为精当准确,条理畅达。她的博士论文《金盖山龙门派和〈道藏续编〉中的内丹法》中对《道藏续编》内容的详尽分析和讨论,也是以坚实的文字学功底为基础的。

3. 继承法国汉学的人类学、社会学乃至宗教学方法。

法国自马伯乐(Henri Maspero)、康德谟(Maxime Kaltenmark)、贺碧来(Isabelle Robinet)以来,形成了注重道教研究的传统,并引入了社会学、人类学方法。莫尼卡曾在贺碧来门下学习,因而其研究方法也深受法国汉学的影响。我们可以从以下三个方面略作说明:

(1) 法国汉学家强调以问题为导向对道教史料进行细致的专题研究。[3] 莫尼卡的研究即是如此,她在中国期间一直感到困惑的一个问题是:为什么中国许多道长都声称自己属于龙门派?这一国内学者司空见惯的问题,却触发了她对清代道教尤其是龙门派强烈的探究热情。她的《清代龙门派及其有争议的历史》一文就是对这一问题的回应和探讨。

(2) 人类学、社会学以及田野考察方法的运用。法国人类学、社会学强调"通过观察与精英文化相对的社会底层民众的日常生活,以及存在于日常生活中的神话、习俗、信仰等要素,才可以分析和理解这一文化"[4]。

---

[1] 有关马西尼、达仁理和史华罗三位汉学家,参见陈友冰:《"意大利汉学的贡献"国际研讨会综述》,《华文文学》2019年第1期,第107—108页。
[2] 伽多那是白佐良(Giuliano Bertuccioli)的弟子,在大学期间他指导莫尼卡学习了中国道教的相关知识。
[3] 程乐松:《借镜与对话——汉语视野中的法国道教研究》,载朱越利主编:《理论·视角·方法——海外道教学研究》,济南:齐鲁书社,2013年,第18页。
[4] 程乐松:《借镜与对话——汉语视野中的法国道教研究》,载朱越利主编:《理论·视角·方法——海外道教学研究》,第20页。

正因为如此,法国汉学界特别强调田野考察的重要性。莫尼卡除考察西方汉学家传统上重视的中国台湾、香港地区之外,还在我国的四川(如青羊宫、二仙庵)、北京(如白云观)和浙江(如天台山)等地区进行了广泛的道教学术考察,在记录中国道教发展情态的同时,也加深了对道教作为"非精英文化"的深层次理解。她在《清代道教与密教互动之一例:"龙门西竺心宗"》中,对闵一得曾经的修道之所——桐柏宫的详尽叙述,以及对当代道士叶高行及其"灵飞针"医术的介绍,都是弥足珍贵的考察实录。莫尼卡在《清代龙门派及其有争议的历史》中,分析了龙门"正宗"谱系建构所具有的社会意义,认为这对于龙门派掌握传戒权具有重大的现实意义。在《清代中国的龙门派:教义理想与地方实践》中,她揭示出龙门金盖山支派的天仙大戒具有强烈的昭示其道教正统的意味。这都是莫尼卡自觉运用社会学分析方法的例证。

(3)宗教心理学方法的应用。在《清代龙门派及其有争议的历史》和《清代道教与密教互动之一例:"龙门西竺心宗"》二文中,莫尼卡都运用了宗教心理学上的人物传记分析法。在前一篇文章中,她通过对龙门派第一代到第七代祖师传记的分析,深入剖析了《金盖心灯》之龙门派谱系建构背后内在的心理动因。在后一篇文章中,莫尼卡通过分析闵一得和鸡足道者的传记,考察出道教与密教在互动过程中彼此受益的历史轨迹,进而理清了鸡足道者在密教和道教中的双重身份,以及龙门金盖山支派在与密教互动过程中所蕴含的追求道教正统的内在诉求。

三、视角多元,博引旁征

莫尼卡精通希腊文、拉丁文、中文、日文、英文、法文,对梵文、藏文也有一定的造诣,因此在其著述中,我们经常能看到她广泛运用多种语言的文献对某一问题进行广泛而深入的讨论。比如在《斩赤龙:女丹的关键》一文中,作者列举英文、拉丁文、法文、中文中的"月经"的含义,指出这一生理现象在不同的文化语境中意义指涉颇异其趣:

附　　录

在许多不同的语言中,这一生理周期都跟月亮有不解之缘——比如说,英文中的 menses(月经)一词来源于拉丁文 mensis,意谓"月"(month);menstruation(行经)来源于拉丁文 menstrua/menstruus,意思是"每月的"(monthly)。汉语中则常用"月经"或"月事"来指称这一现象;"月事"一词跟农业生产有密切关系——人们根据月亮的圆缺规律来确定良辰吉时,以便播种五谷。又如在法国,月经被人们称作"月亮的时刻"(le moment de la lune);据说欧洲的农民们相信,月亮圆缺周期的月亏时段会给人以不祥的感觉——古老的民间传说认为,在这一时期,殷红的天堂之血,即"月亮之血"(moon blood)会从天上降落人间。(本书第四章)

又如,在《清代道教与密教互动之一例:"龙门西竺心宗"》中,她结合中文、藏文和梵文,对鸡足道者的称号"野怛婆阇"作了考证:

"野闼婆阇"常写作"野怛婆阇"。若据文中所言,视"野怛婆阇"的意思为汉文"求道士"("求道"含有出家之意)的话,我们或可尝试推测出与其有关的梵文词汇:"野怛"或即梵文 āyatana(汉文音译"阿野怛那",意为居所、住处),带有"入"(梵文:pravesa)的意味;"婆"可能是指婆罗门教(Brāhman teaching);"阇"则代表"阿阇梨"(梵文:ācārya;藏文:slob dpon)。然而,"求"这个意思却很难解释。另外,"野怛婆阇"这一称谓在发音上与梵文 Yātrābhāja 相近,但与藏文中的 ye bdag-porje(意为"主宰本源的君")或 yang-dag-pa'irje(意为"真正的君")发音类似,但这些表达在藏文中并不存在。若将汉语的"求道士"音译至藏文,大致是 ye bstan-pa'irje,但藏文中也没有这个说法。(本书第五章)

事实上,本书所收莫尼卡的代表性作品,对开辟明清道教尤其是清代全真道研究这一新领域,具有极其重要的意义。在其影响下,国际道教学界开始重视对明清时期道教的研究。其开拓之功,颇似儒莲(Stanislas Julien)出版法文《道德经》的历史性意义。[1]

诚然,我们也要看到,作为西方道教学研究的一部分,作为西方学者进行的跨文化研究,莫尼卡有关清代道教的研究也带有一定的局限性。如在对中国古典文献的解读方面存在一定的误读和曲解,[2]对某些问题的解释存在"过度诠释"的倾向。[3] 但瑕不掩瑜,莫尼卡对清代道教研究的开创性贡献是主要的,也是年轻一代学者应当学习、借鉴和吸收的宝贵资粮。

概言之,莫尼卡继承和发扬了欧洲道教研究界所擅长的人类学、社会学、宗教心理学等方法,也吸收了中国、日本传统的文献学、考据学方法,从而形成了其融汇东西、兼收并蓄的研究特色,以及文本与田野、传统与现实相结合的研究理路。以此为基础,她在清代道教研究领域提出了一系列原创性的观点和洞见,至今仍然是这一领域内年轻学者的"领航员"。尤其可珍视的,是莫尼卡在方法上贯通东西的宏大气魄,是她在田野考察时足迹遍天下的壮志雄心,以及她那用生命做学问的精神——这种气魄、雄心和精神将垂范后世,激励和引领年轻一代学者,在明清道教研究这方新天地里获得更丰硕的成果。

---

[1] 儒莲翻译的法文《道德经》忠实于原文,"结束了18世纪道教主义的哲学基督教神话",具有开拓性意义。参见许光华:《法国汉学史》,北京:学苑出版社,2009年,第135页。

[2] 如《清代龙门派及其有争议的历史》中将《金盖心灯》中的"(张德纯)年已三十余矣"误解为"入道教三十年"。

[3] 如在《清代龙门派及其有争议的历史》中,将龙门派的祖师东华帝君与小童君、李八百、李铁拐和李亚联系在一起,固然不无道理,但将这些人物形象都视为东华帝君这一形象内蕴的角色,则不免有过度诠释之嫌(见本书第二章)。另外,在《清代中国的龙门派:教义理想与地方实践》中,作者认为龙门金盖山支派提出的作为"医世者"的龙门天师"重申了可以引领汉人恢复正统的圣明君主统治的太平盛世的救世理想",也存在此类问题(见本书第三章)。

附录四　本书各章内容概要

第一章

本章从历史、文本、世界观和实践等角度介绍了清代道教的总体状况。

具体说来,文章阐述了清代道教发展的历史,正一道、全真道、西派、净明道等道教派系在清代的新的发展趋势和动向皆有呈现。对清代新出的主要道教文本,包括《道藏辑要》《伍柳仙宗》《广成仪制》等的版本、源流和发展,也作了细致入微的考察。此外,文章指出清代道教的世界观发生了重大转变,具体表现在"三教合一""文化整合"思想的流行,以及"文化多元化的趋势"。在实践方面,则探讨了清代内丹理论越发简明化的特点。

文章的特色在于第一次全方位、系统性地总结了清代道教的内容、特点和趋势,展示了清代道教在"衰落"面纱下充满生机和活力的一面,为学界破除"清代道教衰落论",深入研究清代道教打下了坚实的基础。此外,作者对清代道教发展的宏观特征、三教合一趋势、内丹的简明化、清代民间信仰和崇拜的发展,都有深入的分析和讨论,体现了作者广博的学识和深邃的洞见。作者对中国古典文献的精深把握和游刃有余的灵巧运用,同样令人肃然起敬。

第二章

本章是莫尼卡研究清代龙门派历史的经典作品。

文章以《金盖心灯》所载龙门派谱系为焦点,讨论了清代龙门派的源流和历史,详细分析了龙门派祖师谱系建构的内在逻辑,发掘出了这一谱系设定背后的内在动因,从而在很大程度上"解构"了《金盖心灯》所建构的所谓"龙门正宗"谱系,从而为将来有关清代道教龙门派的多视角、开放式探究铺平了道路。

此文在清代全真道研究领域具有里程碑式的意义。它在很大程度上动摇了原本学界认为真实可信的《金盖心灯》所载龙门派历史和谱系,指出《金盖心灯》的记载很可能是事后的、人为的重新建构——这种建构对于龙门派身份的认同,对于龙门派在清代掌控传戒之权力,对于融合南北方来源不同的道教传统,都具有十分重要的意义。文章提醒我们,作为研究者,应当厘清真实的历史(事实)和历史的建构(书写)之间的区别。值得一提的是,文章运用了人物传记分析这一宗教心理学方法,对《金盖心灯》所载从赵道坚到王常月的历代宗师传记,都做了详尽而深入的分析和讨论,从而揭示了龙门派谱系建构和教史书写背后的主观动机、历史作用和现实功能,从而为探讨清代龙门派的在地化发展,为道教历史的真实样貌的呈现,提供了极具启发性的洞见。

第三章

本章是有关清代龙门派之地方化实践的研究。

文章聚焦于浙江湖州龙门金盖山支派的在地化发展问题,讨论了龙门派历史中一个带有普遍性的问题,即由北京白云观住持王常月开创的正统龙门教义是如何通过南方传统的继承者闵一得等人的创造性整合,与金盖山的地方传统融合为一体的。事实上,龙门金盖山支派以湖州金盖山的吕祖宗坛为中心,通过《金华宗旨》和《尹真人东华正脉皇极阖辟证道仙经》等核心典籍的私密传度,不仅重新将存思和内丹引入到了道教修炼当中,还尝试以此取代王常月的三坛大戒,继而复兴道教固有的内丹、存思和其他修炼传统。文章重点讨论了金盖山支派的"医世说",突出了金盖山支派作为南方道教传统一分子的独特的救世理论——这一理论将以道教为主导的三教合一思潮推进到了新的水平。

附　录

值得注意的是,文章认为闵一得在复兴道教固有的修炼传统的前提下,很好地将王常月对戒律、道德的强调继承了下来,甚至为此重写了《金华宗旨》第一章的内容,使之与王常月的思想接续相融。文章还将传奇性的"尹真人"视为湖州金盖山地方道教传统的集中体现者,阐发了他为中下根器修道者提供的内丹术,以及他的"中道"理论。另外,闵一得用秘密传戒取代了王常月的公开传戒,这一点也带有强烈的传统道教色彩。总之,闵一得通过引入新的经典文本、溯归道教传统修炼方法以及鼎新教义思想,实现了王常月开创的龙门正统教义的"金盖山化",完成了金盖山地方传统与龙门派正统思想的协调和整合。

第四章

本章是有关清代女性内丹术的研究。

文章围绕《道藏续编》中的《西王母女修正途十则》和《泥丸李祖师女宗双修宝筏》两个文本,讨论了清代女丹修炼的相关问题。讨论的内容包括女性生理结构的特殊性及其意义、内丹修炼时机的把控以及男女在内丹修炼上的异同等。文章认为女性实际上是男性镜像的逆转,这一点对于女丹修炼意义重大。

文章运用了跨文化研究的方法,将女性的生理结构及其月经周期放到不同的文化背景中进行考察,从而以其广阔的文化视野,打破了常人对女性生理特征所具有的负面印象,抉发了女性生理周期所包含的丰富而多样的文化意蕴和内丹价值。文章指出,女性修炼内丹需在一般性的内丹道的"炼精化气"之前,完成一个特殊的"炼血化精"(即"斩赤龙")的阶段——这一阶段,对于女丹修炼的成功是尤为紧要的。

第五章

本章是有关清代道教与密教之互动的研究。

文章分析了清代湖州金盖山龙门支派与云南鸡足山西竺心宗的互动关系,探讨了道教和密教这一奇特的交互作用模式及其历史意义。其中,重点分析了闵一得和鸡足道者作为道教和密教共同传承人的特殊身份及其重要意义。文章通过对闵一得和鸡足道者传记的详尽讨论,探讨了清代龙门派与密教之间存在的彼此互动互惠这样一个独特的向度,从而为全面了解清代道教的另一个侧面,提供了别具一格的样本。

文章指出,清代道教与密教的互动是良性的、互惠的,闵一得得到了密教的陀罗尼斗法,而鸡足道者得受龙门派的天仙大戒——这一互动的标志性成果即是"龙门西竺心宗"的形成。另外,文章提醒我们思考,密教的秘密传戒是否影响了龙门金盖山支派以《吕祖师三尼医世说述》为戒本的秘密传戒,是否推动了闵一得将北京白云观的公开传戒转变为金盖山支派的私密传度?另外,从清代密教对道教发挥影响的角度来看,文章在阐发所谓"密教对中国非佛教宗教的普遍影响"(索安《西方道教研究编年史》)方面,作出了开创性的贡献。

译　后　记

与这位出生在意大利港城热那亚、2011年3月英年早逝于日本的杰出学者莫尼卡的"相遇",实在是不可思议的缘分——尤其是对于一个2011年9月始入师门且几乎零基础的学术"小白"而言。尽管从来没有这样的幸运——哪怕见她一面,或者向她请教一个问题——但我渐渐发现,与这位素未谋面的学者的学术因缘,竟然成了我生命中一件十分重要的事情。

从2012年遵从恩师郭武教授的指点开始清代全真道的研究,到2013年从朱展炎师兄处拿到莫尼卡那篇开创性的文章(即本译著第二章《清代龙门派及其有争议的历史》)并在毕业论文中引入她的一系列洞见,再到毕业后开始翻译这篇时而酣畅如行云流水、时而艰涩若逆水行舟的文章,似乎冥冥中注定我要与她有这样一种奇特的学术因缘。这篇文章的翻译让我大费周章,甚至一度打算放弃。有一次秦国帅博士来访,他说:"你看你都把拷贝的文章翻烂了,为什么不继续争取完成它呢?"于是我又一次重新审视这篇文章,继续进行了半年的"煎熬",终于把它译完了。

此后在恩师郭武教授的建议下,我继续从事莫尼卡教授文章的翻译,并申请了国家社科基金项目"意大利学者莫尼卡有关清代道教著述的翻译与研究"。立项后方得知,计划要翻译的几篇莫尼卡的代表性文章,已由莫尼卡教授的丈夫吴露世先生修订、结集并出版,这毫无疑问极大地方便了我的翻译工作。至2020年5月,全部翻译工作终于完成。

然而,未来仍然有大量的工作要做。首先要做的,是翻译莫尼卡在去世前几天修订完成的另一本著作《创造性的道教》(*Creative Daoism*)——用她自己的话来说,借由这本书,她将从博士论文开始画的那个圆圈闭拢起来了。之所以如此说,是因为这本书从谱系的建构、戒律的创制、经典的发明和救赎的创新四个方面,论述了清代全真道的创造性活动及其历史回响。如果说《清代的道教》(Facets of Qing Daoism)重在解构成见以提出问题的话,那么《创造性的道教》就是在建构梁栋以回答问题了。当然,朱越利教授一直在提醒我们,全面译介这位汉学家的作品,尤其是出版《莫尼卡文集》,对于推进明清道教研究是十分重要的。若将来机缘成熟,这项工程也一定会提上日程,想来必将成为一件惠及国内外学界、搭建中意文化交流桥梁的大好事!

　　莫尼卡的贡献,既是学术成果上的,更是精神指引上的。我们不难发现,与其说她的最大贡献是揭橥和回答清代道教的一些重要问题,毋宁说是她的精神力量,即"在时空上保持着某种程度的孤立"(罗素《罗素杂文集》),以及始终保持着"对于整体真理的开放性"(雅思贝尔斯《智慧之路》)。这种精神与勇气,是她留给世人的尤可珍视的财富。也正是在这一意义上,莫尼卡无可置疑地成为明清道教尤其是清代道教研究的拓荒人。尤其是她设计、指导,由香港中文大学黎志添教授接力完成的"国际《道藏辑要》项目",为后来的明清道教研究铺设了高起点的平台。

　　莫尼卡对中国文化的热爱不仅仅停留在学术上,也渗透入她的生活中。据她的好友戴思博(Catherine Despeux)和华澜(Alain Arrault)说,即便在获得博士学位之后,她仍然参加了戴思博为硕士开设的有关中医和道教内丹的课程。在巴黎读书的时候,她对中国的身心修炼之术着迷不已——她既跟来自中国的杨氏太极拳传人顾梅生学习太极拳,又向一位来自中国的男子请教"站桩"功法。她购买了大量有关中国文化尤其是道教文化的书籍,建立了自己的小型图书馆——现在已安置于她的母校威尼斯大学。她的田野考察足迹遍及中国的台湾、香港、北京、四川、浙江等地,并与朱越利、黎志添、李丰楙、李远国、张广保、尹志华等中国学者结下了深厚的情谊。1988年她初到浙江南天目山尼庵考察时,尼庵的住持法海喇嘛像欢迎自己失散多年的女儿一样欢迎她"回家"。她在浙江桐柏山考察时,跟龙门派道士叶高行结下了深厚的友谊。由是观之,莫尼卡

译 后 记

也成为搭建中西文化沟通和文明互鉴之桥梁的信使——恰如明代晚期同样来自意大利的著名耶稣会士利玛窦。

作为杰出的道教学者和汉学家,莫尼卡始终是一个认真、率直、开朗和拥有赤子之心的人。在上海访学期间,她认真而细致地跟从陈耀庭教授学习了《金盖心灯》的全部内容,为龙门派相关论文的写作奠定了坚实的基础。另据朱越利老师说,有一次在北京请她吃饭,当她听到朱老师要全力支持她的某项研究的时候,她高兴地举起了双手,手之舞之,足之蹈之。她的大学同学李集雅(Tiziana Lippiello)也说她慷慨、开放、愿意倾听和分享。在1999—2002年与丈夫吴露世合拍纪录片的日子里,她的用心、智慧和幽默感,总能使那些受访者感受到尊重、愉悦和快乐。此外,她深情地爱恋着自己的母校威尼斯大学,通过参加母校的会议、在母校出版作品以及捐赠图书,她始终跟母校保持着联系。

相知无远近,万里尚为邻。作为一名晚辈学者,能够与这位来自遥远南欧的学者结缘,实在是三生之幸。本书作为这一缘分的阶段性总结,所以能够顺利面世,端赖恩师郭武教授的一路关心、指导和帮助,有赖吴露世先生对版权的慷慨赠与和殷切企盼,有赖海内外前辈学者朱越利、黎志添、玄英、池平纪子、汪桂平和赵卫东等的鼎力支持,有赖学界同仁李可、朱展炎、韩吉绍、宋学立、秦国帅诸位博士的多方襄助。此外,我还要感恩我的父母和妻儿,是他们的辛劳付出为我的翻译工作提供了良好的外在条件。感恩上海古籍出版社的黎大伟、方强编辑为本译著出版付出的辛勤劳动。

我想,在莫尼卡教授仙去14年后的今天,能够有这样一本她所珍视的著作以中文的面貌在中国出版,应告慰莫尼卡教授在天之灵,同时也可作为我们对这位倾注一生心血于中国文化研究的学者的深切缅怀和诚挚纪念吧!

译者谨识
2025年1月8日

图书在版编目(CIP)数据

清代的道教／(意)莫尼卡著；田茂泉译. -- 上海：上海古籍出版社，2025.4. -- ISBN 978-7-5732-1521-5

Ⅰ.B958

中国国家版本馆 CIP 数据核字第 2025EY7998 号

FACETS OF QING DAOISM
Copyright © UniversityMedia 2016
Simplified Chinese edition copyright © 2025 by
Shanghai Chinese Classics Publishing House
in association with UniversityMedia
ALL RIGHTS RESERVED

感谢吴露世(Urs App)先生授予中文简体字版权
感谢刘大文先生为本书题签

清代的道教

(意) 莫尼卡　著
田茂泉　译

上海古籍出版社出版发行

(上海市闵行区号景路 159 弄 1-5 号 A 座 5F　邮政编码 201101)

(1) 网址：www.guji.com.cn
(2) E-mail：guji1@guji.com.cn
(3) 易文网网址：www.ewen.co

常熟市文化印刷有限公司印刷

开本 635×965　1/16　印张 18.5　插页 3　字数 257,000
2025 年 4 月第 1 版　2025 年 4 月第 1 次印刷
印数：1—2,100
ISBN 978-7-5732-1521-5
B·1450　定价：98.00 元

如有质量问题，请与承印公司联系